고 아 , 족 보 없 는 자

RICH 트랜스내셔널인문학총서

고아, 족보 없는 자

근대, 국민국가, 개인

·

한양대학교 비교역사문화연구소 기획
박선주 · 오경환 · 홍양희 엮음

·

cum libro
책과함께

불가능한 비교
'고아'라는 비유

오이디푸스와 프랑켄슈타인, 올리버 트위스트와 팡틴, 이광수와 제임스 조이스는 각각 다른 의미에서, 하지만 모두 고아다. 이들이 상징하는 각각의 고아-됨은 특정한 역사적 맥락이나 정치적 전략의 결과물이며, 결국 비유(trope)다. 다시 말해, 고아-됨은 특정한 방식으로 이해된 '현실' 속에서 재현되는 존재성을 의미한다. 물론 고아-됨을 재현하는, 진정한 의미에서 '벌거벗은 생명(bare life)'은 역사에 '실체'로 존재한다. 그럼에도 고아가 비유로만 존재하는 이유는 이 생명이 어떤 방식으로 인지되고 이해되며 다루어지는가가 고아-됨의 진정한 의미이기 때문이다. 어떤 생명이 고아라고 불리는 순간, 이미 이 존재는 그 시대의 다양한 물적·상징적 자본에 의해 규정된다.

고아라는 비유를 통해 이 책에 모인 글들이 집합적으로 추구하는 것은 불가능한 비교, 혹은 최소한 비대칭적 비교이다.[1] 이 책은 고아라는

---

[1] Werner & Zimmermann, "Beyond Comparison: *Histoire Croisée* and the Challenge of Reflexivity," *History and Theory* 45, 2006, pp. 30~50; Rey Chow, *Women and the Chinese Modernity: The Politics of Reading between West and*

주제에 담긴 표면적인 공통성을 보여주려는 것이 아니라 이들의 '다름'이 어떻게 고아라는 비유 안에서 다양한 층위로 쌓이는지에 관심을 두고 있다. 오이디푸스와 프랑켄슈타인은 특정한 의미망 안에서만 고아이지만, 고아라는 명사의 유적(類的) 특성은 이들의 다름을 보여주기보다는 은폐한다. '환과고독(鰥寡孤獨)'이라는 동아시아의 '전통적인' 고아 의식과 그 몇 세대 후 이광수의 의식 세계에 자리한 뿌리 깊은 고아 의식은 같은 용어로 표현되는—혹은 지워지는—'다름'의 전형적인 예이다. 더구나 공통성에 기반한 비교는 결국 위계를 확인하는 것과 다를 바 없다. 조선 전기의 '고아' 정책이 비슷한 시기의 프랑스 '고아' 정책보다 선진적이거나 후진적이었다는 언명은 공통성의 비교가 지닌 위험을 극명하게 보여준다. 따라서 이 책에 실린 글들이 병치되어 배열되어 있다고 해서, 식민지 조선의 사생아와 미국의 일본인 수용소 수감자들을, 혹은 프랑켄슈타인과 19세기 파리의 고아들을 '비교'하려는 의도를 지녔다고 보아서는 곤란하다—물론 그런 종류의 독법이 절대로 불가능하다고 할 수는 없지만. 오히려 각각의 고아는 그들을 만들어내는 세계의 다름을 표출한다. 이 다름이 중요한 의미를 지니는 까닭은 공통성의 비교가 결국 특정한 형태의 세계의 이해—아마도 우리가 근대성이라고 명명하는 무엇—의 반복일 뿐이라는 저자들 공통의 인식 때문이다.

East, Minneapolis: University of Minnesota Press, 1991; Naoki Sakai, *Translation and Subjectivity: On Japan and Cultural Nationalism*, Minneapolis: University of Minnesota Press, 2008. 또 다른 비위계적 비교의 예로는 디목의 지구적 번역 (global translation) 개념을 들 수 있다. 이에 관해서는 다음을 참조하라. Wai Chi Dimock, *Through Other Continents: American Literature Across Deep Time*, Princeton: Princeton University Press, 2006; idem, "Planetary Time and Global Translation: 'Context' in Literary Studies," *Common Knowledge* 93, 2003.

근대성을 문제화하는 방식에는 여러 가지가 있을 수 있다. 그중에서도 저자들은 근대-국가, 특히 국민-국가에 초점을 맞춘다. 일반적으로 근대성은 일종의 보편성—혹은 보편으로의 추동—을 담지하고 근대-국민(민족)-국가는 특수성을 대표하는 것으로 알려져 있다. 하지만 이 보편-특수의 길항이야말로 근대성이 지닌 가장 큰 권력이다. 근대-국가는 '특수한' 방식으로 근대성을 추구한다고 주장하지만, "자의(自意)에 의한, 포괄적인 '하나'의 확산"에 기여할 뿐이다.[2] 근대-국가의 다양한 목표는 결국 '서양'(이라는 추상)이 발신하는 근대의 다양한 변주에 불과하다. '민족적' 형식의 소설은 여전히 소설이어야 하며 '민족' 자본은 여전히 자본이다. 근대성과 근대-국가의 관계는 오히려 하이데거가 갈파한 존재와 무(無)의 관계와 비슷할 것이다. 존재가 그 심연의 결여 없이 존재할 수 없는 것처럼, 근대라는 보편은 근대-국가가 표상하는 특수에 의해서만 가능하다.[3]

근대성과 근대-국가가 맺고 있는 공생 관계 역시 다양한 이론적 입장을 통해 해석할 수 있다. 먼저 탈근대주의적 입장은 근대성 자체가 가진 모순을 집요하게 추적하여 근대성이 내포한 보편으로의 추동을 해체한다.[4] 탈민족주의적 입장이라고 부를 수 있는 이론적 접근은 민족-국가 혹은 국민-국가의 지식-권력 체계를 문제화하면서 근대성과 근대-국가의 관계를 재배치한다.[5] 탈식민주의적 입장은 식민성을 중

---

2 Naoki Sakai, "Imperial Nationalism and the Comparative Perspective," *Positions: East Asia Cultures Critique* 17, 2009, pp. 159~205.

3 하이데거의 존재론에 대한 탁월한 주석으로는 Giorgio Agamben, *Language and Death: The Place of Negativity*, Minneapolis: University of Minnesota Press, 1991 을 들 수 있다.

4 푸코의 계보학적 접근이 가장 대표적인 예라고 할 수 있다.

5 이런 접근을 가장 잘 보여주는 작업은 미첼이다. Timothy Mitchell, *Colonising*

심으로 제국과 주변이 맺고 있는 적대적 공생 관계를 비판적으로 탐구하여 '서양과 그 나머지(the West and the Rest)'의 동시적 구성(con-figuration)이 근대-민족-국가의 근원적 동인임을 밝혀낸 바 있다.[6] 정도의 차이가 있지만, 이 책에 실린 필자들의 글은 모두 이런 입장 중 하나, 혹은 둘 이상의 배합을 취한다고 볼 수 있을 것이다.

좀 더 생산적인 차원에서 필자들의 공통 관심사를 묶어낼 수 있는 용어는 아마도 '트랜스내셔널(transnational)'일 것이다.[7] 학문적 유행의 중심에 서 있는 이 개념은 사용자에 따라 정반대의 의미를 지시한다. 일례로 딜릭(Arif Dirlik)과 프리드먼(Joseph Friedman)을 위시한 이론가들은 이 개념의 유행이 자본의 지구화(globalization)와 깊숙이 연결된다는 점에 주목한다. 이들에게 이 개념은 지구화 자체에 대한 세련된 변명 이상은 아니다.[8] 아파라두라이나 아피아(Anthony Appiah)에

Egypt, Berkely and Los Angeles: University of California Press, 1991; idem, *Rule of Experts: Egypt*, *Techno-Politics*, *Modernity*, Berkely and Los Angeles: University of California Press, 2002.

6 Naoki Sakai, "Theory and the West: On the Question of Humanitas and Anthropos," *Transeuropennes: Revue internationale de pensée critique*, 2 August 2011; Dipesch Chakrabarty, "The Idea of Provincializing Europe," *Provincializing Europe: Postcolonialist Thought and Bistorical Difference*, Princeton: Princeton University Press, 2000, pp. 3~25; Partha Chaterjee, *Habitations of Modernity: Essays in the Wake of Subaltern Studies*, Chicago: University of Chicago Press, 2002, esp. ch. 2.

7 '트랜스내셔널'이라는 개념이 등장하는 최초의 용례는 Robert Keohane & Joseph Nye, "Transnational Relations and World Politics: An Introduction," *International Organization* 25, 1972로 보인다. 최근 '트랜스내셔널' 역사를 정리하려는 노력으로는 Akira Iriye & Pierre-Yves Saunier ed., *The Palgrave Dictionary of Transnational History*, London: Palgrave McMillan, 2009가 있다.

8 Arif Dirlik, *Global Modernity: Modernity in the Age of Global Capitalism*, London: Paradigm, 2007; Joseph Friedman ed., *Globalization*, *the State*, *Violence*, Walnut

게 이 개념은 이미 우리 삶 안에 깊이 각인된 현실이며 새로운 문화적 정체성의 원천이다.[9] 특히 후자의 인식은 학문적 차원에서 이른바 글로벌 스터디(global studies)의 성립을 가져왔다.[10] 글로벌 스터디는 세계를 연결된 실체로 보면서 근대-국가의 경계를 넘는 데 중점을 두었다. 하지만 이 책의 필자들이 생각하는 '트랜스내셔널'의 개념은 조금 더 적극적이고 비판적이다. '트랜스내셔널'은 '글로벌'과 변별되어야 하는 개념이며, 단순한 소재적 접근 차원을 넘어설 때에만 의미를 획득하는 개념이다. '글로벌'이 자본의 지구화를 통해—그 시점에 대한 복잡한 논의는 차치하고—우리의 삶을 결박하는 조건이라면, '트랜스내셔널'은 '글로벌'이 근대-민족-국가와 맺고 있는 복잡한—심지어 때로는 적대적인 것처럼 보이는—공범 관계를 비판한다. 자본의 세계화에 대한 대안이 근대-민족-국가의 강화라는 인식론적 유아기에서 탈피할 필요가 대두된 것이다.

물론 글로벌 스터디의 작업이 가져온 인식의 확장을 무조건적으로 부정하려는 것은 아니다. 포메란츠(Kenneth Pomeranz)의 기념비적인 저작에서 드러나는 전지구적 네트워크는 산업혁명에 이르는 역사적 과정에서 유럽의 선재적(à priori) 우위나 역사적 필연성을 배제하고 영국이 '행운의 기형아(fortunate freak)'였다고 주장한다는 점

Creek: Altamira Press, 2003.

9 아르준 아파라두라이(Arjun Aparadurai), 《고삐 풀린 현대성》, 채호석·차원현·배개화 옮김, 현실문화연구, 2004; Anthony Appiah, *Ethics of Identity*, Princeton: Princeton University Press, 2004.

10 이 자리에서 글로벌 스터디의 다양한 연구 맥락을 되짚는 것은 불가능하다. 다만, 국내 연구서인 《지구사의 도전》(조지형·김용우 엮음, 서해문집, 2010)이 입문서로서 가치가 있다는 점을 언급해둔다.

에서 대단히 흥미롭다.[11] 또한 안잘두아(Gloria Anzaldùa)가 《변경지 (*Borderlands/La Frontera*)》를 내놓은 이후 대두된 '변경' 개념은 인종·문화적 정체성이 균일하거나 선재적이지 않다는 것을 보여주며 다종/혼종성을 이해하는 데 핵심적인 개념으로 자리 잡았다. 이에 촉발된 다양한 변경사 연구는 근대-민족-국가의 역사로서 '국사'를 해체하는 데 커다란 영향력을 미쳤다.[12] 하지만 지구사가가 주목하는 지구적 무역 네트워크나 변경의 '넘나듦' 자체가 '트랜스내셔널'로 치환될 수는 없다. 오히려 '트랜스내셔널'은 근대-민족-국가에 의해 가려지는 삶들의 단독성(singularities)을 복원하려는 노력이다. 이 존재론적 단독성 이야말로 이 책이 '고아'의 삶이 가진 보편성과 공통성에 대한 비교 연구가 아니라, 이들의 다름에 관한 불가능한 비교일 수밖에 없는 이유이다.

---

11 Kenneth Pomeranz, *The Great Divergence: China, Europe, and the Making of the Modern World Economy*, Princeton: Princeton University Press, 2001, p. 207. 그 외의 다양한 지구사 작업으로는 다음을 참조하라. Bin Wong, *China Transformed: Historical Change and the Limits of European Experience*, Ithaca: Cornell University Press, 1997; Jerry Bently, *Old World Encounters: Cross-Cultural Contacts and Exchanges in Pre-Modern Times*, New York: Oxford University Press, 1993; Dominic Sachsenmaier, *Global Perspectives on Global History: Theories and Approaches in a Connected World*, Cambridge University Press, 2011.

12 Gloria Anzaldùa, *Borderlands/La Frontera*, Los Angeles: Aunt Lute Books, 1987. 대표적인 변경사 연구로는 테사 모리스-스즈키(Tessa Morris-Suzuki)의 《변경에서 바라본 근대》(임성모 옮김, 산처럼, 2006)와 H. Donnen & T. M. Wilson, "An Anthropology of the Frontier," Donnen & Wilson ed., *Border Approaches: Anthropological Perspectives on Frontiers*, Laham: University Press of America, 1994 참조. 국내에서 이루어진 변경사 연구로는 《근대의 국경, 역사의 변경》(임지현 엮음, 휴머니스트, 2004) 참조.

이 책은 이 불가능한 비교를 통해 고아에 대한 몇몇 인식론적 출발점에 도달하였다. 먼저, 고아의 생산과 관리가 근대-국가의 동학과 맺고 있는 밀접한 관계를 들 수 있다. 허병식이 지적하는 것처럼, 고아를 생산하는 가족로망스는 사회적 근대성의 기초로서 '자발적 고아'와 국가 사이에서 생겨난다. 즉 고아라는 비유는 분명 모든 구속에서 풀려난, 사회적 자유와 평등을 갖춘 정치적·경제적 주체인 근대적 시민을 암시하는 한편, 국가는 이 유사 가족에게서 '아버지의 이름(nom de père)'을 담보하고 있다. 더구나 아버지의 이름이 식민성으로 인해 이중적 구속을 취할 때, 모든 식민지인은 하나의 비유로서 고아이면서 또 다른 비유로서 고아이기를 원하는 모순에 빠져든다. 박선주가 지적하는 바는, 바로 이런 모순 상태가 근대성의 핵심을 이루는 모순이라는 점이다. 빅터 프랑켄슈타인이 창조한 이름 없는 괴물과 가즈오 이시구로가 《프랑켄슈타인》을 다시 쓴 《나를 보내지 마》 속의 복제인간들은 문학적 지평에서 고아-됨이 갖는 복잡한 정치적 의미를 '상징'하는 동시에 인간-됨과 고아-됨 사이의 경계를 추적한다. 고아/괴물/복제인간은 가장 인간적이되 인간이 될 수 없는 존재, 혹은 인간-됨을 가능하게 하는 부정의 위치를 차지한다.[13]

따라서 국가는 고아를 생산해내면서도 끝없이 당혹스러워한다. 푸코의 통치성(governmentality) 설명에서 잘 드러나듯, 통치의 기본 단위는 '가족'이며 근대의 국가는 가족의 끝없는 재구성을 통해 통치를 실현해왔다. 고아는 이 '예외 상태의 규범화/정상화(normalization of exception)'이기에 문제화될 수밖에 없는 존재인 것이다. 김아람의 지적처럼, 한국의 제1공화국과 같이 취약한 국가는 가족이라는 정상 범

---

13 Agamben, *Language and Death*.

주에서 벗어나 있는 혼혈/고아를 소수자로 '규정'하고 '처리'할 수밖에 없었다. 권은혜가 묘사하는 일본인 수용소의 풍경이나, 김청강이 추적하는 '검둥이' 아이의 운명에 대한 재현은 바로 이 '규정'과 '처리'의 방식이 인종 정치의 자의성을 극명하게 보여주는 방식으로 작동했음을 알려준다.

고아의 문제가 가족의 부정으로 존재했기 때문에 고아의 개념화와 그 관리는 거꾸로 가족을 재구성하는 방식으로 작동하기도 했다. 홍양희가 보여주는 '사생아'를 통한 젠더 정치가 식민지 조선의 맥락에서 가족의 재구성으로 나타나는 과정은 그 좋은 예라고 할 수 있다. 18세기에서 19세기 사이 프랑스 고아의 규정과 관리를 추적한 오경환 역시 고아 문제가 가족의 재구성을 이끌어냈다고 지적한다.

이 책이 집합적으로 설명한 것이 있다면 바로 고아라는 비유 자체의 불가능함이다. 고아라는 이름이 붙여지는 자—혹은 이 책의 출발점이었던 워크숍의 명명을 따르자면 '족보 없는 자'—는 그 존재론적 형질이 결코 명백하게 드러날 수 없는, 말 그대로 족보 없는 존재이다. 근대-국가는 끊임없이 족보를 만들어냄으로써 고아의 역사를 만들어가지만, 이러한 규정은 다시 파악이 불가능한 고아를 생산할 뿐이다. 이러한 고아의 불가능성이 이 책을 통해 전해지길 바란다.

끝으로, 이 책의 출간에 큰 도움을 준 분들께 감사를 표한다. 특히 한양대학교 비교역사문화연구소의 임지현 소장님은 여러 가지 의미에서 이 책을 가능케 한 원죄를 피하기 어렵다. 이 책의 모태가 된 '족보 없는 자' 워크숍의 기획에 가장 큰 역할을 해주신 상명대학교의 정다함 교수님과 워크숍에 참여해주신 미주리 주립대학교의 김지형 교수님께도 깊이 감사드린다. 이 외에도 이 책의 출간 과정에서 큰 도움

을 주신 비교역사문화연구소 윤해동 HK교수님, 도서출판 책과함께에
도 감사의 인사를 올린다. 이 책의 혹시 모를, 하지만 분명히 존재할
오류는 모두 필자와 편자의 몫이다.

2014년 4월
오경환·박선주·홍양희

차례

고아와 혼혈, 근대의 잔여들

허병식

1. 고아와 혼혈, 근대의 가족로망스

한 인간이 성장하고 발전하는 과정에서 반드시 겪어야 할 통과의례 가운데 하나는 부모로부터 독립하는 것이다. 사회의 발전이란 아버지 세대와 아들 세대 간의 반목을 통해 이루어지는 것이기에, 모든 아들은 부모의 권위를 의심하거나 비난하게 마련이며, 자신을 정당화하기 위해 스스로가 업둥이이거나 사생아라는 생각을 하기도 한다.[1] 말할 것도 없이 이와 같은 가족로망스가 개인의 성장 조건이 된 것은 근대의 일이다. 젊음이 문제적인 것이 된 것은, 개인의 자아가 생득적 신원에 의해 결정되거나 상속되지 않고 개인이 끊임없이 자아를 창출하고 정당화해야 할 과제에 직면한 근대의 국면에 이르러서이다. 18세기 유럽 소설들은 이러한 가족로망스를 무대의 전면에 올렸다. 사회적 유동성과 개인의 자아 변화에 대한 꿈, 부모와 자식들 사이의 치명

1 　지그문트 프로이트, 〈가족로맨스〉, 《성욕에 관한 세 편의 에세이》, 김정일 옮김, 열린책들, 1996, 57~61쪽.

적인 충돌, 근친상간의 위험과 유혹 같은 것들이 그 무대의 주제가 되었다. 18세기 프랑스에서 소설이 현저한 위상을 차지한 것은 인간적 주체성의 근원에 대한 관심, 개인과 가정 사이의 갈등에 대한 관심이 커졌음을 시사하는 징표였다.[2]

한국의 근대도 이러한 가족로망스라는 커다란 틀 속에서 이해될 수 있다. 그러므로 근대적 주체의 문제를 다룬 최초의 한국 소설인 《무정》의 주인공 이형식이 고아로 등장한 것은 결코 우연이 아니다. 그러나 한국 근대가 경험해야 했던 정치적 고아 의식이라는 가족로망스에는 또 하나의 무의식이 자리 잡았다. 프로이트와 뒤르켐의 논의를 분석하면서 서구적 모더니티에서의 사회 구성의 주체를 '자발적 고아들'로 상정한 김홍중은 "근대적 에토스란 결국, 자발적 고아들이 자신들의 범죄적 기억(절대가치의 부정)을 은폐하고, 이 절대적 가치의 세계내적 부재를 견디면서 세계와 맞서고 세계를 변형시키려는 하나의 정신적 결단이다"라고 말한다. 그는 프란츠 파농의 비유에 주목하여 피식민자는 늘 '부모가 없는 아이들'로 표상된다고 말하며, 죽었으되 되살아나는 아버지에게도 구속되고 정당성이 없으나 아버지 노릇을 하는 또 다른 아버지에게도 구속되는, 이중 구속의 논리가 식민지적 무의식을 지배하는 한국 근대 정신의 심층 구조라고 밝혔다.[3]

아비를 부정하였으나 일본제국이라는 새로운 아비를 가져야 했던 고아들이 식민지적 '이중 구속'의 논리에 사로잡혔다면, 그 두 아비의 제휴로 생겨난 또 다른 아이들은 '혼혈'이라는 이름을 부여받았다. 단일민족의 신화를 믿는 한국인들은 순수 혈통을 숭상하고 혼혈과 잡종

2   린 헌트, 《프랑스 혁명의 가족로망스》, 조한욱 옮김, 새물결, 1999, 43~44쪽.
3   김홍중, 《마음의 사회학》, 문학동네, 2009, 346~353쪽.

을 배척한다. 피가 섞인 짐승이나 사람을 가리키는 비속어들이 그런 점을 입증한다. 식민지 시대를 거치면서 일본어에 익숙했던 세대에서는 '아이노코(間の子)'라는 일본어 표현도 자주 사용하였다. 이 표현은 두 실체 사이에 자리 잡은 어정쩡한 존재로서의 혼혈인을 가리킨다.[4] 민족성을 어떠한 외압과 변화에도 변질되지 않는 고정된 실체로 간주하는 민족주의 담론의 기저에는 식민화의 역사에서 초래된 정체성의 분열, 틈새, 불연속성에 대한 두려움이 내장되어 있다. 이 틈새와 불연속성 위에 자리 잡은 존재가 혼혈인이다.

혼혈이라는 정체를 지닌 타자의 출현은 사회가 요구하는 고정된 정체성을 구축하고자 한 동일자들에게는 가장 강력한 적대와의 만남을 의미했다. 제국의 판도 안에서 타자이자 지배자인 '일본'을 대타적으로 인식했던 식민지 조선의 지식인은 그 타자가 체계적으로 구축한 전통의 표상을 내면화했고, 또 경우에 따라 그것과 길항하면서 자신의 주체성을 정립하는 데 활용했다. 해방 후 미국 주도의 냉전 질서 속에서 경제적 근대화의 길로 매진했던 한국인이 원했던 것 또한 단일민족 정서에 기반을 둔 강력한 문화 정체성을 확립하는 것이었다. 이 맥락에서 근대 이후 한국의 역사가 경험해야 했던 식민과 냉전의 체험 속에 각인된 혼혈의 문제를 대면하는 일은 근대적 주체와 민족주의의 자기전개 과정을 탐색할 수 있게 해줄 것이며, 이는 국민국가에 대한 근본적 물음으로 이어질 수 있을 것이다. 그리고 탈식민의 요구가 제기되는 현재의 상황에서 혼혈의 정치를 돌아보는 작업은 본질적인 것이 아닌 구성된 것으로서 근대 한국의 정체성의 기원을 검토하는 작업의

4　설동훈, 〈혼혈인의 사회학: 한국인의 위계적 민족성〉,《인문연구》52, 2007, 127~128쪽.

출발점이 될 것이다.

고아의 가족로망스와 혼혈의 정치학에 대한 탐색은 에드워드 사이드가 근대를 대면하는 두 가지 방식으로 제시한 비유를 떠올리게 한다. 사이드는 자연적인 혈통이 보증하는 파생 관계(filiation)와 문화를 통한 동일화를 거친 제휴 관계(affiliation)를 대비하면서, 근대 이후 주체가 전통과 대면하는 방식을 제휴 관계로 파악할 것을 주문한 바 있다.[5] 사이드의 통찰은 제국/식민지의 복합적인 연관 속에서 살아가는 주체에게는 더욱 절실한 세계 인식이다. 고아란 파생(부자 관계)이라는 동일화의 연결고리를 상실한 존재의 자기인식이다. 혼혈아는 제휴(양자 결연)라는 경계와 차이를 넘어서는 자리에서 자아를 발견해야 하는 사명을 부여받는다. 사이드가 말한 제휴 관계란 당대의 형식과 진술들과 그 밖의 미적 고안물들 사이에서, 그리고 제도와 행위와 계급과 무정형의 사회적 힘들 사이에서 형성되는 특별한 문화적 관련을 지닌 함축적 네트워크를 의미한다. 그러므로 고아나 혼혈아는 실상 파생의 고리를 상실하고 제휴라는 식민지적 맥락 속에서 자신을 증명해야 하는 과제를 지니고 있다고 할 것이다.

이 글은 제국/식민지 체제에서 고아와 혼혈아가 재현되는 양상과 그들이 해방 이후 호출되고 기억된 양상을 주체의 정체성 정립, 식민지 피지배자의 표상, 귀환하고 회수되는 정체성의 차원에서 주목하고자 한다. 식민지와 해방 직후의 서사에서 고아와 혼혈아가 스스로를 민족적 주체로 정립하는 과정을 식민주의에 대한 저항으로만 파악하던 관점에서 벗어나, 식민과 후식민의 과제와 여기에 개입되는 윤리적

---

5   Edward W. Said, *The World, the Text, and the Critic*, Cambridge, Massachusetts: Harvard University Press, 1983, pp. 174~175.

이데올로기에 대한 검토를 통해 살펴보고자 한다.

2. 고아 청년들의 등장

식민지 조선의 유학생이었던 이광수와 그의 세대는 유학 경험을 통하여 청년을 특권화하는 사유 방식을 학습했다. 이것은 청년 세대가 그때까지 조선을 지배해왔던 유교 세대로부터 국가를 운영할 사명을 넘겨받으려는 전략이었다. 이 전략은 근대의 정치적 고아 의식으로서 가족로망스의 발현임은 주지의 사실이다. 이 가족로망스는 '자녀중심론'이라는 이름으로 등장한다.

> 우리는 先祖도 없는 사람, 父母도 없는 사람(어떤 意味로는)으로 今日今時에 天上으로서 吾土에 降臨한 新種族으로 自處하여야 한다.[6]

이광수는 그 자신 고아였던 인물이지만, 고아라는 출생의 한계를 '자발적 고아 되기'라는 전략으로 받아들임으로써, 자아의 각성을 근대 조선의 문화적 신생으로 연결시키려 한다. 선조도 없고 부모도 없는 사람으로서 신종족으로 자처하자는 자발적 고아 되기 전략은 청년 세대에 대한 예찬으로 이어진다.

> 금일의 대한청년 우리들은 不然하여 아무것도 없는 空空漠漠한 곳에 온갖 것을 建設하여야 하겠도다. 創造하여야 하겠도다. 따라서 우리들 大

---

6 이광수, 〈자녀중심론〉, 《이광수 전집》 10, 삼중당, 1966, 37쪽.

韓靑年의 責任은 더욱 무겁고 더욱 많으며, 따로이 우리들의 價値도 더욱 高貴하도다. 人生의 價値는 努力에 正比例하여 오르는 것인 故로, 우리들은 참 좋은 時機에 稟生하였는도다. 아아 千古無多의 좋은 時機란 말을 이에 비로소 適用하겠도다. 靑年이여, 靑年이여![7]

이광수가 이렇듯 조선의 청년을 예찬한 것은 그들이 짊어진 의무와 사명이 그만큼 크다는 것을 의미한다. 이광수에 따르면 '우리들의 父老'는 대다수가 거의 '앎이 없는 인물'이거나 '함이 없는 인물'이므로, 그들에게서 우리를 교도할 역할을 기대하기란 무망한 노릇이다. 또한 그들은 자신들을 교도할 학교나 사회나 언론이나 기관을 지니지 못하였다. 그러니 생의 발전을 윤리의 절대 표준으로 삼고 양심의 명령에 따라 학문에 전념함으로써 발전하는 역사의 주체가 되라고 청년들에게 역설한다. 노인과 젊은 세대라는 형식의 구분에서 짐작할 수 있듯이, '청년'이라는 명칭은 어떤 주체를 행동하도록 만드는 실천을 그 담지자에게 요구한다. 청년 담론이 가진 주체 산출의 효과에 주목해야 하는 것은 이 때문이다. 당시 세대론이라는 도식의 전략이 의도한 바는, 단적으로 말하면, 과거와의 결별이었다. 그들은 세대론을 통해 스스로 새로운 세대, 새로운 존재로 변화할 것을 목적으로 삼았다.[8] 이광수가 '우리들의 父老'를 경멸적으로 언급하면서 '청년'을 등장시킨 것은 그러한 담론을 충실히 학습한 결과이다.

따라서 최초의 근대 장편소설인 《무정》이 이러한 가족로망스의 맨 앞자리에 놓이는 것은 자명한 일이다. 조선의 미개한 상황을 한탄하

---

7   이광수, 〈朝鮮사람인 靑年에게〉, 《소년》 6, 1910. 6; 《이광수 전집》 1, 삼중당, 1966, 486쪽.

8   木村直惠, 《靑年の誕生》, 新曜社, 1998, 9~10頁.

며 독서에 전념하고 평양 여행을 통해 자아의 각성을 보여준 이형식이 삼랑진의 수해를 계기로 민족의 문명 개화를 선도할 교사로서의 사명을 자각한다는 《무정》의 서사는 식민지 청년의 탄생 과정을 상연하는 하나의 의미 있는 극장이 된다. 이광수가 창출하고자 한 국민적 주체의 면모를 좀 더 자세히 알 수 있도록 문제의 삼랑진 장면을 살펴보자. 그 장면은 부산으로 가는 기차 안에서 영채를 만나고 자신의 '죄'를 알게 된 형식이 선형과 영채 사이에서 갈등하는 대목에서 시작한다. 자신의 사랑이 '문명의 세례를 바든 전인격덕(全人格的) 사랑'이 되지 못함을 자각한 형식이 스스로를 아직 성장하지 못한 아이로 인식하는 모습은 《무정》에 나타나는 주체의 전략과 관련하여 중요한 대목이다.

> 나는 선형을 어리고 ᄌ각업는 어린녀라 ᄒ얏다 그러나 이제보니 선형이나 ᄌ긔나 다 ᄀᆞ혼 어린녀다 조샹젹부텨 젼ᄒ야오는 ᄉ샹(思想)의 젼통(傳統)은 다 일허바리고 혼도혼 외국ᄉ샹속에서 아직 ᄌ긔네에게 뎍당ᄒ다고 싱각ᄒ는바를 틱홀줄 몰나서 엇졀줄을 모르고 방황ᄒ는 오라비와 누이 싱활(生活)의 표쥰도 셔지못ᄒ고 민족의 리샹도 셔지못흔 셰샹에 인도ᄒ는자도 업시 ᄂᆡ어던짐이 된 오라비와 누이—이것이 자긔와 선형이 모양인듯ᄒ얏다.[9]

《무정》은 변화에 압도된 조선 사회에서 살아가는 젊은이들로부터 서사를 이끌어냈는데, 그런 젊은이를 표상하는 이형식의 자기부정은 인물들의 사회화를 위한 필연적 과정이다. 형식은 스스로를 자각한 선각자로 여기던 데에서 벗어나 전통에 의지하지 못하고 외국 사상의

---

9 이광수, 김철 교주, 《바로잡은 무정》, 문학동네, 2004, 659~660쪽.

물결 속에서 방황하는 자로 스스로를 인식하면서, 생활의 표준도 민족의 이상도 알지 못하는 자, 인도하는 자 없이 내던져진 존재로서 누이 선형의 존재를 발견한다. 그리고 그러한 발견은 오라비와 누이라는 자녀들 세대가 새로운 국민적 주체로 거듭나야 한다는 자각으로 이어진다. 부모 세대에 대한 부정이라는 고아적 무의식이 청년들의 연대를 통한 새로운 주체의 탄생으로 이어지는 것은 자연스럽다.

이광수가 꿈꾸었던 국민적 주체는 교양을 갖춘 부르주아 계급이었을 것이다. 〈중추계급과 사회〉라는 논설에서 그는 발달한 사회에서는 중심인물인 개인보다 중추계급인 일계급이 그 사회의 형성과 유지의 핵이 되고 역점이 된다고 주장하면서 "현대제국의 중추계급을 조성하는 자는 일언으로 말하면 식자계급, 유산계급이니…… 이 비교적 소수의 식자계급과 유산계급이 비교적 다수의 무식계급, 무산계급을 率하고 導하여"[10]라고 말한 바 있다. 배운 자들과 부를 가진 자, 이 두 계급은 이광수가 상정한 중추계급의 핵심이다. 안창호가 주도한 신민회가 양성하고자 했던 신민(新民)은 자본주의 물질문명과 문화를 받아들여 새로운 사회를 만드는 데 주도적 역할을 담당할 신지식층을 포함한 시민층을 의미했는데,[11] 이광수가 염두에 둔 계급도 바로 이 계급이었을 것이다. 이 계급은 '부와 지식'으로 자신들을 정의하고 그것을 통해 기득권을 유지하려 한 근대 부르주아 계급의 모습과 다르지 않다. 고아 청년들의 자기인식은 결국 근대 시민사회를 구성하는 핵심 장소에서 자신의 주체 위치(subject position)를 발견한 것이다.[12]

---

10 이광수, 〈中樞階級과 社會〉, 《이광수 전집》 17, 삼중당, 1966, 151~153쪽.

11 서중석, 〈한말·일제침략 하의 자본주의 근대화론의 성격〉, 《한국 근현대의 민족문제연구》, 지식산업사, 1989, 87쪽.

12 이광수 소설에 나타난 고아의 표상에 관해서는 허병식, 〈한국 근대소설과 교양의

이광수가 고아 청년들을 통해 근대적 주체의 구성을 기도했다면, 염상섭의 소설에는 고아 된 자의 정체를 식민지의 표상으로 보여주는 장면들이 등장한다. 〈표본실의 청개구리〉에 등장하는 김창억은 부모가 모두 병사한 후 삼일운동으로 짐작되는 모종의 사건에 연루되어 옥살이를 하고 나온 직후에 아내마저 사망한 사실을 알고 광분하고 마는 인물이다. 그가 경험한 망국의 현실은 부모의 상실이라는 개인의 조건과 정확하게 일치하며, 그 상황을 타개하기 위한 그의 파행적인 행동 중에 핵심적인 사건으로 삼층집 짓기가 나타난다. 집짓기란 망국과 고아라는 현실을 넘어서기 위해 자신만의 영역을 갖고자 하는 행위로 볼 수 있다.

염상섭의 작품 중에 '집 없는 자'로서 고아의 표상이 더욱 분명하게 드러나는 작품은 〈숙박기〉이다. 일본 유학생인 변창길이 느닷없이 선금을 요구하는 하숙을 뛰쳐나와 새로운 숙소를 마련하기 위해 동분서주하다가 겨우 머물 곳을 마련하지만 식민지 주민의 서글픔을 절절히 체험하는 과정을 보여주는 이 작품의 서사는, 관동 대지진 이후 조선인에 대한 차별이 보편화된 식민 모국에서 '집 없는 자'로서 자기를 인식하는 망국인의 이야기로 읽을 수 있다.

"나는 조선 사람인데 이 집에 두어도 좋겠소?" 하고 물어보았다. 조선 사람이라는 것이 죄인의 전과자라는 말같이 부끄러울 것은 조금도 없지마는 자기의 국적을 미리 통기하여야 한다는 것, 아니 그보다도 조선 사람이라는 것을 꺼리느냐 아니 꺼리느냐는 것을 물어볼 필요가 있다는 것은 아무리 남의 땅 남의 집의 곁붙이로 살지언정 돈 안 주고 눈칫밥 먹자는

이념〉, 동국대 박사학위논문, 2005, 2장 참조.

것같이 자기 귀에 들리었다.[13]

식민지 출신의 지식인이 식민 모국에서 집을 얻기 위해서는 스스로 식민지 출신임을 통지해야 한다는 것은, 식민지 피지배자가 고아와 다를 바 없음을 매우 선명하게 드러낸다. 이 점은 또한 그가 어떤 배제를 통해서만 식민 모국에 포함될 수 있는[14] 존재임을 보여준다.

고아가 식민 모국에 포함될 수 없는 예외적 존재라면, 그 예외적 상황을 부인하고 식민 모국의 주인으로 거듭나기를 꿈꾸는 인물이 이태준의 장편소설들에 등장하는 고아 인물들이다. 이태준의 자전적 소설로 알려진 《사상의 월야》의 주인공 이송빈을 통해 또 다른 고아 청년의 역경을 살펴보자. 개화파의 선각자였던 아버지 이감리를 어린 나이에 여의고 고아로 자라는 송빈의 삶의 이력은 벽촌인 배기미 땅에서부터 고향인 철원 용담으로, 다시 원산, 중국 안동, 순천, 서울, 마침내 동경으로까지 이어지는 고행과 유랑의 여정이다. 이러한 송빈의 성장 여정은 그가 변화와 유동성, 불안정을 특성으로 하는 근대의 소용돌이 한가운데에 서 있음을 직핍하게 보여준다. 길 위에서 자라나고 길 위에서 자아를 발견하는 그의 여로는 그 자체로서 모더니티의 조건을 이룬다. 그리고 그 속에서 그가 경험하는 것은 가족 질서로 유지되는 안정된 관계가 사라지고 돈에 의해 재편되는 인간관계가 삶의 조건이 되는, 변화하는 현실의 모습이다. 세상이 가변적이고 불확정적인 새로운 질서에 따라 재편되고 있음을 알게 해준 경험을 통해 그는 자신이 지향해야 할 가치가 무엇인지 분명히 자각한다. 지식의 획득을 통한

---

13 염상섭, 〈숙박기〉, 《두 파산》, 문학과지성사, 2006, 281쪽.

14 '배제하는 포함'이라는 개념은 조르조 아감벤, 《호모 사케르》, 박진우 옮김, 새물결, 2008, 76쪽 참조.

'출세'가 바로 그것이다. 그는 세상으로부터 당한 수모를 갚고자 동경 유학을 결심하고, 여러 사람들 위에 군림할 수 있는 지식의 힘에 대한 각성을 통해 식민지의 주인이 되기를 원망한다.

이태준은 소설 속에서 독자들이 받아들여 주길 원하는 '진정한 자기'의 기원을 요구하고 창출해낸다. 이런 점은 그가 소설이라는 장르를 가족로망스가 등장하는 개인적 몽상의 영역으로 삼았음을 의미한다. 그것은 고아 소년이 세상에 대해 느끼는 환멸을 달래기 위해 만들어낸, 자신의 진정한 기원에 대한 가공의 이야기이다. 가족소설은 부르주아 소설을 탄생시킴으로써, 부르주아적 성향을 확립해주는 모범적인 작품을 탄생시킴으로써, 현대 문학에 진출했다고 말한 마르트 로베르(Marthe Robert)는 그 부르주아 소설의 한 예로 《로빈슨 크루소》를 들며, 이러한 작품이 "천한 비명문 태생의 남자가 신분 상승을 방해하는 과거의 유물들에 대항해 혹독하게 싸울 것을 각오하고 제 힘으로 출세하려는 어떤 희망을 품는 움직이는 사회에서만 쓰일 수 있다"[15]라고 밝혔다. 로베르의 분석이 옳다면, 이송빈이 보여준 출세를 향한 욕망 또한 근대의 가족로망스에서 탄생한 것일 터이다.[16]

《무정》에서 자산가 김 장로의 딸인 선형과의 결혼을 택해 미국으로 유학을 떠나는 고아 청년 이형식의 행로가 보여주듯, 그에게 가족로망스는 곧 부르주아 사회로의 편입을 의미한다. 《사상의 월야》의 이송빈이 보여주는, 출세를 향한 욕망은 사회적 유동성이 현실화된 조건에서만 비로소 쓰일 수 있었던 내면의 이야기이다. "자신의 지식이 어디에서 오는지 모르는 채 온갖 것을 아는 사람처럼 모든 과학, 모든 기

---

15 마르트 로베르, 《기원의 소설, 소설의 기원》, 김치수·이윤옥 옮김, 문학과지성사, 1999, 129쪽.
16 이태준 소설에 나타난 고아의 표상에 관해서는 허병식, 앞의 논문, 5장 참조.

술, 자연 정복의 모든 방식들을 재창조"[17]하는 것이 부르주아 소설의 주인공이라면, 생물학이 무엇인지도 모르면서 생물학을 공부하러 떠나는 《무정》의 고아들, 현해탄 너머의 악한 이웃 일본으로 과학과 사상을 공부하러 가는 《사상의 월야》의 고아 청년이 보여주는 가족로망스의 구현은 한국의 근대가 직면해야 했던 정치적 무의식의 참모습일 것이다.

3. 혼혈의 정치

한국 문학사의 기념비적 작품인 염상섭의 《만세전》(1922)은 식민지 현실의 자각에 대한 서사로 읽힌다. 조선을 무덤으로 표상하는 식민지 출신의 지식인 이인화의 불행한 의식이 펼쳐지는 곳은 부산과 시모노세키를 오가는 관부연락선 위다. 그는 관부연락선의 목욕탕에서, 조선에서 시골의 무지렁이들을 꾀어내어 노동자로 팔아넘기는 일본인들의 대화를 엿들은 후, 자신이 책상 도련님에 불과하며 자신의 현실 인식이 실제 인생의 진면목과는 관계없는 추상적인 관념에 그친다는 깨달음을 얻는다. 이는 이후 그가 부산의 전찻길과 낙후한 동네를 구경하며, '그 불쌍한 흰옷 입은 백성의 운명'을 생각하며 탄식하는 장면을 통해서도 짐작할 수 있다. 그러나 그 흰옷 입은 백성이 어떠한 사람이었는지에 대해서는 좀 더 살펴볼 필요가 있다.

식민지적 규율과 응시의 시선을 내면화한 이인화가 발신하는 주체화 과정은 트랜스내셔널한 주체성이라는 새로운 자리에서 하나의 응

---

17 마르트 로베르, 앞의 책, 131쪽.

시를 발명해낸다. 이인화의 부산 거리 탐방은 단순히 식민지 조국의 현실을 발견해낸 것이라기보다는, 마치 조선을 낯선 타자를 보듯이 응시한 후에 도달한 실재와의 만남이라고 보아야 할 것이다. 이인화의 시각이 제국-식민지 주체의, 접경에서 가능한 시선이라는 점은 그 발견의 대상인 부산이 제국과 식민지의 접경지대라는 점과 별개로 파악할 수 없다. 이 접경으로부터 스스로를 시선의 대상으로 드러내는 자기민족지(autoethnography)의 공간이 전개되기 때문이다. 식민화된 주체의 자기표상은 식민 모국의 시선과 겹쳐져, 구분할 수 없는 것이 된다. 이 점에서 이인화가 부산 거리를 산책하던 끝에 만난 인물이 "조선사람 어머니에게 길리워 자라면서도 조선말보다는 일본말을 하고, 조선옷보다는 일본옷을 입고, 딸자식으로 태어났으면서도 조선사람인 어머니보다는 일본사람인 아버지를 찾아가겠다는"[18] 혼혈인이라는 점은 의미심장하다. 트랜스내셔널한 주체성의 자리에서 식민지 현실을 응시하는 시선을 통해 포착된 최초의 존재가 혼혈인이라는 사실은, 혼혈이라는 표상이 근대 이후 한국이 직면한 현실의 핵심 상흔이라는 것을 암시한다. 근대성의 자각은 곧 혼혈이라는 조건을 인식하는 데서 시작될 수 있었던 것이다. 그러나 이러한 근대성의 조건에 대한 인식이 그동안 이루어진 한국 문학 연구에서 온전히 자리 잡았다고 보기는 어렵다.

식민 지배 기간에 제국 일본은 식민지 조선에 대해 혈족 내셔널리즘에 기반을 둔 차별 논리, 언어 내셔널리즘에 기반을 둔 동화 논리를 구사하며 식민지 통합을 기획했다.[19] 1910년대부터 《매일신보》 등의

---

18 염상섭, 《만세전》(한국소설문학대계 5), 동아출판사, 1995, 605쪽.

19 고마고메 다케시, 《식민지제국 일본의 문화통합─조선·대만·만주·중국 점령지에서 식민지 교육》, 오성철 옮김, 역사비평사, 2008.

매체를 통해 선전되고 정책적으로 장려되었음에도 불구하고 혈족 내셔널리즘의 입장에서는 '내선결혼'이 회의의 대상이었다.[20] 분명한 것은 근대 이후 조선이라는 장소에는 혼혈이라는 조건을 지닌 사람들이 살아가고 있었다는 사실이다. 그런데도 근대문학의 텍스트에서 식민지의 혼혈인이 등장하는 예는 매우 희소하다. 식민지에서 살아가던 혼혈인의 존재를 포착하고 작품의 주인공으로 등장시킨 거의 유일한 예는 염상섭의 소설이다. 염상섭의 〈남충서〉(1927)와 《사랑과 죄》(1927~1928)에는, 애국계몽기에는 지사였으나 현재는 식민 권력에 기대어 막대한 부를 축적한 부르주아 가장과 일본인 첩 사이에서 태어난 혼혈인이 등장한다.

〈남충서〉의 남충서는 자신을 여러 이름으로 부르는 동지들을 향해 "나는 '야노(矢野)'도 아니요, '미나미'도 아니요, 남가(南哥)도 아닐새마는 그러나 그중에 제일 적절히 나(我)라는 존재를 설명하는 것은 '미나미'라고 부르는 것이겟지! '야노'도 아니요, 남가도 아닌 거긔에 내 운명은 긔묘한 전개를 보여주는 걸세"[21]라고 말한다. 그는 "'아비의 나라는 내 나라다!'고 생각은 하면서도 아비의 나라에 대한 굿센 감격을 느끼지 못하는 자기를 불쌍히 생각지 않을 수 없었다"라고 말하며 경계에 놓인 자로서의 자아 인식을 드러낸다. 남충서의 이러한 자기인식은 아감벤이 말한 잔여(remnant)—"유대인으로도, 비-유대인으로도 정의될 수 없는 잔여"의 시간을 식민지 조선에 도입한다.[22] 〈남충서〉의 서사는 이러한 '남겨진 존재'로서 남충서를 민족과 전통의 자장 속

---

20 와타나베 아쓰요, 〈일제하 조선에서 내선결혼의 정책적 전개와 실태〉, 서울대학교 박사학위논문, 2004.
21 염상섭, 〈남충서〉, 《초기단편》(염상섭 전집 9), 민음사, 1987, 286쪽.
22 조르조 아감벤, 《남겨진 시간》, 강승훈 옮김, 코나투스, 2008 참조.

으로 힘겹게 끌어들이려는 노력을 이어간다.

남충서는 친일파인 아버지로부터 '상속'을 강요받으면서, 자신이 관여하고 있는 'P.P단'으로부터는 끊임없이 의심의 눈초리를 받는다. 애초에 그가 자신의 이중적 상황을 타파하기 위해 자발적으로 선택했을 계급혁명을 향한 길은 피와 계급에 대한 그 동지들의 완고한 시선 때문에 좌절할 수밖에 없는 상황에 처한다. 결국 남충서가 택한 길은 민족이라는 튼튼한 굴레 속으로 자신의 위치를 기입하는 방안이다.

"전통이란 것처럼 무서운 것은 업다. 관념으로나 의식으로 민족이란 자각은 업는 경우라도 그 민족의 전통이란 무거운 짐을 누구나 지고 다니니까 허는수 업는 일이지. …… 대관절 사람이 민족을 써나서 살 날이 잇슬까? ─그것은 어써한 남자를 붓들고라도 아버지라고 부르고 북극의 인종이 남극의 도회를 거니는 창부에게 어머니라고 절하는 째의ㅅ 일일 것이다."(289쪽)

결국 남충서는 아버지의 권유에 따라 조선 귀족 가문의 딸인 정희와 결혼함으로써 혼혈이라는 불안한 정체를 벗어나 상속이 가능한 안정적인 위치를 확보한다.

한편 염상섭의 장편 《사랑과 죄》는 자작(子爵)인 이해춘과 간호부 지순영의 사랑의 서사가 중심축을 이루고 있다. 해춘은 한말의 주일 공사였던 이 판서의 아들로, 합병 후 이 판서가 취득한 자작이라는 지위를 물려받은 청년 귀족이다. "자작 리해춘이란 말은 내가 귀족이란 말입니다. 귀족이란 놈하고 누가 정말 마음을 주고 가치 일하려고 한답듸까? 내가 사회에 나서지 못하는 것도 그 까닭이지마는 지금 청년이 다른 방면으로 가지 안코 문학이니 음악이니 미술이니 하는 데로 방향을 고치는 것도 제 길을 마음대로 거러갈 수가 업스닛가"[23]라는 해춘의 항변에서 알 수 있듯이, 계급의 유산은 그의 활동을 제약하는 조건이며, 어떤 가치를 위해 싸우는 젊은이로서 그가 벗어던져야할 질곡이 된다. 해춘은 뚜렷한 목표도 없고 기준도 없이 세상 앞에서 비결정과 불안을 느끼는, '집행 유예된 부르주아'의 전형이다. 잠정적으로 지식인의 태도를 모방하고 채용해야 하는 그는 정치권력과 귀족이라는 특권의 대립으로 구성된 힘의 장, 그 힘들이 균형을 이루는 사회적 무중력의 영역 속에 있다. 그는 스스로 자기 자신이 될 힘이 없어서 자신의 사회적 정체성을 설정하지 못하는 존재이다.[24] 그런 무중력의 영역에 존재하던 '청년'이었던 해춘이 상속인의 위치를 벗어나고자 갈등하다가 결국은 상속을 포기하기에 이르는 서사는 《사랑과 죄》에서 전개되는 핵심적인 줄거리의 하나이다. 이런 맥락에서 보면, 해춘은 고아 아닌 고아로서, 그의 정치적 고아 의식은 또 하나의 가족로망스를 상연하고 있는 셈이다.

《사랑과 죄》에 등장하는 집행 유예된 부르주아의 또 다른 전형은 류진이다. 친일 자본가 류택수의 서자인 그는 어머니가 일본인이라는 사실 때문에 번민하는 존재이다. 혼혈이라는 혈통과 매판 자본가인 아버지에 대한 반감은 그를 지극히 개인주의적인 허무주의자로 만든다. "국적이 잇서서 조흘 것도 업지만 비국민도 아니요 비국민 아닌 것도" 아닌 그는 "나는 나라는 존재일 싸름이지!"(135쪽)라고 말하며, "내게 남은 것은 컴컴한 숙명뿐일세!"라고 자조하도록 만든다. 그러던 류진이 김호연과 이해춘이 연루된 사회주의 운동과 관련된 사건에 휘

---

23 염상섭, 《사랑과 죄》(염상섭 전집 2), 민음사, 1987, 36쪽.
24 피에르 부르디외, 《예술의 규칙》, 하태환 옮김, 동문선, 1999, 31~32쪽 참조.

말리고 해춘과 순영의 연애를 돕다가 종국에는 새로 시작하려는 의지를 보이는 서사는 《사랑과 죄》에 담긴 정체성 정치의 중요한 자원을 이룬다. "나는 위선 일체의 관계 일체의 상태에서 자긔를 쌔내 가지고 전연히 새 출발뎜으로부터 자기 생활을 다시 시작하랴네"(256쪽)라고 류진 스스로가 말하는 새 출발의 내용은 바로 진정한 개인주의를 통해 자아의 품성을 함양하는 것이다. "제각기의 생활을 제각기가 길러 나가는 것일세! 개인주의라고 할지 모르나 진정한 개인주의면야 인류애 생명미의 정당한 표현일 것이 아닌가?"(335쪽)라는 대목에서 엿보이는 개인주의는 앞서 살펴보았던 해춘의 고아 의식과 다르지 않다.

"일본말로 '미나미 다다오'라고 부르면 꼭 일본사람 이름같이 보이는" 남충서와, 일본말로 "야나기 스스무라고 읽도록 애를 쓴" 류진은 혼혈이라는 혈통의 조건을 공유하고 있지만, 그들이 나아간 길은 상이하다. 근본적으로 그러한 상황은 "혼혈성 또는 잡종성과 그로 인한 인물들의 운명적인 정체성의 위기를 일종의 식민지 조선의 근본적인 문제 상황으로 설정"[25]한 작품의 관점과 관련이 있을 것이다. 이러한 문화적 조건은 개인이 사회 속에서 자신의 위치를 발견하는 일을 진정으로 문제적인 것으로 만든다. 개인의 사회화가 법의 이념과 실천이 지시하는 기본적인 가치들로 정당화되지 못한다면 위태로운 상황 속으로 빠져들 수밖에 없기 때문이다. 그것은 관습과 법의 규제에서 벗어나 개인의 자유를 추구하는 것이 근대적 삶의 요구에 답하는 것임을 누구보다도 잘 알고 있는 염상섭의 인물들이 놓인 역설적 상황이다.

---

25 김경수, 〈식민지의 삶의 조건과 윤리적 선택〉, 김종균 편, 《염상섭 소설 연구》, 국학자료원, 1999, 83~85쪽.

4. 귀환하는 아이들

고아와 혼혈이 식민지의 근대적 조건을 지시하는 중요한 의식과 관련되는 상황은 해방 후에도 지속적으로 이어져, 문학의 숨은 주제로 등장한다. 해방을 맞아 조선으로 돌아가는 사람들의 이야기를 다룬 엄흥섭의 〈귀환일기〉는 '여자 정신대'로 일본에 끌려가서 작부로 일하다가 아이를 가진 채 귀환길에 오른 순이의 이야기를 들려준다. 만삭의 몸으로 귀환하는 그녀를 보며 아기 아버지의 존재를 묻는 주변 사람들의 물음에 그녀는 신경질적인 반응을 보인다. "순이는 '애기 아버지'란 말을 듣자 갑자기 소름이 쪽 끼쳐지고 얼굴에 모닥불을 끼얹은 듯 화끈해 올랐다. 새삼스럽게 뱃속에 든 핏덩어리가 무슨 큰 뱀이나 들어 있는 듯 무섭고 정나미가 떨어졌기 때문이다."[26] 순이의 이러한 반응에 대해 서술자는 아비가 누구인지도 모르는 사생아를 가진 것에 대한 자의식으로 이야기하지만, 이러한 자의식은 그녀가 잉태한 아기가 민족의 아들이라는 보상을 예비한 것이기도 하다.

'비록 몸은 천한 구렁 속에 처박혔을망정 원수 일본인에게는 절대로 몸을 허하지 않았다. 그렇다면 배 속에 든 어린아이는 역시 조선의 아들이 아닌가! 해방된 조선—독립되려는 조선에 만일 더러운 원수의 씨를 받아가지고 돌아간다면 이 얼마나 큰 죄인일까!'(252쪽)

사생아를 가진 것은 두려운 일이지만, 혼혈아를 가지는 것과는 비교할 수 없는 일이라는 인식은 작품 후반부에서 귀환길을 동행하던 대구

---

26 엄흥섭, 〈귀환일기〉,《엄흥섭 선집》, 현대문학, 2010, 244쪽.

출신 여인이 배 위에서 아이를 해산한 후, "내차두소. 원수 놈의 씨알머리요. 우리 조선이 인제 독립되게 됐는데 원수 놈의 씨를 나가지고 가면 되겠는기오!"(266쪽)라고 절규하는 장면으로 이어진다. 소설은 이 상처받은 여인들이 가진 아이들을 배에 같이 오른 조선인들이 '건국동이'로 호명함으로써 포섭하는 장면으로 마무리된다. 식민지 지배자였던 일본의 혈통을 완전하게 배제함으로써 새로운 국민이 탄생한다는 이 작품의 서사는 후식민의 국가 만들기가 지닌 '배제하는 포함'의 전략을 이해하도록 해준다.

염상섭은 식민의 상흔인 혼혈아를 배제하는 대신 민족의 품으로 회수함으로써 식민의 기억을 소거하려는 전략을 해방 후 작품에서 보여준다. 그의 〈해방의 아들〉에서 식민지 시기 일본인으로 행세하며 살던 혼혈인 조준식은 해방 이후 자신의 정체에 대해 혼란스러워하며 귀환할 곳을 찾지 못하다가 조선인 홍규의 훈계를 듣고 자신의 길을 정한다. "홍규라는 뒷배가 있어 든든하고 국경을 마음 놓고 건너게 되고 생사를 모르던 처자를 만나게 되어서도 그렇겠지마는 장기(長崎)로 갈까 동래로 갈까, 여전히 마쓰노로 행세를 할 것인가 조가의 성을 찾게 되는가…… 하고 혼자 방황하며 지향을 못하다가 인제는 한길이, 환히 보이는 한길이 툭 터진 것 같고, 마음이 한 곬으로 딱 잡히고 나니 살 희망의 빛과 힘이 저절로 솟아나는 것을 든든히 깨닫는 것이었다."[27] 그 후 조준식은 조선인으로 행세하다가 사정이 여의치 않게 되자 다시 일본으로 갈까 하는 생각을 품지만, 홍규가 선물한 태극기를 받고서 "이 기를 받고 나니 인제는 제가 정말 다시 조선에 돌아온 것 같고 조선 사람이 분명히 된 것 같습니다"(332쪽)라고 말하며 눈물을 흘리는

---

27 염상섭, 〈해방의 아들〉, 《두 파산》, 문학과지성사, 2006, 307쪽.

것으로 이야기는 종결된다. 조준식/마쓰노라는 혼혈의 존재를 계도하고 조선인으로 갱생시키는 행위자는 순혈 조선인이자 "해방의 아들"이며 "태극 깃발 아래서 난 첫애기"를 얻은 홍규라는 주체 위치를 통해서만 가능한 일이었다.

그런가 하면 황순원의 《인간접목》은 해방과 한국전쟁 후의 고아들 이야기를 담고 있다. 전쟁에서 한쪽 팔을 잃고 갱생소년원에서 일자리를 얻은 종호가 만난 고아원 아이들은 "나도 이젠 훌륭한 왕초가 될 테에요"[28]라는 꿈을 품고 있다. 소설은 소매치기패 우두머리의 보호를 받으며 그와 같은 왕초가 되는 것이 꿈이라는 이 아이들을 왕초로부터 보호하려는 종호의 노력과 좌절의 이야기를 들려준다.

그러나 《인간접목》에서 진정으로 흥미로운 대목은 이 갱생원의 원장 이야기이다. 중학 시절 어느 선교사 밑에서 심부름을 해주며 고학했던 원장은 어느 날 선교사가 면도를 하다가 턱을 베자, 달려가서 입으로 선교사의 상처를 빨아주었다고 한다. 그 뒤로 선교사에게 절대적 신임을 얻은 그는 태평양전쟁으로 서양인들이 모두 본국으로 돌아갈 때 그 선교사의 가장집물을 몽땅 물려받는다(126쪽). 이 이야기를 종호에게 들려준 홍 집사는 "사람에게는 기회라는 게 있다, 이 기회를 바루 붙드느냐 못 붙드느냐에 그 사람의 성불성이 결정된다"라고 말한다. 선교사의 눈에 띄어 출셋길을 향해 달려가는 이야기는 우리가 이미 보았다. 앞에서 살펴본 이태준의 《사상의 월야》의 주인공 송빈이 동경 유학을 하게 된 계기가 바로 선교사의 도움이었던 것이다.

《인간접목》의 서사가 그 의도와는 무관하게 전해주는 또 하나의 사실은 식민지 고아들의 삶이 해방과 한국전쟁 이후의 고아들의 삶과도

---

28 황순원,《인간접목》, 문학과지성사, 1981, 21쪽.

밀접하게 연결된다는 점이다. 《인간접목》에서 원장과 갱생원의 직원들이 가장 공을 들이는 일이 미국의 미군에게서 원호물자를 얻고자 노력하는 것이라는 점은 식민과 후식민의 문제에 대해서 시사하는 바가 크다.

전쟁이 어디에도 머물 곳 없는 고아들을 낳았다는 것은 잘 알려진 사실이다. 송병수의 〈쑈리 킴〉은 전쟁 이후 무수히 생겨난 고아들의 모습을 조명한다. 쑈리 킴은 "빨갱이가 쳐들어왔을 때 다락에 숨어 있다가 잡혀간 아버지"와 "아기 젖 먹이다가 폭격에 무너진 대들보에 깔려 죽은 엄마"를 잃고 거리와 고아원을 홀로 전전하다가 일선 지구 산골의 미군부대 앞으로 흘러들어 온 전쟁 고아이다. 쑈리 킴이 증언하는 그의 아버지와 어머니의 죽음에 대한 기억은 남북과 미군, 그 어디로부터도 보호받지 못한 존재인 고아의 정체를 선명하게 보여준다. 작품의 결말에서, 양갈보인 따링 누나에게 미군을 소개해주며 살아가던 쑈리는 미군 헌병들과 미군부대에 기생하는 한국인들 때문에 정처를 잃고 만다.

이젠 이곳 양키부대도 싫다. 아니, 무섭다. 생각해보면 양키들도 무섭다. 불독 같은 놈은 왕초보다 더 무섭고, 엠피는 교통순경보다 더 밉다. 빨리 이곳을 떠나 우선 서울에 가서 따링 누나를 찾아야겠다. 그 마음 착한 따링 누나를 다시 만날 수 있다면야 까짓 달러 뭉치 따위, 그리고 야광시계도 나일론잠바도 짬빵 모자도 그 따윈 영 없어도 좋다. 그저 따링 누나를 만나 왈칵 끌어안고 실컷, 실컷 울어나 보고, 다음에 아무 데고 가서 오래 자리 잡고 '저 산 너머 햇님'을 부르며 마음 놓고 살아봤으면…….[29]

---

29 송병수, 〈쑈리 킴〉, 《쑈리 킴 외》(한국소설문학대계 38), 동아출판사, 1995, 30쪽.

쑈리 킴은, 따링 누나를 미군 엠피에게 신고하여 잡혀 들어가게 만들고 그녀의 돈을 훔치려는 상이군인 쩔뚝이를 폭행하고 서울로 도망하려 작정한다. 그러나 그가 미군부대로 흘러들어 오기까지 머물렀던 곳이 서울의 거리와 고아원이라는 점을 떠올려보면, 그에게 허락될 수 있는 존재의 장소가 서울이라는 공간에서는 부재하리라는 점은 쉽게 예상할 수 있다. 이 소설은 전쟁 이후 새로운 국가 만들기라는 과제를 향해 매진하던 1950년대 후반의 한국 사회에서 어떠한 보호장치도 없이 내던져진, 예외 상태에 놓인 고아들의 모습을 전형적으로 보여준다.

1969년에 발표된 이제하의 단편 〈스미스 씨의 약초〉에는 전쟁으로 고아가 되어 미군의 원호물자에 기대어 살아가는 고아 소년들의 이야기가 펼쳐진다. 목사인 스미스가 원장으로 있는 신생원의 고아 소년들은 그의 인도를 받으며 고아원의 규율적인 질서 속에서 살아간다. 이들의 삶 속에 돌연 외부 인물이 등장하는데, 그 자신 또한 고아인 러키 박이다. 그는 신생원의 총무였던 최기훈을 몰아내고 자신이 총무가 되어 고아들의 세계로 빠르게 진입한다. 그는 신생원 뒷산의 '솔로몬의 골짜기'에 있는, 전쟁 때 포탄으로 생긴 커다란 구멍을 자유롭게 뛰어넘을 수 있는 유일한 존재라는 점에서 고아 소년들에게 경외의 대상이 된다. 전쟁의 상흔과 가족의 파탄을 보여주는 상징인 커다란 구멍으로 러키 박이 고아 소년들을 이끌고 가서 그들에게 외치는 대목은 매우 인상 깊다.

"바보!" 러키 박이 소리소리 쳤다. "너는 최기훈도 뭣도 아냐."
"너희들은 최가도 김가도 아냐, 너희들은 아무것도 아냐" 하고
그가 말했다. "개자식들이 제멋대로 붙인 이름야."
"아" 하고 우리들은 뇌었다. "개자식들……."

"바보 같은 새끼들" 하고 그가 말했다. "너희들의 에미 애비……" 하고 그가 말했다. "모두 찢겨 뒈졌어. 이걸 봐라."[30]

고아들의 '에미 애비'가 모두 전쟁으로 사망했음을 직시해야 하며, 그들의 성 또한 그들을 돌보는 누군가에 의해 제멋대로 붙여진 것이라고 절규하는 러키 박의 전언은 1960년대 고아들의 무의식을 구성하고 있던 아비로서 미군과 기독교와 전쟁의 기억으로 얽힌 암흑 지점을 응시하고, 이 암흑 혹은 잔여로부터 자신들을 새롭게 구성해야 한다는 의미 있는 외침으로 기억될 것이다.

미군의 원호물자에 의지해 살아가는 고아의 삶에 대한 조명은 이후 미군의 주둔이 장기화하면서 그 결과로서 고아와 혼혈아가 섞이는 양상으로 전개된다. 1970년대 동두천을 무대로 한 장영수와 김명인의 시에 등장한 혼혈아에 대해 김현은, "그 혼혈아는 뚜렷한 이름도 주거도 없는 뿌리 뽑힌 자이지만, 뿌리박고 살고 있는 우리 역시 그와 마찬가지로 뿌리 뽑힌 고아이다"[31]라고 말하면서 후식민의 상처를 환기시킨다. 식민/후식민 시기와 냉전/탈냉전 시기를 거치면서 고아와 혼혈의 기억이 끊임없이 되돌아오는 과정은 곧 한국인과 한국 문화의 무의식이 억압하고자 했던 실재가 귀환하는 과정과 다르지 않다. 식민지 경험을 통해 우리 문학의 심연에 자리 잡았던 고아와 혼혈아의 존재는 후식민의 기나긴 과정에서 문학과 역사의 중심부로 돌아와 후식민의 진정한 과제를 상기하게 한다.

---

30 이제하, 〈스미스 씨의 약초〉, 《초식》, 문학동네, 1997, 133쪽.
31 김현, 〈고아 의식의 시적 변용〉, 《문학과 유토피아》, 문학과지성사, 1993, 100쪽.

5. 타인의 얼굴

이 글에서 살펴본 고아와 혼혈인의 모습은 근대적 주체성과 그 결여의 자리를 심문하는 존재로 등장한다. 고아들은 동일성의 근거를 상실한 존재이지만, 그 상실의 기반 위에서 새로운 동일성의 서사를 써나가려 한다. 고아란 근대적 인간의 모습을 처음으로 상상했던 근대적 주체이기도 하지만, 가족로망스와 시민적 정상성을 상정하는 시민사회의 바깥에서 규제되고 관리되어야 할 존재로 발견되기도 했다. 혼혈인이란 경계 위에서 태어나 정체를 갖지 못한 자들이지만, 민족과 해방의 서사는 그들을 끊임없이 동일자의 자리로 기입시키려 한다. 그리하여 혼혈인이라는 주체는 국민국가의 경계가 어디인지를 끊임없이 떠올리게 하는 존재가 된다. "국민적 제도가 가시적이거나 비가시적인, 하지만 항상 법과 관행들 안에 물질화되어 있는 배제의 규칙, 경계들/국경들의 정식화에 의존하고 있다면",[32] 고아와 혼혈인은 이러한 경계를 넘어서지 못하고 그 배제의 영역 속에 머물러 있는 타인의 얼굴을 상연한다.

자기동일성의 우위 하에서 '존재론적으로' 간주된 동일자와 타자의 변증법은 실질적 사고 속에서 타자의 부재(不在)를 조직하고 타자에 대한 진정한 경험을 제거하며 타자성에 대한 윤리적 열림의 길을 봉쇄한다고 레비나스는 말한 바 있다.[33] 동일성을 객관적으로 식별하는 이론적 사고보다 타자에 대한 윤리가 선행한다는 레비나스의 주장은 우리에게 타인의 얼굴에 책임감을 가질 것을 요구한다. 레비나스에게

---

32 에티엔 발리바르, 《우리, 유럽의 시민들?》, 진태원 옮김, 후마니타스, 2010, 59쪽.
33 알랭 바디우, 《윤리학》, 이종영 옮김, 동문선, 2001, 27~28쪽에서 재인용.

타자는 빈민, 이방인, 과부, 고아 들의 얼굴, 다시 말해 배제된 것들의 현시를 정당화하라고 요구하는 존재들이다.[34] 그 배제된 형상들이 해방 이후에 끊임없이 귀환하고 있다는 점, 돌아온 존재들이 어떤 배제 없이는 민족이나 국민 속에 포함되지 못하는 것은 책임의 문제와 관련이 있을 것이다.

해방 후 고아와 혼혈인의 서사가 펼쳐지는 무대는 규제와 관리의 영역에서, 또는 통합과 동화의 대상으로서 고아와 혼혈인의 모습을 보여준다. 그러나 그들은 좀처럼 동일성의 회로 속으로 포섭되지 않는다. 통치와 법의 식별 불가능한 지대에 남겨진 자(잔여)로서의 고아와 혼혈인은 또한 주체성의 새로운 모습을 탐구하도록 만든다. 결코 자기 자신과 일치할 수 없으며, 모든 분할 내에서 무한히 남겨지거나 저항하는 존재인 그 잔여들은 진정한 정치적 주체로서 국민국가의 근대를 심문하고 있다.

---

34 서용순, 〈탈경계의 주체성과 이방인의 문제〉, 《인문연구》 57, 2009, 107쪽.
* 이 글은 《역사와 문화》 24집(2012년 11월)에 게재되었다.

참고문헌

1차 자료

송병수, 《쑈리 킴 외》, 동아출판사, 1995.

엄흥섭, 〈귀환일기〉, 《엄흥섭 선집》, 현대문학, 2010.

염상섭, 《두 파산》, 문학과지성사, 2006.

———, 《만세전》(한국소설문학대계 5), 동아출판사, 1995.

———, 《사랑과 죄》(염상섭 전집 2), 민음사, 1987.

———, 《초기단편》(염상섭 전집 9), 민음사, 1987.

이광수, 〈자녀중심론〉, 《이광수 전집》 10, 삼중당, 1966.

———, 〈朝鮮사람인 靑年에게〉, 《이광수 전집》 1, 삼중당, 1966.

———, 〈中樞階級과 社會〉, 《이광수 전집》 17, 삼중당, 1966.

이광수, 김철 교주, 《바로잡은 무정》, 문학동네, 2004.

이제하, 《초식》, 문학동네, 1997.

2차 자료

고마고메 다케시, 《식민지제국 일본의 문화통합─조선·대만·만주·중국 점령지에서 식민지 교육》, 오성철 옮김, 역사비평사, 2008.

김경수, 〈식민지의 삶의 조건과 윤리적 선택〉, 김종균 편, 《염상섭 소설 연구》, 국학자료원, 1999.

김현, 〈고아 의식의 시적 변용〉, 《문학과 유토피아》, 문학과지성사, 1993.

김홍중, 《마음의 사회학》, 문학동네, 2009.

로베르, 마르트, 《기원의 소설, 소설의 기원》, 김치수·이윤옥 옮김, 문학과지성사, 1999.

바디우, 알랭, 《윤리학》, 이종영 옮김, 동문선, 2001.

발리바르, 에티엔, 《우리, 유럽의 시민들?》, 진태원 옮김, 후마니타스, 2010.

부르디외, 피에르, 《예술의 규칙》, 하태환 옮김, 동문선, 1999.

서용순, 〈탈경계의 주체성과 이방인의 문제〉, 《인문연구》 57, 2009.

서중석, 《한국 근현대의 민족문제 연구》, 지식산업사, 1989.

설동훈, 〈혼혈인의 사회학: 한국인의 위계적 민족성〉, 《인문연구》 52, 2007.

아감벤, 조르조, 《남겨진 시간》, 강승훈 옮김, 코나투스, 2008.

아감벤, 조르조,《호모 사케르》, 박진우 옮김, 새물결, 2008.

와타나베 아쓰요, 〈일제하 조선에서 내선결혼의 정책적 전개와 실태〉, 서울대학
　　　교 박사학위논문, 2004.

프로이트, 지그문트,《성욕에 관한 세 편의 에세이》, 김정일 옮김, 열린책들,
　　　1996.

헌트, 린,《프랑스 혁명의 가족로망스》, 조한욱 옮김, 새물결, 1999.

황순원,《인간접목》, 문학과지성사, 1981.

Said, Edward W., *The World, the Text, and the Critic*, Cambridge, Massachusetts:
　　　Harvard University Press, 1983.

木村直惠,《青年の誕生》, 新曜社, 1998.

인조인간, '벌거벗은 생명', 포스트휴머니즘

메리 셸리의 《프랑켄슈타인》과 가즈오 이시구로의
《나를 보내지 마》에 나타난 고아와 인간

박선주

1. 시작하며

'고아'는 부모가 없는 아이를 지칭한다. 이들은 부모가 '있는' 아이들과 강한 대비를 이루며 하나의 명징한 정체성 범주를 구성한다. 바로 그런 명징성 때문에 '고아'는 아이들의—더 나아가 성인들의—정체성을 가늠하고 구분하는 데 가장 대표적인 범주로 사용되어왔다. 그런데 흥미롭게도 '고아'는 또한 매우 문제적이며 애매모호한 범주이기도 하다. '고아'란 분명 규범적이고 정상적인 '가족'의 서사와 제도의 경계선 밖에 놓인 존재이지만, 또 한편으로는 '아이'의 범위를 어떻게 설정할 것인지, 혹은 '부모가 없다'는 것이 의미하는 바가 정확히 무엇인지 같은 근본적인 질문들을 이어가다 보면 '고아'라는 범주가 지칭하는 정체성은 상당히 모호해지기도 한다. 이런 질문들에 대한 대답에 따라, '고아'는 특정 종류의 '비정상성'을 가리키는 명칭이기도 하면서 동시에 거의 '인간'과 동치 개념이라 할 만큼 그 범주가 엄청나게 확장되기도 하기 때문이다.

'고아'의 명징성과 모호성을 조금 더 추적해보자. '고아'라는 용어를 엄격히 정의하려 하면 그것은 애초에 성립이 불가능한 개념이 된다. 출생

(출산)이라는 과정이 연루되어 있는 한 생물학적 부모는 누구에게나 존재하게 마련이고 이런 의미에서 말 그대로 부모가 '없는' 존재란 없기 때문이다. 더구나 어린 시절 부모 없이 성장한 사람이라 하더라도 그 자신이 장성하여 일가를 이루고 난 후에는 '고아'라는 명칭을 더는 쓰지 않는다는 점을 고려하면, 이 용어는 인간이 살아가는 과정에서 극히 부분적으로만 적용되는 정체성임을 알 수 있다. 이처럼 '고아'는 정의상 성립하지도 않을뿐더러 설사 그 정의를 아주 느슨하게 적용하는 경우라 하더라도 부분적으로만 사용되는 제한적 정체성이다. 그럼에도 불구하고 우리는 때때로 '고아'라는 용어를 죽음과 삶, 상실과 고독처럼 인간 존재의 조건을 상징하는 실존적이고 총체적인 메타포로 받아들이곤 한다. '고아'야말로 인간의 삶에 이미 부여된 존재론적 결핍을 가장 잘 나타내는 용어이고, 이런 의미에서 모든 인간은 고아라는 것이다. 한마디로, '고아'는 모순이다. 사실, 엄격한 의미에서 '고아'란 존재하지 않는 셈인데, 또 한편 우리는 본질적으로 인간이기 위해서 '고아'여야 하기 때문이다.

이 논문은 '고아'에 얽힌 이러한 모순에 초점을 맞추면서 고아가 '인간'이라는 범주에 대해 제기하는 인식론적 의미와 정치사회적 의미를 살펴보고, 그 의미들 사이에서 발생하는, 복잡하게 얽힌 역학을 살펴보고자 한다. 이러한 논의에 '인조인간'은 매우 적합한 대상이다. (인간이 아니라) 인조인간이야말로 '고아'라는 정체성을 존재론적 차원에서 온전히 전유하는 존재이기 때문이다. 이 글은 '고아'가 될 수 없는 인간을 대신해서 '고아'라는 인간의 실존적 조건을 뒤집어쓴 인조인간과 서구 사상, 정치 지평의 관계를, 먼저 아감벤의 논의를 빌려 이론 차원에서 살펴볼 것이다. 이에 대한 예로, 19세기 영국 낭만주의 시대에 고아/인조인간의 가장 원형적인 형태를 창조해낸 메리 셸리의 《프랑켄슈타인》를 분석하여, '인간'의 개념화가 근대 국민국가의 정치적 형성과 밀접하게 얽힌 양상을 점검할 것이다. 다음으로, 현대 영국 작가 가즈오 이시구로가 《나를 보내지 마》라는 소설에서 형상화하는 고아/인조인간의 현대판, 즉 '복제인간'의 (가상적) 삶을 살펴보면서, 근대 국민국가와 '인간'의 존재론적 삶이 글로벌 정치라는 지형에서 맺고 있는 문제적 관계를 논의해보고자 한다.[1]

2. '인간'의 근원에 놓인 부정, 고아

조르조 아감벤은 초기작 《언어와 죽음》에서 인간이 스스로를 동물과 구분되는 존재로 개념화해온 서구 형이상학의 역사를 '언어' 측면에서 조망한다. 인간은 단순히 살아 있는 존재가 아니라 말하는 존재라는 점에서 여타의 동물과 근본적으로 다르며, 언어 구사의 잠재력을 지닌 '소리(Voice)'를 통해 '인간'이라는 독특한 정체성을 확립해왔다는 것이다. 아감벤은 이러한 서구 형이상학의 전통 속에서, 언어를 구사하는 존재(인간에 속하는 생명)와 단순히 살아 있는 존재(인간에 속하지 않는 생명) 간의 구분에는 기본적으로 '부정(negativity)'이 그 근원적 원리로 작동한다고 말한다. 다시 말해, '언어의 구사', '인간의 소리' 등이 정의되고 구분되는 방식은 언제나 이에 대한 부정—언어로 표현할 수 '없는' 어떤 것, 말로 구사되지 '않는' 것, 재현 '불가능한' 것 등의 부정적 영역—을 전제해야만 가능하다는 것이다. 달리 말하면, 인간이 '말하는 존재'로 정의되는 순간, 언어·표현·재현 가능성에 대한 '부정'이

---

1 이 글은 '트랜스내셔널 인문학'의 강의안을 짜는 공동 작업에서 나온 산물이다. '고아'라는 개념을 근대라는 시각에서 논의하는 데 중요한 조언을 해주고, 특히 《프랑켄슈타인》을 이러한 맥락에서 읽을 수 있도록 도와준 오경환 교수에게 감사를 표한다.

'말하는 존재'의 뿌리로 기능하는 셈이다.

아감벤은 언어의 발생, 혹은 인간의 기원을 철학적으로 논의할 때 바로 이런 맥락을 염두에 두어야 한다고 말한다. 인간, 혹은 인간을 인간이게 하는 '언어'의 기원은 의미 없는 소음을 내던 동물이 차츰 언어의 세계, 즉 '소리'로 진화하는 과정 속에 놓여 있는 것이 아니라, 언어라는 능력이 개념화되는 바로 그 순간, 언어를 구사하는 존재와 그저 살아만 있을 뿐인 존재 사이에서 이미 일어나버린 균열 안에 있다는 것이다. 그리고 이 균열의 기본적인 성격은 '부정'이므로, 인간의 기원은 곧 '부정'인 셈이다.

아감벤에 따르면, 이런 의미에서 서구 형이상학이 인간을 이해하고 개념화해온 방식은 '부정'과 분리해서 생각할 수 없다. 많은 철학자, 사상가 들이 인간을 사유하면서 그 뿌리에 놓여 있는 이 '부정'을 대면하였고, 이를 '심연(abyss)', '근원의 불근원성(the ungroundedness of the ground)', 혹은 '무(nothingness)', '죽음(death)', '침묵(silence)', '불가해(enigma)' 같은 용어로 표현해왔다. 그리고 이 '부정'—언어화되지 않는 심연이자 존재화될 수 없는 무의 상태, 혹은 죽음—을 뚫고 나아가고자 한 서구 사상들은 예외 없이 헤겔의 변증법적 궤적을 그리며 다시 출발점으로 되돌아오곤 한다는 것이다. 따라서 철학이 헤겔식 사유와 그 순환적 궤적을 넘어서기 위해서는 사유의 과정에서 바로 이 '부정'을 제거하는 방안을 찾아야 한다고 아감벤은 제안한다. 인간이 자기 종족의 발생적 계보에 부정과 죽음의 경험을 박아두고 이를 사유의 뿌리로 하는 한, 참으로 빈곤한 존재일 수밖에 없다는 점을 스스로 깨달아야 한다는 말이다.[2]

---

2 Giorgio Agamben, *Language and Death: The Place of Negativity*, Karen E. Pinkus

아감벤의 이런 논의는 '고아'와 '인간'이 맺고 있는 관계의 일면을 밝혀준다. '인간'의 기원에 죽음, 무, 심연이 놓여 있다는 것은 기본적으로 서구 사상의 전통 속에서 인간이 '고아'로 개념화되어 있음을 의미한다. 무에서 튀어나온 존재야말로 바로 고아의 사전적 정의─부모, 족보, 가계가 '없는' 존재─이기 때문이다. 그러므로 인간이 동물과 구별되는 '인간'으로서 정체성을 획득하는 데에는, 인간이 고아여야 한다는 명제가 전제되어 있는 셈이다.

그런데 이처럼 '고아'를 인간의 실존적 조건으로 만들어주는 '부정'은 또한 '인간'의 정치적 조건이기도 하다. 아감벤은, 인간이 되기 위해 스스로를 '고아'로 정의해온 서구 형이상학의 전통을 정치와 권력 차원으로 이어가면서 검토를 계속 한다. 《호모 사케르》에서의 '부정'은 정치와 법, 권력의 외연으로 자리 잡은 '벌거벗은 생명(bare life)'으로 개념화된다. 형이상학에서의 '부정'이 말하는 존재로서의 '인간'의 개념화를 가능하게 해주는 근본 요소로서 언어로는 설명되지도 이해되지도 표현되지도 않는 심연의 영역을 지칭하는 것이었다면, '벌거벗은 생명'은 정치적 존재로서의 '인간' 역시 이와 비슷한 방식으로 구성됨을 보여준다. '벌거벗은 생명'은 온갖 종류의 폭력에 무방비 상태로 노출되어 있으며 아무런 의미 없이 그저 내팽개쳐진 무력한 생명으로, 정치적 차원에서의 '인간', 즉 법으로 보호받고 권력을 공유하는 존재에 대한 '부정'으로 기능한다. 다시 말해, '벌거벗은 생명'은 개인이 정치적·법적 존재로 인준되는 '인간' 범주의 외연으로 기능하면서, 인준과 보호라는 정치적·법적 행위, 그리고 그것으로 정의되는 '인간'의 경

& Michael Hardt trans., Minneapolis and London: Minnesota University Press, 1991, p. 96.

계를 드러낸다. 아감벤에 따르면, '벌거벗은 생명'은 이런 의미에서 서구 정치권력의 대표적 형태라 할 수 있는 주권(sovereignty)의 근원, 뿌리를 형성하고 있다. 국민국가의 권력, 즉 주권이란 계약이나 혁명, 권리와 자유 등의 개념에 근거하는 것이 아니라 사그라지는 생명, 죽어가는 몸, 기존의 정치권력과 법으로는 인정할 수도 이해할 수 없는 생명의 '벌거벗음'을 그 기반으로 하고 있다는 말이다. 따라서 권력과 그에 대한 '부정,' 다시 말해 정치적 존재로서의 '인간'과 바로 그 '인간'으로서의 정치적 보호막을 박탈당한 '벌거벗은 생명'이 맺고 있는 관계는 '포섭적 배제(an inclusive exclusion)'의 관계를 맺고 있다.[3]

그런데 '인간'과 '부정'을 서구 사상과 정치사의 맥락에서 논의하는 아감벤의 글은 '고아'와의 연관 속에서 바라보면 더욱 흥미롭다. '인간'을 형이상학적 차원에서 개념화할 때는 '부정'—무, 심연—을 존재의 기원으로 삼는 '인간'을 고아로 볼 수 있는데, 정치적 차원에서 개념화할 때는 이와 반대로 '부정'—'벌거벗은 생명'—자체를 고아로 볼 수 있기 때문이다. 불가해한 심연에서 불쑥 튀어나온 존재가 고아의 실존적 조건을 상징하는 것처럼, 어떠한 법적 보호도 정치적 이해도 받지 못하고 조용히 죽어가는 벌거벗은 생명은 그 자체로서 정치적·사회적 고아의 생생한 메타포이다. 따라서 고아라는 정체성은 '인간'-'부정'이 다양한 차원에서 맺는 복잡한 역학을 읽을 수 있는 가장 상징적인 장소라고 할 수 있으며, '인간'이라는

---

3 Giorgio Agamben, *Homo Sacer: Sovereign Power and Bare Life*, Daniel Heller-Roazen trans., Stanford, California: Stanford University Press, 1995, p. 8. 이는 데니즈 라일리가 '가족'이 권력제도로 구성되는 과정을 설명하는 방식과 일맥상통한다. 라일리는 '가족'의 구성은 '가족' 밖에 존재하는 '말로 표현되지 않는 외부(an unspeakable outside)'가 있기에 성립되며, 이는 또한 '상상된 비사회적 공간(an imagined asocial space)'이라고 표현한다. Denise Riley, *Impersonal Passion*, Durham and London: Duke University Press, 2005, p. 52.

정체성이 서구의 사상적·정치적 지평 위에서 구성되어온 과정과 그 과정 속 모순들을 밝혀주는 데 핵심적인 역할을 한다고 볼 수 있다.

3. 《프랑켄슈타인》: 고아-아버지-아들과 '근대 시민'의 모순

메리 셸리의 《프랑켄슈타인》의 두 주요 인물, 빅터 프랑켄슈타인과 괴물이 맺고 있는 문제적이고 모순적인 관계는 '인간-근대 시민'이라는 실존적이면서도 정치적인 성격을 띤 범주가 구성되는 복잡한 과정 속에서 나타난다.[4] 빅터와 괴물은 창조주-피조물, 즉 아버지와 아들로 볼 수 있는 관계이지만, 이들 사이에는 시종 고통스럽고도 팽팽한 적대적 긴장감이 흐른다. 조지 레빈(George Levine)을 비롯한 많은 비평가들은 프랑켄슈타인과 괴물의 아버지-아들 관계를 이 작품의 기본 축으로 읽어내며 작품에 등장하는 다른 인물들 간의 복잡한 '더블' 관계 역시 오이디푸스 콤플렉스를 바탕으로 하여 해석한다.[5]

그러나 실제로 이 작품에서 프랑켄슈타인과 괴물의 대립을 아버지와 아들 간의 경쟁이나, 고전적 의미의 오이디푸스 콤플렉스로 보기에는 여러 가지로 무리가 따른다. 아버지-아들 간의 경쟁을 유발하는 여성, 즉 어머니의 존재가 철저히 지워져 있다는 점에서도 그렇지만, 무엇보다도 이 둘은 여성을 사이에 두고 경쟁하는 것이 아니라 누가 더

---

4   Mary Shelley, *Frankenstein, or The Modern Prometheus*, in *Three Gothic Novels*, Peter Fairclough ed., London: Penguin, 1968.

5   George Levine, "Frankenstein and the Tradition of Realism," *Novel: A Forum on Fiction* 7-1, 1973, pp. 14~30.

'인간다운가'라는 추상적인 문제를 두고 팽팽히 대결하기 때문이다. 빅터가 만들어낸 괴물은 단순히 새로운 종(species), 혹은 변종이 아니라, '인간'인 동시에 '인간'이 아닌 문제적 존재이고, 바로 그 존재가 지닌 문제성은 거꾸로 빅터 자신의 인간다움을 되묻게 한다. 그리고 이처럼 서로를 문제화하는 역학 속에서 빅터와 괴물이 표방하는 아버지-아들의 정체성에는 '고아'의 형상이 짙게 겹쳐진다.

실제로 빅터와 괴물의 관계는 아감벤의 논의를 통해 살펴본 '인간'과 '부정', 그리고 이 둘의 관계가 잘 드러나는 '고아'와의 연결 속에서 잘 설명될 수 있다. 빅터는 제네바 공화국의 공직자 집안 아들로, 프랑스 혁명의 영향이 가장 긍정적으로 체현된 근대 유럽 국가의 모범적 '시민'인 데 반해, 괴물은 많은 비평가들이 지적해온 것처럼, '문제'라는 용어 말고는 표현할 방법이 없는 기이한 존재이다. 어떤 차원에서, 어떻게 접근해도 괴물이 의미하는 바는 여전히 오리무중이다.

우선 괴물의 몸은 인간도 아니고 인간이 아닌 것도 아닌 문제적인 몸이다. 빅터가 가장 아름다운 피조물을 만들겠다는 이상을 가지고 만들기 시작했으나 시체안치장과 도살장, 해부용 실험실 등 여기저기에서 주워 모은 재료들을 꿰매고 이어 붙인 결과, 흉터 자국이 선명히 남은 흉측하고 기괴한 모습이 되어버렸기 때문이다.

상징 차원에서도 괴물은 그야말로 완전히 열려 있는 존재라고밖에 할 수 없으며, 그에 따라 그동안 다양한 해석이 존재했다. 괴물은 19세기 유럽을 뒤흔든 프랑스 혁명이기도 하고, 과학정신과 계몽주의, (남성 중심적) 낭만주의일 수도 있으며, 혹은 여성의 출산에 관련된 온갖 심리적·신체적 징후를 상징할 수도 있다.[6] 더욱이 괴물이 상징하는 바

---

6 괴물을 여성의 재생산에 대한 알레고리로 읽는 많은 비평 중 대표적인 것으로 엘

가 무엇이건, 그것의 의미는 일관성이 없고 모순적이다. 그는 시체로 만들어진 피조물로, 죽음과 삶이 하나의 몸 안에 구현된 존재이며, 여성의 몸을 통하지 않고 생산됨으로써 창조와 생산이라는 과정에 전제된 성역할의 분담과 성적 질서도 거스른 존재이다. 게다가 괴물이 좇는 아름다운 이상과 그의 몸이 현실 세상에서 불러일으키는 혐오감은, 그가 바로 상반된 것들 사이의 해결되지 않은 충돌 자체임을 보여준다.[7] 다시 말해, 이 작품 속에서 괴물이 표방하는 의미는 끝내 어느 한 가지로 고정되지 않으며, 그는 작품의 시작부터 끝까지 계속 풀리지 않는 난제로 남는다. 괴물 자신도 "나는 누구인가? 무엇인가? 나는 어디에서 왔는가? 나의 갈 길은 어디인가? 이러한 질문이 끊임없이 반복되었지만 그에 대한 답을 찾을 수가 없었다"[8]라고 말한다. 누구보다 언변과 수사에 뛰어나 논리적 설득력이라는 뛰어난 재능을 발휘함에도 불구하고 그는 인간의 상징체계로는 형언할 수 없는 어떤 것, 말로 표현되지 않는 존재이다. 요컨대 괴물은 '인간'의 뿌리에 위치하며, '인간'이 개념화되는 것 자체를 가능하게 해주는 '부정', 즉 심연이자 무이

런 모레스의 "Female Gothic: The Monster's Mother"가 있다. 모레스는 이 작품을 전형적인 출산 신화에 대한 메리 셸리의 반응으로 보며, 빅터가 괴물을 만들고는 곧바로 방금 태어난 생명에 대한 혐오감으로 그를 버리고 달아나는 순간이야말로 가장 핵심적인 여성적 경험이라고 해석한다. Ellen Mores, *Literary Women*, New York: Doubleday & Co., 1976, pp. 91~99.

7 앤 맥휘르는 이 작품에서 괴물이 읽는 《실낙원》,《플루타르크 영웅전》,《젊은 베르테르의 슬픔》이 갖는 의미를 논의하면서, 이 책들에 궁극적으로 함의된 이데올로기는 바로 괴물 자신이 세상에 존재할 권리가 없다는 내용이라고 지적한다. Anne McWhir, "Teaching the Monster to Read: Mary Shelley, Education, and Frankenstein," *The Educational Legacy of Romanticism*, John Willinsky ed., Waterloo, Ontario: Wilfrid Laurie University Press, 1990.

8 Mary Shelley, *Frankenstein*, p. 156.

며 미스터리인 것이다.

그런데 그와 동시에 괴물은 또한 '벌거벗은 생명'이기도 하다. 그는 돌봐주는 보호자 없이 세상으로 내던져졌으며, 보는 이마다 고개를 돌리고 그를 외면한다. 그는 초인적인 힘과 스피드를 가지고 있음에도 사회적·정치적 차원에서 보았을 때 사실 완전히 고독하고 무력한 존재이다. 괴물이 이처럼 '부정'을 형이상학적·정치적 측면에서 동시에 형상화하고 있는 점은, 빅터와 괴물 간의 강렬하고도 풀리지 않는 적대적 긴장을 설명하는 데 중요한 힌트를 제시한다. 괴물은 빅터에 의해 만들어진 '고아'인 동시에 빅터를, 더 나아가 '인간'을 '고아'로 만드는 존재인 것이다.

괴물-고아-빅터(인간)의 모순 관계를 좀 더 자세히 살펴보자. 이 소설에서 가장 이상하고 문제적인 부분이라고도 할 수 있는 빅터와 괴물의 정면 대결이야말로 이들의 복잡한 관계를 가장 잘 드러내는 장면이다. 괴물은 빅터에게 아버지로서 의무를 다하라고 요구하고, 빅터는 괴물의 요구에 대해 적어도 이성적으로는 그 타당성을 어느 정도는 수긍한다. 괴물은 유럽을 떠나 머나먼 남아메리카 정글로 들어가 살겠다고 약속하면서, 자기와 동행하고 함께 살 수 있는 여자 괴물을 만들어달라고 한다. 빅터는 긴 고민 끝에 이를 수락하고 아일랜드의 벽지에서 은거하며 여자 괴물을 만들다가 그것이 거의 완성된 순간에 마음을 바꾸어 괴물의 애절하고도 간곡한 요구를 끝내 들어주지 않는다. 괴물이 짝과 함께 유럽을 떠난다 하더라도 타국에서 아이들을 낳고 번식하면 궁극적으로 인류에 위협이 될 것이기 때문이다.

그들이 설사 유럽을 떠나 신대륙의 사막에서 산다고 할지라도, 이 악마가 그토록 원하는 공감과 애정의 결과로 아이들이 주렁주렁 생길 것이며, 곧 그놈들은 종족을 이루어 지구상에 퍼져 나갈 것이다. 궁극적으로는 인간의 생존 자체를 위협하는 두려운 상황을 만들겠지. 내 마음 편하자고 영원히 이어져야 할 뒷세대에게 이런 저주를 내릴 권리가 나에게과연 있단 말인가?[9]

　빅터의 단호한 거절은 괴물의 (정당한) 분노를 낳고 결국 비극적인 결말로 이어진다. 빅터의 행동이 과연 옳은가 하는 질문은 수많은 비평적 논란을 일으키며 다양한 방식으로 해석되었다. 그런데 여기서 괴물이 '부정'으로서 가진 개념적 위치와 의미를 고려하고 이것이 아버지-아들이라는 전통적 관계에 일으키는 혼란을 고려하면, 이 장면의 의미를 또 다르게 읽을 수 있다. 괴물이 '부정'으로서 빅터—'인간'—의 뿌리, 즉 기원에 놓여 있다면, 빅터는 아버지라기보다 아들의 위치에 있다. 게다가 이 기원이 무, 심연, 즉 어떤 범주로도 표현할 수 없는 그 어떤 것이라면, 그런 심연으로부터 비롯된 존재는 고아라 할 수 있다. 이런 맥락에서 본다면, 이 작품에서 고아는 태어나자마자 버려진 괴물이 아니라, 거꾸로, 빅터라고 할 수 있다. 그렇게 보면 빅터는 괴물의 요구를 '안' 들어주는 것이 아니라 '못' 들어주는 것이라고 볼 수도 있다. 빅터가 추상적인 '인간'—인류 전체—에 대한 더 큰 책임 때문에 괴물의 개인적 안위와 행복을 살피는 아버지로서 책임을 거부한 것은, 사실은 그가 괴물의 아버지가 아니기에 그런 것이다. 빅터가 고아라는 사실은, 그가 이 장면에서 '인간'이라는 추상적 범주에 지나치다 싶을 만큼 소속감과 책임감을 갖는 이유도 설명해준다. '고아'는 곧 '인간'이기 때문이다.
　괴물이 끝내 고독한 존재로 남을 수밖에 없는 것도 짝을 만들어주기

9　*Frankenstein*, p. 163.

를 거부한 빅터의 매정함 탓이라기보다 괴물-고아-빅터 간의 이 복잡한 관계에서 비롯한다고 볼 수 있다. 괴물은 고아이면서 아들이자 동시에 아버지인 기이한 존재이다. 빅터 역시 마찬가지이다. 이처럼 두 주요 인물은 '아버지'나 '아들'이라는 하나의 정체성 안에 확실히 속하지 못하고 고아-아버지-아들 등 여러 가지 정체성에 비스듬히 걸쳐 있음으로써 가족서사(family narrative)의 내적 모순을 드러낸다. 빅터와 괴물, 둘 다 그 존재의 성격상 애초에 가족서사 안에 들어갈 수 없는 인물들인 것이다. 괴물은 드 레이시 가족의 다정함과 친절함에 매료되어 그 가족의 일원으로 받아들여지기를 간절히 원하지만 결국 그들과 말도 한번 제대로 못 나누고 추방되며, 이 경험으로 그는 "인간이라는 종을 향해 영원한 전쟁"을 선포한다.[10]

빅터 역시 가족서사로부터 배제된다. 빅터는 이미 예정된 결혼을 여러 번 연기하는 등 가족제도 안으로 선뜻 들어가길 꺼려하며, 괴물은 빅터의 동생, 친구, 마침내 아내를 차례로 죽여, 결국 그의 가족을 해체해버린다. 이런 점은 서구 가족서사에서 원형이 된 비극이라 할 수 있는 오이디푸스 및 안티고네의 비극과도 겹쳐지는 면이 있다. 오이디푸스와 안티고네 역시 아버지이자 오빠, 딸이자 누이로, 여러 가지 정체성을 오가며 가족서사 안의 위계와 질서를 어지럽히는 인물들로, 결국 국가권력으로부터 쫓겨나는 운명을 맞이하기 때문이다.

실제로 근대 시민이라는 정체성이 가족서사를 중심으로 구성되어왔다는 점을 생각하면 이는 더욱 의미심장하다. '인간-시민'이 개인으로서, 또 집단의 일원으로서 가진 의미를 확립하는 시간적·공간적·정서적 틀로 기능해온 가족서사가 사실은 모순투성이의 신화인데, 그 모

---

10 *Frankenstein*, p. 133.

순을 온몸으로 구현하는 괴물과 빅터는 이 서사에 가장 위협적인 존재라고 할 수 있다. 따라서 이들은 아예 이 서사의 근처에도 오면 안 되는 것이다.

괴물-빅터의 관계는 이처럼 '인간-시민'이라는 정체성과 그 정체성의 개념적 근원 사이에 존재하는 뒤엉킨 모순을 드러낸다. 그런데 괴물은 근대 시민의 개념적 근원으로서 빅터-시민을 고아로 (그래서 궁극적으로 '인간'으로) 만드는 존재이기도 하지만, 괴물 자신이 고아로서 갖는 정치적 상징성 역시 대단히 강력하다. 괴물은 '인간-시민'의 경계 '밖'에 놓인 '벌거벗은 생명'으로, 사회적 보호망에서 제외된 버림받은 생명들을 대표한다. 1832년 영국에서는 해부법(Anatomy Act)이 공포되었다. 과학의 발달로 해부용 시신의 수요가 늘어나자, 교수형으로 발생한 시신만을 실험용으로 허용했던 이전의 법령을 개정해, 런던 시내에서 아무도 찾아가지 않는 버려진 시신들을 해부용으로 허락하는 내용의 법이었다. 유기된 시신은 대부분 가난하고 가족이 없는 노동 계급의 시신이었는데,[11] 괴물이 이처럼 마음대로 쓰고 버릴 수 있는 몸들로 만들어졌다는 사실은, 그가 '인간-시민'의 경계를 계급적·정치적 차원에서 정의해주는 '벌거벗은 생명'이기도 하다는 점을 밝혀준다.

작품에서 '벌거벗은 생명'으로서 괴물이 지닌 정치적 의미가 가장 분명해지는 곳은 그가 꼬마 윌리엄을 납치하려는 장면이다. 괴물은 자신의 추한 외모에 곧바로 얼굴을 돌려버리는 사람들을 피해 방황하다가 윌리엄이라는 꼬마를 만나는데, 어린아이는 어른과 달리 편견에 물들지 않은 순수한 눈을 가졌을 테니 친구로 삼을 수 있지 않을까 하여

---

11 Clara Tuite, "Frankenstein's Monster and Malthus's 'Jaundiced Eye': Population, Body Politics, and the Monstrous Sublime," *Eighteenth-Century Life* 22, 1998, pp. 150~153.

아이에게 접근한다. 그러나 괴물의 예상과 달리 윌리엄은 "이 괴물! 날 보내줘. 우리 아빠는 총리란 말야"라고 소리 지른다. 괴물은 기껏해야 대여섯 살짜리 아이로부터 국가권력의 보호를 받아 물리쳐야 할 존재로 호명된 것이다. 꼬마의 외침은, 괴물이 '포섭적 배제' 관계로 국민국가의 법과 권력이 정의하는 '인간-시민' 범주의 경계를 밖으로부터 구성한다는 것을 보여준다. 아무런 힘도 없는 나약한 어린아이가 뱉은 이 한마디에, 무시무시하게 생긴 괴력의 괴물은 가치 있는 생명, 보호받아야 할 생명의 경계선 밖에서 힘없이 쓰러져 있는 미확인의 생명체—'부정' 혹은 '고아'—가 되어버리는 것이다. 괴물은 초인적인 힘과 달변, 너그럽고 뜨거운 마음을 가지고 있음에도 불구하고 천애고아로, 인조인간으로, '벌거벗은 생명'으로 '인간-시민'의 범주 '밖'을 구성한다.

요약하자면, 《프랑켄슈타인》의 괴물은 고아로서, 혹은 고아를 만드는 존재로서 이중적이고 상호모순적인 역할을 하면서 19세기 초 유럽의 '인간-시민'의 존재론적·정치적 지평의 내적·외적 구성에 깊이 참여했다고 하겠다.

4. 《나를 보내지 마》: 국가권력의 글로벌한 재편과 포스트휴먼

가즈오 이시구로(Kazuo Ishiguro)의 《나를 보내지 마(*Never Let Me Go*)》역시 '인간'에 깊이 관심을 가지고 이 개념의 안팎을 세심하게 탐구하는 소설이다.[12] 이시구로는 전작들에서 부모-아이 관계에 주목해

---

12 마크 정은 이 작품의 내러티브 형식에 주목하면서, 이시구로가 '인간'이란 무엇인

온 작가이며, 특히 《우리가 고아였을 때(*When We Were Orphans*)》 같은 작품에서는 '고아'라는 메타포가 국제적 지평에서 갖는 의미를 탐구했다. 《나를 보내지 마》는 가상의 시공간을 배경으로 하여, 권력의 초점이 '주권'에서 '인권'으로 옮겨가고 '인간-시민'이라는 권력 주체가 글로벌한 맥락 속에서 재편되는 과정을 배경으로 '고아'의 의미를 되묻는다는 점에서 흥미롭다.

이 작품은 1990년대 후반 가상의 영국을 배경으로 하며, 소설의 주인공은 최신판 인조인간이라 할 수 있는 복제인간(clone)들이다. 대부분의 복제인간이 대량 생산과 관리 체제 속에서 비참하게 다루어지는 데 반해, 그중 한 무리의 복제인간들은 '운 좋게도' 태어나자마자 헤일섬(Hailsham)이라는 기숙학교로 보내져 십 대 후반까지 인문교양 교육을 받는다. 물론 헤일섬을 나왔다고 하여 이들이 '인간'이 되는 것은 아니며, 학교를 졸업한 이후에는 다른 복제인간들과 마찬가지로 장기를 기증하는 자(doner)와 그들을 돌보는 자(carer)로 나뉘어, 각자 맡은 임무를 수행하다가 짧은 삶을 마감한다.

실제로 이 작품에서 복제인간의 삶은 '인간-시민'의 가족서사를 유지, 보존하기 위한 고아의 대량 생산으로 형상화된다. 이렇게 세상에 던져진 고아들은 '벌거벗은 생명'의 가장 적절한 예이다. 장기를 추출하기 위한 목적으로 태어나고 그 임무를 마치면 죽는 복제인간이야말로 문자 그대로 '살아 있는 죽음(living death)'의 가장 적확한 구현인 셈이며, 이들은 인간이라면 가져야 할 어떠한 법적 권리나 사회적 보호막 없이 자신들의 몸에 가해지는 폭력을 고스란히 받아들이는 존재이

가라는 질문을 내러티브 차원에서 탐구했다고 본다. Mark Jerng, "Giving Form to Life: Cloning and Narrative Expectations of the Human," *Partial Answers: Journal of Literature and the History of Ideas* 6-2, 2008.

기 때문이다. 이들의 존재는 죽음과 삶의 '경계 지역(a limit zone)'이며, 이들의 '벌거벗은 생명'—살인이라는 죄명을 덮어씌우지 않고도 얼마든지 죽일 수 있는 생명—위에서 그 경계의 안팎이 뒤섞인다.[13]

그런데 이 소설의 복제인간들과 《프랑켄슈타인》의 괴물은 둘 다 인조인간으로 인간과 비인간의 경계에 놓인 '벌거벗은 생명'이라는 공통점을 지니고 있지만, 어떤 면에서는 강한 대조를 이룬다. 괴물이 '부정'으로서 모든 면에서 풀리지 않는 '문제', 불가해한 '심연'이라고밖에 달리 표현할 수 없는 존재였다면, 이시구로의 복제인간들은 그와 반대로 전혀 문제적이지 않다. 괴물이 끝까지 미스터리, 수수께끼로 남는다면, 《나를 보내지 마》의 복제인간들은 미스터리라고는 찾아볼 수 없는 '뻔한' 존재다. 그들에게 출생이나 죽음의 신비는 없다. 어떻게 태어나서 어떻게 죽는지가 이미 다 정해져 있고 그들의 삶은 미리 누군가(아마도 국가권력)에 의해 계획된 일정으로 관리되고 통제된다. 정체성과 운명에 대한 실존적 고민으로 한탄하고 온몸으로 저항했던 괴물과 달리, 이 소설의 복제인간들은 자신의 몸과 삶에 대한 위로부터의 관리와 통제에 유순히 순응하며 살아간다. 즉 괴물이 '부정'으로서 상징성을 가지고 '인간'이라는 범주를 개념화하는 근원 역할을 했다면, 심연은커녕 감추어야 할 사생활조차 없는 복제인간들은 '부정'의 위치에 자리 잡고는 있되 '부정'의 내용을 갖추지 못한 셈이다.

이처럼 고아—'벌거벗은 생명'—의 형상화가 《프랑켄슈타인》과 큰 차이를 보이는 것은, 무엇보다 국가권력의 형태와 양상이 달라졌기 때문이다. 《프랑켄슈타인》의 고아가 19세기 초 유럽의 '근대 시민'이라는 정체성을 존재론적·정치적 차원에서 개념화하는 과정을 담고 있고

---

13 Agmben, *Homo Sacer*, p. 159.

또 그 과정 안에 내재한 모순을 빅터와 괴물의 관계를 통해 탐구했다면, 《나를 보내지 마》의 고아는 20세기 후반 근대국가가 복지국가의 성격을 강화하고 시민에서 인간으로, 시민권에서 인권으로의 이행을 통해 국가가 보호하고 관리해야 할 대상을 글로벌하게 확장하는 과정에 내재된 모순과 폭력을 담고 있다.

작품의 주요 인물인 복제인간 케시, 토미, 루스는 이런 국가권력의 변화—그리고 그에 따른 '인간'의 개념적 변화—를 그들의 무력한 몸을 통해 체현한다. 화자인 케시는 장기 기증자의 도우미라는 역할을 두드러지게 잘 해냈고 같은 연령대의 복제인간들이 대부분 이미 장기 기증을 모두 마치고 죽었음에도 자신은 조금 더 살면서 일하고 있다는 사실에 자부심을 느낀다. 브루스 로빈스(Bruce Robbins)는 케시의 이런 자기만족적 태도야말로 복제인간의 삶이 복지국가의 관료주의 안에 맥락화해 있음을 보여주는 대표적인 예로 본다. 복지국가는 복지의 대상이 되는 인간들의 사적인 삶으로 온전히 침투하여 작고 사소한 보상들을 수여함으로써 이들을 매수하고, 결국 더 근본적인 불평등에서 눈을 돌리게 한다는 것이다.[14]

근대 복지국가의 이면은 푸코가 말한 생체권력(biopower)으로도 볼 수 있다. 푸코에 따르면, 근대국가는 인간의 '몸'에 점점 더 많이 관심을 기울이고 있으며 여러 가지 규율 기제와 기술을 운용하여 자아와 신체에 대해 생물학적 차원의 통제를 시도하고 궁극적으로 '생명'에 대한 전면적이고 직접적인 규율을 시행해왔다. 이런 의미에서 "역사상 처음으로, …… 생명을 보호하면서 그와 동시에 홀로코스트를 인준

---

14 Bruce Robbins, "Cruelty is Bad: Banality and Proximity in *Never Let Me Go*," *Novel* 40-3, 2007, pp. 289~304.

하는 것이 가능해진다."[15] 아감벤이 오늘날 '벌거벗은 생명'을 그렇지 않은 생명으로부터 구분하는 작업이 점점 더 어려워지고 있으며 사실은 우리 모두가 '벌거벗은 생명'일 수 있다고 말하는 것도 바로 이런 맥락에서이다. 생체권력이 어떤 종류의 생명을 '벌거벗은 생명'으로 규정하는가에 따라 인간과 비인간의 경계가 정의된다면 '벌거벗은 생명'은 사실 누구에게나 적용될 수 있는 범주이며, 따라서 이것은 이제 생명 일반이 대면하는 '보편적 조건'이다.[16]

흥미로운 것은, 이처럼 모든 이를 '벌거벗은 생명', 즉 '고아'로 만드는 생체권력의 작동 방식은 근대 복지국가의 이면인 동시에 전체주의의 핵심 기제이기도 하다는 것이다. 《나를 보내지 마》의 헤일셤 기숙학교라는 의심스러운 장소는 바로 이에 대한 적확한 예이다. 헤일셤은 언뜻 보기에 18, 19세기 유럽 근대소설의 뼈대를 이루며 '근대 시민-인간'이라는 정체성을 만드는 데 핵심적으로 기여한 빌둥스로만(Bildungsroman: 교양소설)의 전형적인 기숙학교 같다. 이곳은 복제인간-고아들을 먹이고 재워주는 고아원 역할도 하고, 부모 대신 이들을 교육하고 규율하여 제대로 된 '인간'으로 교화하는 학교 역할도 한다.

그러나 케시의 차분하면서도 어딘지 모르게 묘하게 비틀려 있는 묘사를 보면 헤일셤은 또한 여러 다른 장소들, 예를 들면 감옥이나 집단수용소 이미지와 강하게 겹쳐진다. 복제인간들은 가련한 고아인 동시에 유순한 학생이고, 갇힌 죄수이면서 집단학살의 운명에 처한 종족이기도 한 것이다. 학생들은 역사 수업 시간에 나치의 집단수용소에 관해 배우고 미국 영화 〈대탈출〉을 보는데, 이런 장면에서 학생-고아-

---

15 Agamben, *Homo Sacer*, p. 3에서 재인용.
16 *Homo Sacer*, p. 155.

복제인간들이 보이는 야릇한 반응—그런 것들을 아무렇지도 않게 자연스럽게 받아들이는 제스처를 취하지만 이런 제스처 자체가 인위적이고 연극적인 것임이 드러나는—은 헤일섬의 복합적인 면모를 한눈에 보여준다. 헤일섬에서는 복제인간-고아들을 참혹한 현실로부터 보호하고자 하는 자비로운 의도와, 이들의 몸에 직접적으로 가해지는 생체권력이 모순을 이루면서도 조화롭게 어우러진다. 이 기숙학교의 영역 안에서는 학생들이 산책이며 운동을 하며 자유롭게 움직이지만, 간간이 케시, 토미, 루스 등 학생들이 기억하는 철조망에 대한 엇갈린 묘사가 등장하고, 이 철조망을 넘어 학교를 탈출하다가 죽은 학생에 대한 소문이 은근한 속삭임의 형태로 반복된다. 다시 말해, 복제인간-고아-학생이라는 존재는 '점령된 몸'이고 이들이 모여서 이루는 삶은 '예외 상태(the state of exception)'이며, 이 '예외 상태'는 감옥, 혹은 나치의 집단수용소와 조응하면서도 헤일섬이라는 기숙학교에서 자연스럽고 부드럽게 일상화·정상화·규범화된다.[17] 이런 맥락에서 헤일섬은 근대 후기 국가권력이 생체권력과 복지국가의 조우를 통해 수행되는 양상을 가장 잘 보여주는 전형이라고 하겠다.

헤일섬이 보여주는 복지국가와 전체주의, 보호와 폭력의 절묘한 조합은 국가권력의 안과 밖을 구성하는 존재들에게 직접적으로 행사되는 생체권력의 작동 방식을 드러낼 뿐 아니라, 인권이라는 이름으로 글로벌하게 산재된 권력과 '인간-시민'의 관계를 밝혀준다. 이 기숙학교의 교장 에밀리는 헤일섬을 설립한 인물이고 그 자신이 선생으로서 복제인간-고아-학생들에게 문학과 지리, 미술과 음악 등 인문교양 교

---

17 아감벤은 이를 '예외 상태의 규범화(the normalization of the exception)'라고 표현한다(*Homo Sacer*, p. 117).

육을 시켜야 한다는 사명감을 가지고 헌신적으로 앞장선다. 그녀는 '마담(Madame)'이라고 불리는 동료와 함께 복제인간들이 수업 시간에 제출하는 회화, 조각, 시 등의 예술작품들을 선별하여 그 작품들을 통해 복제인간도 '인간'이라는 점을 말하고자 한다. 복제인간도 '영혼'이 라는 게 있고 이 영혼은 그들의 창조적 행위에서 명백히 드러나므로 인간들은 이 존재들을 좀 더 '인간적인' 방식으로 다루어야 한다고 주장한다. 그러나 (당연하게도) 에밀리와 마담의 노력은 성과 없이 끝나고 헤일섬도 결국 폐교의 수순을 맞이한다. 케시와 토미는 우여곡절 끝에 에밀리를 찾아가 도대체 헤일섬이라는 장소가 무엇을 의미하는 지, 그곳에서 받은 인문과 예술 교육이 복제인간의 삶과 어떤 관련이 있는지를 물어본다. 그러자 에밀리는 다음과 같이 대답한다.

> 우리는 너희들에게 무엇인가를 줄 수 있었어. 누구도 빼앗아갈 수 없는 그 무엇인가를 말이야. 그리고 그건 우리가 너희들을 보호할 때에만 가능했던 일이지. 그렇게 하지 않았다면 헤일섬은 헤일섬일 수가 없었을 거야. 그래, 좋아. 그렇게 하기 위해 우린 때로 너희들에게 거짓말을 했다. 맞아, 우린 여러 가지 방법으로 너희들을 바보로 만들었어. 그렇게 말할 수도 있을 거라고 봐. 그러나 우린 그 세월 동안 너희들을 보호했고 너희들에게 어린 시절이라는 것을 주었잖니.[18]

에밀리가 고백하듯, 헤일섬의 교과과정은 한마디로 '거짓말'이고 학생들을 '바보'로 만드는 환상이다. 복제인간들이 베토벤을 이해하고 서구의 역사를 알고 조지 엘리엇에 대해 에세이를 쓴다고 해서, 다시

---

18 Kazuo Ishiguro, *Never Let Me Go*, Vintage International, 2006, p. 268.

말해 '인간'이라면 알아야 할 아름답고 가치 있는 것들을 배운다고 해서, 장기 기증을 목적으로 생산된 이들의 삶이 바뀌는 것은 아니기 때문이다. 복제인간들은 복제인간일 뿐, 인간이 아니다. 오히려 이런 교육은 그들이 '인간'과는 다른 존재임을 더욱 뚜렷이 환기할 뿐이다. 헤일섬의 교육으로 학생들은 그들이 결코 누릴 수 없는 삶을 상상하고, 환상과 현실을 오가며 '인간다움'을 모방하고 연기한다. 케시의 내러티브는 때로는 이 연기에 기꺼이 동참하고 때로는 그것이 연극임을 적나라하게 드러내며 아슬아슬하게 이어진다.

그런데 헤일섬의 교육이 거짓말이고 환상임을 인정하면서도 에밀리는 여전히 당당하다. 그 덕분에 복제인간들이 인간다운 삶, 행복한 유년기를 보낼 수 있었던 것 아니냐고 역설한다. 케시와 토미는 이에 분노하고 절규한다. 이들의 격렬한 분노는 '벌거벗은 생명'에게 '인간'이라는 지위를 부여하고자 하는 인권운동, 특히 서구 자유주의적 이데올로기의 주도 하에 수행되는 글로벌한 인권 담론에 대한 '벌거벗은 생명'의 실제 반응이라 할 수 있다. 어떤 보호막도 없이 서서히 죽어가는 정치적인 '벌거벗음'은 점점 더 보편화되고 있으며 어떤 종류의 생명은 생체권력의 전체주의적 규율 하에서 총체적인 점령 상태에 놓여있는데, 이에 대한 서구 인권 담론의 '인도적' 제스처는 사실 현실적이지도 않고 의미도 없다. 점령 상태에 놓인 생명들에게 '인간적인' 삶의 이상을 보여주고 그 이상에 맞게 살라고 교육하는 것으로 할 일을 다했다고 주장하는 것은, (서구) 국가권력이 글로벌한 차원에서 만들어내는 지극히 자기만족적인 환상에 불과하다.

이처럼 《나를 보내지 마》의 고아는 국가권력이 글로벌하게 재편되는 맥락에서 '인간-시민'의 존재론적·정치적 성격의 구성을 보여주며 이 과정에 내재된 보호와 폭력의 모순적인 동거를 드러낸다. 그런데

이 소설은 '인간'의 개념화에서 '부정'이 담당해온 역할에 대해 색다른 시각을 열어준다. 앞에서도 말했듯이, 《프랑켄슈타인》의 괴물은 그 자체가 심연이자 미스터리로 빅터-시민-인간의 정체성을 근원으로부터 지탱해주는 요소인 데 반해, 이 소설의 복제인간들은 '부정'이라고 하기에는 무리가 있다. 이들은 존재의 의미가 이미 국가권력에 의해 속속들이 파악되었기 때문에 어디서도 미스터리나 심연이라 할 만한 것을 찾아볼 수 없기 때문이다.

이시구로가 이 작품에서 복제인간을 그리는 방식은 흔히 대중문화에서 인조인간이 상상되는 방식과도 다르다. 대부분의 공상과학 영화나 소설에서 형상화되는 포스트휴먼, 즉 로봇, 복제인간, 혹은 최첨단 과학기술과 결합되어 기능적으로 향상된 새로운 인간 등의 탄생은 《프랑켄슈타인》속 괴물의 탄생과 그다지 다르지 않다. 빅터가 시체안치소와 해부실, 도살장을 돌아다니며 피부 조직과 장기를 모아 전기 충격을 가해 괴물을 만들었다면, 20세기 후반과 21세기 초반 포스트휴먼의 창조자들은 더 멋진 재료와 기술을 사용한다는 차이가 있을 뿐이다.

19세기 초 '근대 인간'이 '부정-심연'을 근간으로 하여 만들어진 개념이었다면, 21세기 초 이른바 포스트휴먼도 마찬가지로 '부정-심연' 위에서 상상되고 있다. 기존의 '인간'이 '정신-영혼/몸-물질'이라는 이분법을 축으로 하여 몸-물질(이를테면 괴물의 흉측하고 불가해한 몸)을 '부정'으로 놓고 개념화했다면, 최근 포스트휴머니즘 이론은 이러한 이분법에 대한 탈신화화 작업을 하고 있기는 하다. 정신-영혼의 역할은 기능적인 것일 뿐이며 그 내용은 데이터 혹은 정보로서 물질의 성격을 띠고, 따라서 마음, 의식, 두뇌 등은 디지털화하고 인코딩할 수 있다는 것이다. 이런 시각은 언뜻 보기에 '정신-영혼/몸-물질'이라는 이분법을 흔드는 것처럼 보이지만, 좀 더 자세히 들여다보면 이 역시 또 다른 형태의 이분법임을 알 수 있다. 정신과 마음에서 일어나는 모든 것을 데이터로 환원시키다 보면 궁극적으로 데이터와 (그것을 풀 수 있는) 코드는 점점 신비화되는 데 반해 데이터를 운반하는 매개일 뿐인 몸은 점점 더 비하되기 때문이다.

복제인간을 상상할 때면 언제나 따라오게 마련인 유전자와 DNA에 대한 시각 역시 이와 비슷한 맥락에서 볼 필요가 있다. 유전자라는 본질적이고도 불멸인, 모든 것을 결정하는 코드가 우리 몸 안에 있다는 믿음과 이 코드를 풀어내면 모든 것이 풀린다는 식의 생각은 어떤 의미에서는 일종의 광신(mysticism)에 가깝다고 할 정도이다.[19] 다시 말하면, 최근 포스트휴먼에 대한 여러 논의와 형상화는 인간 존재의 근원에 놓여 있는 심연, 미스터리를 탈신화화하는 방향으로 가는 듯하지만 실제로는 여전히 그 대상만 바꾸어 신비화하고 있다. 그리고 이처럼 신비화된 대상은 '인간'의 '부정'으로 기능하면서 이 정체성의 개념적 구성을 유지, 반복한다.

5. 마치며

여기서 다시 아감벤으로 돌아가보자. 아감벤은 《언어와 죽음》에서, 우리가 인간을 사유할 때 '부정'에서 시작하여 결국 '부정'으로 돌아오는 헤겔식 궤적을 벗어나기 위해서는 언어, 즉 말하는 존재로서의 인

---

19 최근 포스트휴머니즘 이론에 대한 이와 비슷한 논의로는 Stephen Dougherty, "Culture in the Disk Drive: Computationalism, Memetics, and the Rise of Posthumanism," *Diacritics* 31-4, 2001, pp. 85~102 참조.

간이 개념화되는 그 출발점으로부터 '부정'을 제거해야 한다고 제안한다. '인간'이라는 것이 사유되는 바로 그 순간 '부정,' 불가해한 미스터리, 재현 불가능한 심연이 전제되는 한, '인간'에 대한 논의는 언제나 변증법적 순환을 통해 제자리로 회귀할 수밖에 없다는 것이다. 《프랑켄슈타인》의 괴물이 그 흉측한 몸으로 '근대 인간'의 구조적 모순을 적나라하게 구현하고 있음에도, 역설적으로 바로 그 모순에 의해 '근대 인간', 가족서사, '시민'이라는 범주가 작동의 동력을 받는 것도 바로 이런 사유의 환원적 구조 때문이다. 그 결과로 우리는 이미 주어진 범주 안에서만 '인간'이라는 것을 사고하게 된다.

물론 '인간'의 개념화에서 '부정'을 제거하는 것이 결코 쉬운 일은 아니다. 아감벤은 만일에 '부정'이라는 것이 없어지면 우리의 사유가 결국 정착할 곳이 어디일까 자문하면서, 아마도 그런 경우 사유의 종착역은 "그저 우리가 가지고 있는 진부한 언어"일 수도 있다고 말한다. 그러나 바로 그 진부한 언어로 수행하는 사회적 실천이야말로 (새롭게 정의된) 인간의 에토스라 할 수 있을 것이며, 그렇게 되었을 때 인간은 마치 언어를 낡은 장난감처럼 가지고 놀면서 원래의 사용 방식으로부터 언어를 해방시킬 수 있을 거라고 말한다.[20]

《나를 보내지 마》의 복제인간-고아들은 바로 이런 진부한 언어와의 놀이를 극화한다. 복제인간들 자신은 미스터리라고는 없는 투명한 존재지만, 이들은 스스로를 심연이고 미스터리인 '척'한다. 그리고 기숙학교라는 갇힌 공간에서 이들은 탐정 놀이를 통해 이 미스터리를 파헤친다. 물론 이는 진짜 미스터리는 아니며 복제인간들은 그들 자신과 인간에 대해 이미 전부, 혹은 어느 정도는 알고 있다. 그러므로 진

---

20 Agamben, *The State of Exception*, The University of Chicago Press, 2005, p. 64.

실이 밝혀졌을 때의 충격이나 깨달음 같은 것은 전혀 없다. 그들은 단지 놀이를 위한 놀이로써 끊임없이 탐정 놀이를 할 뿐이다. 또 복제인간들은 이 탐정 놀이의 일부로서 환상을 만들고 그 안에 자발적으로 들어가 잠시 놀다가 나온다. 환상의 정도가 너무 심해졌을 때는 당황하고 부끄러워한다. 어느 정도의 환상이 어떤 타이밍에 적절한지에 대해서는 복제인간마다 다 생각이 다르고 이 차이 때문에 그들은 갈등하고 싸우며 사랑한다. 이런 의미에서는 이 소설 자체가 판타지 내러티브들을 엮어가는 일련의 과정이라 할 수도 있을 것이다. 이런 내러티브가 계속 이어지다 보면 복제인간의 세계에서 언어는 잠시나마 환상/현실이라는 경계선을 지운다. 이시구로가 그의 소설에서 늘 시도하듯, 같은 단어가 끊임없이 다른 맥락에서 반복되어 나타나면서 조응과 반향을 일으키고, 환상에서 현실로, 혹은 현실에서 환상으로 의미의 옷을 입고 벗고 또 새로 입는다. 그리고 이런 과정이 계속되다 보면 진실과 과장, 사실과 욕망, 현실과 환상은 그 경계선이 흐려질 뿐 아니라 각각에 부여된 의미를 잃고 '진부한 언어'로만 남는다. 결국 조용히 죽어가는 '벌거벗은 생명'인 복제인간의 세계에서 언어란 아무 의미 없는 것으로, 바람에 쓸려 오는 쓰레기 더미로, 인간을 인간이게 해주는 '소리(Voice)'가 아니라 언어화되지 않은 '음성(phone)'으로 남는다.

　서두에서도 말했듯, '고아'는 모순이다. 《프랑켄슈타인》의 괴물이 보여주듯, 고아는 근대의 역사적 산물로 '인간'이라는 정체성이 갖는 인식론적·정치적 지평의 구성을 담아내면서, 근대 국민국가/근대 시민에 내재한 모순을 가장 명징하게 보여준다. 그런데 '고아'에는 모순의 역학만이 있는 것이 아니다. '고아'는 공통의 언어이기도 하다. 《프랑켄슈타인》과 《나를 보내지 마》는 어림잡아 2세기 정도의 시대적 격차가 있고 이로 인해 각각의 작품에서 '고아'와 근대국가권력의 관계는 분명 다르게 형상화된다. 그럼에도 불구하고 이 소설들은 시대의 격차를 거슬러 대화를 나눈다. 위에서도 인용했지만,《프랑켄슈타인》에서 괴물의 접근을 뿌리치는 꼬마 윌리엄은 "이 괴물! 나를 보내줘(Let me go). 우리 아빠는 총리란 말야"라고 소리치는데, 아이의 이한마디는 덩치도 크고 초인적인 힘을 가진 괴물을 한순간에 '벌거벗은 생명'으로 만들어버린다. 이시구로의 작품은 꼬마의 외침에 대해 '나를 보내지 마(Never Let Me Go)'라는 제목으로 대답한다. 이 말이 어떤 의미의 답이라고 정확하게 규정할 수는 없겠지만, 나지막하게 울리는 이 호소는 꼬마의 외침과 묘한 조응을 이루면서, '인간'과 '고아' 사이에서 일어나는 형이상학적·정치사회적 역학에다 감정적·정서적 차원에서 일어나는 복잡하고 풍부한 상호작용을 더해준다.

---

* 이 글은《역사와 문화》24집(2012년 11월)에 게재되었다.

참고문헌

Agamben, Giorgio, *Language and Death: The Place of Negativity*, Karen E. Pinkus with Michael Hardt trans., Minneapolis and London: Minnesota University Press, 1991.

──────, *Homo Sacer: Sovereign Power and Bare Life*, Daniel Heller-Roazen trans., Stanford, California: Stanford University Press, 1995.

──────, *The State of Exception*, The University of Chicago Press, 2005.

Dougherty, Stephen, "Culture in the Disk Drive: Computationalism, Memetics, and the Rise of Posthumanism," *Diacritics* 31-4, 2001.

Ishiguro, Kazuo, *Never Let Me Go*, Vintage International, 2006.

Jerng, Mark. "Giving Form to Life: Cloning and Narrative Expectations of the Human," *Partial Answers: Journal of Literature and the History of Ideas* 6-2, 2008.

Levine, George, "Frankenstein and the Tradition of Realism," *Novel: A Forum on Fiction* 7-1, 1973.

McWhir, Anne, "Teaching the Monster to Read: Mary Shelley, Education, and Frankenstein," *The Educational Legacy of Romanticism*, John Willinsky ed., Waterloo, Ontario: Wilfrid Laurie University Press, 1990.

Mores, Ellen, "Female Gothic: The Monster's Mother," *Literary Women*, New York: Doubleday & Co., 1976.

Riley, Denise, *Impersonal Passion*, Durham and London: Duke University Press, 2005.

Robbins, Bruce. "Cruelty is Bad: Banality and Proximity in *Never Let Me Go*," *Novel* 40-3. 2007.

Shelley, Mary, *Frankenstein, or The Modern Prometheus, in Three Gothic Novels*, Peter Fairclough ed., London: Penguin, 1968.

Tuite, Clara, "Frankenstein's Monster and Malthus's 'Jaundiced Eye': Population, Body Politics, and the Monstrous Sublime," *Eighteenth-Century Life* 22, 1998.

1950년대 한국 사회의
혼혈인 인식과 해외 입양

———————

김아람

1. 한국 현대사의 중심에 있는 혼혈인

몇 해 전, 역사학을 전공하며 '혼혈인'을 연구했다고 했을 때 크게 관심을 보인 어느 분이 "다문화의 역사로군요"라며 현재 한국 사회의 이주, 혼혈의 문제를 역사적으로 이해하면 좋겠다고 호응해준 적이 있다. 혼혈인이라는 연구 주제에 호응과 관심을 보여준 것은 무척 반가운 일이다. 그러나 1950년대의 혼혈인[1]은 현재의 '다문화' 문제에서 출발하기에는 그 시대적 맥락과 역사성이 퍽 복잡하다.

현재적 문제 인식에 입각한 여러 연구들은 한국 사회가 인종주의, 민족주의, 종족성 등의 잣대로 혼혈인을 비롯한 소수자를 차별해왔다

---

1 이 글에서는 혼혈인, 혼혈아, 혼혈 아동으로 그 명칭을 혼용할 텐데, '혼혈'이라는 단어는 혈통의 의미를 강조하여 부적절하지만 대체할 용어가 없기에 그대로 사용한다. 1950년대 당시에는 혼혈인의 연령이 낮아 모든 자료에서 '혼혈아'로 지칭했으나, 이 용어는 혼혈인을 미성숙한 아동으로 오해할 여지가 있으므로 자료의 특성을 살릴 때에만 사용하고, 아동임을 부각시켜야 할 때는 '혼혈 아동'으로 표현하겠다. 보건사회부, 〈國內混血兒統計表〉, 《국정감사자료》, 1958, 698쪽; 보건사회부, 〈國際混血兒童統計表〉, 《국정감사자료》, 1959, 698~699쪽 참조.

고 지적하며, 다문화 사회로 변화하는 한국 사회가 지향할 바를 제시했다.[2] 이러한 연구들은 혼혈인을 비롯한 소수자가 당면한 차별과 빈곤 등의 문제를 제기하고, 그 원인을 규명하기 위해 과거부터 현재까지 한국 사회가 보인 인식과 태도를 다루었다. '다민족'·'다문화' 사회로 변화하고 있는 한국 사회가 여전히 소수자를 차별하고 있는 점에 주목하였고, 그 역사적 배경으로 1950년을 언급하였다. 이 연구들의 성과와 현실적 운동성은 재론의 여지가 없으나, 현재 관점에서 단일민족주의나 부계 혈통주의, 인종주의 등 소수자 차별의 기준을 설정하고 개념화해서 이를 과거로 소급하는 아쉬움이 있다.

혼혈인 연구는 1940년대부터 의학 분야에서 인류학적·해부학적으로 인종적 특징을 밝히기 위해 시작되었고, 1960년대부터 1980년대까지는 혼혈 아동의 실태와 입양 등 정책에 대한 연구가 진행되었다. 2000년대 이후에는 혼혈인의 경험과 정체성과 문화적 접근, 정부와 시민단체의 실태 조사와 정책 방안들이 더 많이 늘어났다.[3] 근래에는 1950년대에 출생한 혼혈인의 경험과 현재의 삶이 구술을 통해 복원되고 있다.[4] 시기를 달리하여 해외에 입양되었던 당사자들의 연구도 이루어졌다. 이 연구에서는 해외 입양의 탈식민주의적 실천을 촉구하고

---

2 대표적으로 박경태, 〈한국 사회의 인종차별: 외국인 노동자, 화교, 혼혈인〉,《역사비평》 48, 역사문제연구소, 1999; 이철우, 〈차별과 우리 사회: 지역, 종족성, 국적에 근거한 차별과 한국 사회: 국적과 종족성에 의한 집단적 자아와 타자의 구별〉,《사회이론》 23, 한국사회이론학회, 2003; 설동훈, 〈혼혈인의 사회학: 한국인의 위계적 민족성〉,《인문연구》 52, 영남대학교 인문과학연구소, 2007; 박경태,《소수자와 한국 사회》, 후마니타스, 2008 참조.
3 혼혈인 연구 동향에 대해서는 박경태, 〈기지촌 출신 혼혈인의 '어머니 만들기'와 기억의 정치: 미군 관련 혼혈인 구술생애사를 중심으로〉, 동국대 석사학위논문, 2009의 〈표 1〉과 〈표 2〉 참조.
4 박경태, 앞의 논문, 1999.

'인종 간 입양'을 떠받치고 있는 인종주의, 제국주의, 자본주의와 그에 따른 세계적 불평등을 비판했다.[5] 이처럼 혼혈인과 해외 입양 문제는 당사자에게 현재의 삶이자, 일국을 넘어서 미래의 변화를 지향하는 진행형이다.

이러한 성과들에 비추어보면 '1950년대 한국'은 짧고 좁은 시공간인 듯하지만, 이 시기의 역사화 역시 미래를 위한 실천이자 토대일 것이다. 1950년대 한국의 혼혈인은 당시 한국 사회가 안고 있던 여러 중대한 과제들을 투영하는 만화경과도 같았다. 그 당시에 '혼혈'이라는 이유로 사회문제로 등장하기 시작한 사람들은 주로 미군을 비롯한 다른 인종의 군인 남성과 한국 여성 사이에서 태어난 사람들이었다. 이들의 탄생 배경에는 한반도의 분단과 한국전쟁이라는 20세기의 대사건이 있었다. 이 커다란 국제적·정치적 변화는 낯선 개인과 새로운 사회를 만들어냈고, 그 중심에 혼혈인이 있었다.

이 낯선 사람들을 마주한 한국 사회의 다수는 가깝게는 일제 식민지 시기부터 살아온 자들로, 혼혈인을 보고 그들이 느낀 '이상함', '낯섦'이라는 인식은 자신들이 경험한 과거에서 출발했다. 1950년대 한국의 혼혈인 인식은 인종 의식, 가족 구조와 관습, 젠더 등 다방면에서 식민지 시기와의 연속성을 생각하지 않을 수 없다.

1950년대는 일제 통치에서 벗어나 새 국민과 새 국가를 형성해가는 시기이기도 했다. 정부 수립 후 정권 차원에서 주도한 국민 형성 작업은 반공 이데올로기를 매개로 폭력과 학살을 동반했다. 이것은 단순히 '적'을 배제하는 데 그치지 않았다. 내부의 결속을 더욱 강화해야

---

5   이삼돌(토비아스 휘비네트) 지음, 《해외 입양과 한국 민족주의》, 뿌리의집 옮김, 소나무, 2008; 토비아스 휘비네트 외 29인 지음, 제인 정 트렌카 외 엮음, 《인종간 입양의 사회학》, 뿌리의집 옮김, 뿌리의집, 2012.

했다. 정부에게 다른 인종과의 결합으로 태어났던 혼혈인은 '어쩔 수 없는' 국민화의 대상이었다. 밖으로 내보내지 못한다면 안에서 국민으로 무조건 통합시켜야 하는 국가의 방침이 당사자에게, 또 한국 사회에 어떤 의미가 있었을까?

또한 전쟁을 경험한 1950년대 한국 사회는 전후 복구를 통해 재건되어야 했다. 혼혈인은 전쟁에 따른 결과였으므로, 전후 복구를 위한 사회정책, 사회사업 분야에서 이들에 대한 논의가 적극적으로 이루어졌다. 한국의 사회복지 정책은 전쟁 구호에서부터 시작되었는데, 여기에는 정부, 사회사업 단체, 종교인 등 다양한 주체가 참여했다. 혼혈인을 위한 주된 '복지' 정책은 바로 해외 입양이었다. 해외 입양 문제는 1950년대 '구호 대상자'를 '위한다는' 사회정책의 목적과 방향, 방법이 어떠했는지를 단적으로 보여준다.

이와 같은 시대적 맥락 속에서 당시의 혼혈인과 한국 사회를 살펴보는 것이 이 글의 목적이다. 혼혈인이 등장한 배경으로서 분단과 전쟁을 이해할 때, 이것이 어떻게 소수자 또는 약자의 삶을 규정하는가 하는 문제를 직면할 수 있다. 1950년대 혼혈인에게는 다층의 모순들이 여러 방향에서 작용했다. 이들을 바라보는 지식인을 비롯한 사회 일반의 인식은 현재에도 시사하는 바가 크다. 많은 혼혈인이 살던 기지촌의 형성과 그 속에서의 삶을 살펴보면, 전쟁에 따른 지역의 변화와 미군-한국인의 관계 문제를 복합적으로 이해할 수 있을 것이다. 또한 혼혈인의 사회적·법적 지위 안에서는 이승만 정부가 추구했던 국민 형성의 구체적인 양상과 식민지 이래로의 관습이 교차하므로, 국가와 가족의 복합적 구조와 규정이 개인에게 어떻게 작동하는지도 살펴볼 수 있을 것이다.

2. 한국전쟁이 낳은 자녀들

1945년 해방 후 남한에 미 군정이 시작되면서 미군과 남한 여성 사이에서 피부색과 머리칼 색과 생김새가 다른 '혼혈아'가 태어나기 시작했다. 정부를 수립한 후 얼마 지나지 않아 발발한 한국전쟁은 수많은 사람의 목숨을 앗아가고 가족을 잃게 했지만, 다른 한편에서는 새로운 탄생을 만들어냈던 것이다.

미국을 비롯한 서구 여러 국가의 남성들이 한반도에서 일어난 전쟁에 참가했고, 비록 그 규모는 달라졌으나, 미군은 전쟁이 끝난 후 현재까지도 주둔하고 있다. 전쟁과 미군의 주둔이 한국에 미친 영향은 다방면에서 막대했지만 그중에서도 여성의 삶은 더욱 팍팍해졌다. 부모, 형제, 자식, 또는 스스로를 위해 생계를 책임져야 할 여성들이 늘었고, 그들은 자신이 할 수 있는 여러 가지 일에 뛰어들었다. 그러나 배움이 짧고 가진 것이 없을 때 할 수 있는 일은 한정될 수밖에 없었다.[6]

여성들은 농·어업 외에도 행상을 하거나 식료품점을 운영하기도 했고, 일자리를 구하기 쉬운 식모를 택하는 경우도 많았다.[7] 구직 여성

---

6 보건사회부의 통계 자료(〈未亡人總數〉)에 따르면, 1955년 3월 31일 현재 전체 '미망인' 수는 586,774명으로, 자연미망인을 제외한 전재(戰災) 미망인이 137,865명에 달했고, 1955년 전체 미망인이 부양해야 할 아동 수는 1,191,203명이었다. 1955년에서 1960년까지 미망인 가운데 40% 이상이 문맹이었으며, 30% 이상은 직업이 없었으며, 70% 이상이 두 명 이상의 자녀를 부양해야 했다. 보건사회부, 《國政監査資料》, 1956, 15~16쪽; 보건사회부, 《보건사회통계연보》, 1960, 466~469쪽.

7 1953년 4월에서 12월까지 여성의 직업 알선 상황에 따르면, 구인 신청자는 1,867명, 구직 신청자는 3,448명이었는데, 대다수가 식모로 취업했다. 〈百萬失業者 갈 곳 어디?〉, 《동아일보》 1954. 4. 14; 김숙자, 《서울시부녀직업조사》, 1957, 5~7쪽.

중에는 군인을 상대로 하는 성매매를 택하는 여성도 생겨났다. 1952년 부산 해운대에서 외국 군인을 상대하는 성매매 여성 368명을 조사한 결과, 95%가 생활난 때문에 성매매를 하게 되었다고 밝혔다. 1958년 2월부터 1959년 8월까지 서울에서 성매매 여성 382명을 면접한 결과에서는 65.2%가 성매매의 원인이 생활고라고 나왔다.[8]

여성들이 성매매에 나서게 된 데에는 국가의 지지와 협조가 있었다. 1950년대 이승만 정부는 공식적으로 인정하는 성매매 장소로 위안소를 설치하였다. 1951년 1월 말 전쟁 당시에 전선이 교착되면서 유엔군 위안소를 본격적으로 설치했는데, 여기에는 대통령과 고위관료까지 개입되어 있었다.[9] 또 정부는 미군부대 주변의 댄스홀과 바 등을 내국인 출입 금지 구역으로 지정하고 미 헌병대에 지역 통제권을 부여하였다.[10] 정부가 위안소를 합법적·제도적으로 구축하고, 성매매 여성들이 집단으로 모인 곳에서는 '기지촌'이라는 새로운 촌락이 생겨났다.

기지촌은 군부대 주변 마을로, 전쟁을 전후로 하여 인구가 집중되고 군인을 상대로 하는 각종 서비스업이 성행하며 PX(Post Exchange: 군부대 내 매점이나 상점)를 통한 (암)시장이 활성화된 지역이었다. 한국전쟁에 참전한 미군부대가 여성과 어린이에게 일자리와 먹을 것을 제공했기에 이들뿐만 아니라 생업을 잃은 피란민들도 부대 주변으로 몰려들었다. 1950년대에 기지촌에서 70만 명 이상이 달러로 먹고살았다

8   한국경찰사편찬위원회, 《한국경찰사 II》, 내무부 치안국, 1973, 932쪽; 여경구, 〈한국인 성병의 사회의학적 조사연구〉, 서울대학교 석사학위논문, 1960; 〈사창은 불사조처럼〉, 《여원》 1959년 6월호, 275~276쪽.
9   이임하, 〈한국전쟁과 여성성의 동원〉, 《역사연구》 14, 2004, 121~132쪽.
10 이나영, 〈기지촌 공고화 과정에 관한 연구(1950~1960): 국가, 성별화된 민족주의, 여성의 저항〉, 《한국여성학》 23-4, 2007, 21~22쪽.

는 추정도 있다.[11] 이렇게 형성된 기지촌은 미군이 여가를 즐기는 장소이면서 일자리를 필요로 하는 사람, 특히 여성들에게 생업의 장소였다.

'최초의 기지촌'은 미 군정기 부평에서 형성되었다. 미군은 남한에 주둔하기 전에 일본육군조병창을 접수하였고, 그곳에 미군부대의 병참·보급·수송 업무를 담당하는 미 제61병기사령부가 들어섰다. 그 후 부대 내에서 노무자가 일하고 부대 주변으로는 주택이 증가하면서 여성들도 모여들고 기지촌이 형성되었다. 1951년 중반 이후 전선이 고착되고 군대의 주둔 지역도 안정을 찾자, 본격적으로 기지촌이 형성되기 시작했다. 부산, 평택, 부평, 의정부, 동두천뿐 아니라 민간인 출입이 통제되던 운천(포천), 문산 등 북부 지역도 각지에서 모여든 사람들의 생활 터전으로 변모하였다.[12]

1950년대의 기지촌은 주로 서울과 경기도에 집중되었다. 1952년 주한미육군병참본부가 들어온 부평의 지역민들은 하역 작업이나 차량 정비 같은 군사 임무와 함께 양복점·가구점 등 상업, 취사·세탁·이발 등 각종 서비스업에 종사하게 되었다. 파주는 전후 열한 개 읍면에 미군이 주둔한 전국 최다 규모의 기지촌 지역이었다. 특히 주내면은 1955년에 민간인의 출입 통제가 해제되면서 여성과 민간인의 유입이 더욱 늘었다. 1956년 RCI(미군휴양센터)가 세워진 용주골(파주읍 연풍 1·2리)에서는 20여 개의 홀이 사람들로 북적였고, 주말이면 서부전선의 미군들까지 몰려왔다. 동두천은 1953년 정전 후 보병 2사단과 7사단이 남았는데, 외부 인구의 유입으로 1955년 인구가 1949년에 비해 두 배 이상 증가하였고, 1958년 이후에는 젊은 여성이 늘어나 여초(女

---

11 박경태, 앞의 논문, 2009, 23쪽.

12 부평사편찬위원회, 《부평사(1)》, 인천신문, 2007, 413쪽; 서울신문사, 《駐韓美軍 30年》, 杏林出版社, 1979, 430~433쪽.

超) 지역으로 바뀌었다. 운천(포천) 지역은 기지촌 형성 초기에 유입 인구가 늘자 1955년 운천지구번영회를 만들어 입주자 신청을 받고 선착순으로 집을 짓게 했다. 후방 전선에 속했던 부산은 1945년 9월 해리스 준장이 진주하여 미군의 주둔지로 삼았다. 전시에는 이곳이 유엔군의 병력과 물자를 조달하는 창구 역할을 하면서 남하한 전선에 투입되는 미군, 교대 미군, 피란민으로 붐볐다. 부산 시내 중심가인 '텍사스'와 외곽인 '하야리아(Hialeah)'에는 여성들이 정착했고, 주변 지역은 유흥가로 변모해갔다.[13]

〈표 1〉에서 보는 바와 같이 1950년대에 기지촌이 형성되었던 서울, 경기(파주·동두천·송탄·의정부·부평), 경남(부산) 지역의 혼혈인 수가 많았다. 1959년에 강원도의 혼혈인 수가 갑자기 증가한 것도, 1958년 1월 일본에 주둔하던 제100야전포병대대가 춘천으로 이전하자 부대를 따라 그 지역의 여성들도 이주하면서 새로운 기지촌이 형성되었기 때문이다.[14] 그렇다고 하여 기지촌이 없는 지역에 혼혈인도 없었던 것은 아니다. 전쟁을 치르는 동안 부대가 이동하였고, 전후에는 일정한 지역에 정착했기 때문에 부대가 일시적으로 머물렀던 지역에서도 혼혈인이 태어났다.

이렇듯 기지촌이 다수 혼혈인의 출생 지역인 것은 사실이지만, 그 외의 지역에서도 태어났음을 알 수 있다. 따라서 '혼혈인=기지촌 출생자'라는 등식이 반드시 성립하지는 않는다. 혼혈인이 기지촌에서 출생

---

13 부평사편찬위원회, 앞의 책, 434쪽; 서울신문사, 앞의 책, 432~437쪽, 442~444쪽, 446쪽; 동두천시사편찬위원회, 《東豆川市史(上)》, 경기출판사, 1998, 285~286쪽; 金在洙, 〈基地村에 관한 社會地理學的 硏究〉, 《地理學硏究》 5, 1980, 275~278쪽 참조.

14 다큐인포, 《부끄러운 미군문화 답사기》, 북이즈, 2004, 219쪽.

표 1 각 지역별 혼혈인 현황[15]

연도	총수	서울	경기	충북	충남	전북	전남	경북	경남/부산	강원	제주
1955	439	91	76	3	10	26	2	41	146	42	2
1956	538	221	168	3	2	31	3	34	51	22	3
1957	355	11	178	1	10	35	1	22	83	11	3
1958	701	292	205	13	21	91	1	19	60	17	2
1959	1,023	369	336	19	17	25	2	32	88	132	3
1960	1,075	472	353	14	12	54	3	25	96	42	4
1961	1,354	596	510	68	15	15	5	36	65	40	4
1962	1,389	504	596	59	14	15	4	11	133	49	4
1963	1,463	400	680	55	34	23	29	45	50/94	49	4
1964	1,511	527	711	8	51	26	3	33	27/70	52	3
1965	1,378	306	707	7	58	38	4	37	43/94	81	3

*출전: 보건사회부의 1955년부터 1965년까지 《보건사회통계연보》의 〈混血兒實態表〉 재구성.

했다는 단정은 그들의 어머니를 획일적으로 성매매 여성으로 간주하여 혼혈인에 대한 부정적 인식으로 이어지는 문제를 낳았다. 실제로 당시에 태어난 혼혈인들은 자신들이 기지촌 출신으로 규정되는 사실을 매우 불쾌해하고, 미군에 의한 강간 등으로 어쩔 수 없이 태어났다

---

15 보건사회부가 작성한 혼혈인 통계가 실제의 수와 반드시 부합한다고 보기는 어렵다. 정부기관이 해외 입양을 위해 혼혈인을 조사할 때, 어머니가 희망하지 않을 경우 조사에 응하지 않았고, 소재지와 양육 관계가 파악되지 않은 혼혈인도 다수였다. 이 때문에 지방자치단체와 경찰의 추산이 보건사회부 통계와 일치하지 않거나, 보건사회부가 같은 해에 발간한 《국정감사자료》와 큰 차이를 보이기도 한다. 조사가 안 된 혼혈인은 차치하더라도 집계된 혼혈인 수마저 일정하지 않은 것은, 혼혈인이 매월 입양되었던 데다가 피조사자가 원할 때에만 조사에 응하여, 같은 해에도 조사 시점에 따라 다른 결과가 나온 탓이다. 〈混血兒들 美國에 養子, 社會部서 希望者를 募集〉, 《조선일보》 1954. 1. 29; 〈養子로 갈 混血兒五百名〉, 《조선일보》 1956. 3. 29; 〈混血兒增加〉, 《조선일보》 1957. 2. 19; 〈千四百餘名, 全國混血兒總數〉, 《조선일보》 1957. 7. 8; 보건사회부, 《국정감사자료》, 1958, 698쪽; 보건사회부, 《국정감사자료》, 1959, 698~699쪽; 編輯室, 〈混血兒(孤兒)는 어떻게 하

고 확신한다.[16]

　한국전쟁이 끝난 뒤에도 혼혈인이 늘어난 또 다른 배경은 기지촌을 중심으로 생겨난 여성과 남성의 관계가 지속적일 수 있었다는 점이다. 이것은 미 군정기에 한시적으로 미군이 주둔했을 때 맺어진 관계와는 차이가 있다. 미 군정기에는 외국 군인의 수도 적었을 뿐 아니라 남녀 관계의 양상에서도 지속적인 교제나 동거보다는 일시적인 성매매나 강간이 많았다. 그러나 한국전쟁 후 미군은 1957년부터 1965년까지 7사단과 1기병사단 5만~7만여 명이 주둔하였다.[17] 한국 여성이 이러한 미군 남성과 교제나 동거 등으로 지속적인 관계를 맺으면서 혼혈인 출산도 늘어났을 것이다. 여성이 원치 않는 임신을 하고 낙태를 하지 못해서 아이를 낳기도 했지만, 미군과 서로 사랑해서 미래를 약속했을 경우에도 출산을 결정했다. 여성을 사랑한 미군도 있었다. 미국으로 귀국을 앞두고 자살한 병사가 있었는가 하면, 미국에 갔다가 다시 돌아온 군인도 있었다.[18]

여 美國에 건너가고 있나〉,《사회복지》10, 한국사회사업연합회, 1957, 29~30쪽.

16　박경태, 앞의 논문, 2009, 64~65쪽.

17　국방부 군사편찬연구소,《韓美 軍事關係史 1871~2002》, 2002, 674~677쪽.

18　〈國境 넘은 사랑에 恨〉,《한국일보》1954. 9. 20; 박에니,《내 별은 어느 하늘에》, 왕자출판사, 1965, 230~236쪽.

3. 혼혈인을 둘러싼 겹겹의 모순들

1) 사회: 민족·인종·여성에 얽힌 동정과 차별

미 군정기부터 미군과 한국 여성 사이에서 태어나는 혼혈인이 증가하고 빈번히 유기되는 일이 발생하자, 사회적 '문제'로 여겨지기 시작했다. 전쟁 후에는 "혼혈아의 문제가 개인적인 문제라 할 수도 있지만 외국 군대가 한국에 오게 된 것부터 세계적인 문제이며 국가적, 사회적인 문제"였다. "한국 민족과 다른 민족의 군대이므로 혼혈아 문제도 색다른 것으로 만들고 있다"는 문제의식이었다.[19]

더구나 이때의 혼혈인은 아시아계 혼혈인과는 완전히 다르게 인식되었다. 법학자 장경학은 "민족이 다르다고 하더라도 황색 인종끼리는 표면에 나타나는 문제가 심하진 않다"라고 주장하며 "임진왜란, 병자호란 후 혼혈아가 많았을 것이지만 역사의 진전에 따라서 한국 민족의 핏속에 자취를 감추었다"라고 하였다. 또한 백인은 우세한 민족이므로 "백인 혼혈아도 그다지 비관적이지 않다"라고 하며 "흑인의 피는 천지개벽의 변천이 있더라도 한국 사람의 핏속에 소화될 리가 없다"[20]라고 단언하였다. 말하자면 혼혈인이 사회적 문제가 되는 출발점은 한국인과 다른 인종이라는 데 있다는 주장이었다.

이렇듯 혼혈인은 한국인이 될 수 없다는 인식 속에서 혼혈인이 겪는 차별과 경제적으로 불안정한 생활 같은 문제들을 어떻게 해결해야 한다고 보았을까? 혼혈 아동을 둔 여성에게는 "남편의 나라에 가서 살게

---

19 張庚鶴, 〈特輯: 잊어서는 안 될 混血兒問題—混血兒의 義的見解〉,《여성계》4-12, 1955, 98~99쪽.
20 張庚鶴, 위의 글, 96쪽.

되는 것이 가장 좋은 방법"이지만, 국내에서 살 경우에는 "멸시와 방해로 대하지 말고 너그러운 동정을 주어야 할 것"을 당부하였다.[21]

미 군정기에 혼혈인이 처음 등장했을 때, 언론에서는 혼혈인이 태어난 원인이 "여성의 부도덕"과 "사회의 무질서한 자유와 남녀평등권"에 있다고 보고, "허영과 악덕의 결과로 억울한 죄를 쓰고 태어난다"라고 하였다. 혼혈인이 유기되는 데에는 생활고가 원인으로 지적되었으나, 이는 여성의 부도덕에 더해진 부차적 원인이었다.[22] 여성이 혼혈아를 출산하여 '순수한' 부계 혈통을 잇지 못했다는 비판과 함께 혼혈인을 낳은 여성은 모두 성매매 여성일 것이라는 인식이 동시에 존재했던 것이다. 또한 '순수 혈통'을 이어야 할 여성이 자신의 역할을 방기하고 이질적인 존재를 탄생시킨 것으로 인식되었다. 이런 인식에는 당시의 여성에 대한 사회적 요구와 역할 규정이 반영되어 있다. 전쟁 후 남성이 부재하는 가정이 늘어나자, 유교적 가족 윤리가 지배하는 가부장제를 유지하기 위한 방도로 여성의 성 통제를 통한 정조 지키기가 각별히 요구되었던 것이다.[23]

외국인과 관계를 맺은 '양공주'나 '양색시'는 1950년대 당시 외국 군인과 교제하거나 성매매를 하는 여성을 비하하는 말인 동시에 외국인과 결혼한 한국 여성을 가리키는 말이기도 했다. 이들은 '해방의 부산

---

21 張庚鶴, 앞의 글, 99쪽.

22 〈虛榮과 惡德의 因果, 억울한 罪 쓰고 태여나는 混血兒〉,《조선일보》1946. 12. 1;
    〈노랑머리·검둥이 混血兒의 汎濫〉,《동아일보》1947. 9. 1; 〈混血兒遺棄〉,《조선
    일보》1947. 9. 24; 〈混血兒 等 棄兒 激增 三個月에 三十餘件〉,《조선일보》1947.
    9. 27; 〈黑人混血兒 雙童이 遺棄〉,《조선일보》1947. 10. 9.

23 전통적 가족 윤리와 여성상이 강조되면서 '자유부인'과 '양공주'를 위기로 인식하
    고 타자화했다고 본 연구로는 김은경, 〈한국전쟁 후 재건윤리로서의 '전통론'과 여
    성〉,《아시아여성연구》45-2, 숙명여자대학교 아시아여성문제연구소, 2006 참조.

물'이나 '특산물'로서 경제적 빈곤, 가정의 불화 등 다양한 배경에 의해 발생했다고 분석되었지만, 가부장적 이데올로기에 따르면 이들의 등장은 전통적 질서의 붕괴를 의미했기에 해결해야 할 사회적 과제로 떠올랐다.[24]

이것도 해방의 '특산물'임에는 틀림이 없은즉 '양공주'라면 모두가 사회에서 버림받는 타락한 여성군이지만 허영과 금욕에 눈이 어두워 뛰어든 극소수의 일부 탈선여자 이외의 대부분은 불가피한 생활 사정으로 몸을 팔게 된 기막힌 '요구호대상자'이다.[25]

해방의 부산물인 소위 양부인 문제가 외국인이 대부분 물러간 오늘까지도 이 사회의 화제가 되어 있다는 것은 그만큼 우리 사회가 아직 정돈되어 있지 않다는 것을 말하는 것이며 보건사회부의 직업여성 통계란에 팔십 퍼센트를 차지하고 있는 밀매음 행위자의 수효는 동방예의지국을 자랑하던 한국 여성에의 일대 경종이 아닐 수 없다.[26]

제일 여인의 경우 이런 형은 분명히 빈곤이 가져온 일시적인 실수이다. 제이 제삼의 경우도 이 빈곤이 병이라면 분명히 첫째 원인은 이 나라의

---

24 한국전쟁 이후 남한 사회는 재건을 위해 주민들을 어떠한 윤리 체계와 사회생활 원리로 통합할지를 고민하며, 향후 통용되어야 할 윤리와 이상적 인간상을 '도의' 담론에 투영시켰다. 여성도 '도의 교육'을 통해 모성과 부덕을 배양시키고자 했다. 이임하, 〈1950년대 여성교육에서의 性차별과 현모양처 이데올로기〉, 《東方學志》 122, 2003, 318~322쪽; 홍정완, 〈전후 재건 지식인층의 '道義' 담론〉, 《역사문제연구》 19, 2008, 46~47쪽.

25 〈解放十年의 特産物 ③ 洋公主〉, 《동아일보》 1955. 8. 18.

26 황일호, 〈딸라의 매력인가―洋公主들의 실태〉, 《여원》 1956년 1월호, 231쪽.

가난이 이런 짓을 한다고 생각된다. …… 제이 여인의 경우 분명히 악한 계모의 제물이 된 것임에 틀림없다. …… 제삼 여인의 경우 40인 중에 외지에서 고향이라 찾아왔으나 정붙일 곳 없어 자포자기한 여성이 일할은 된다고 하니 이런 유를 집시형이라고 불렀으면 어떨까 생각된다. …… 제사 여인의 경우 부모가 없는 탓에 고아원에서 자라나다가 나이는 들어갈 곳은 막연한데 일시적으로나마 세상을 귀찮게 여긴 데서 뛰어들었던 것이다.[27]

1950년대 한국에서 여성은 가정에서 아내, 어머니 역할에 충실하여 출산과 양육으로 '순혈 민족'을 유지해야만 했다. 그러나 실제 현실에서는 전쟁 당시 국가의 묵인과 지원 아래 미군의 '위안부'가 되기도 했고, 전쟁 후에는 가계 유지를 위해 직업전선에 나서야 했다. 이렇듯 사회가 요구하는 여성상과 현실의 여성의 삶에는 커다란 괴리가 있었다.

그런가 하면 여성에게 혼혈인과 혼혈인으로 인한 사회적 문제에 책임을 묻는 것에 대한 비판도 있었다. "한국의 남성이 혼혈인을 낳았다면 모멸과 조소가 없었을 것"[28]이라는 지적은, 혼혈인이 부계 혈통 중심의 한국 사회에서 여성의 문제로 여겨지고 차별이 당연시되는 현상에 대한 문제제기였다. 미국 한인 사회에서는 혼혈인의 아버지인 외국 군인을 비난하기도 했다.

---

27 1956년 사회사업가 현 모씨가 서울에 '양공주'를 위한 기관을 세우고 마흔 명을 받았다고 한다. 그중 열 명의 실태를 파악한 글에서 이렇게 서술하였다. 황일호, 앞의 글, 230~233쪽.
28 〈混血兒와 洪吉童傳과〉, 《조선일보》 1959. 12. 9.

국운이 불운하여 오늘 우리나라 남북에는 외국 군사가 주둔하여 있으므로 또는 생불여사로 어찌할 수 없어 백인 군인은 물론이요 심지어 흑인 군인까지 관계를 맞아 무수한 혼혈아가 떼로 나는데, 만일 이 군인들이 조금이라도 양심이 있다면 자기의 혈육을 건사함이 당연한데 짐승만도 못한 이 군인들은 자기의 혈육을 헌신짝 집어 버리듯 내어버리므로 오늘 우리나라에는 사생자가 편만하다.[29]

1950년대 중반부터 서울시에서는 시내에 흩어져 있는 '양공주'들을 소탕한다는 목적으로 사창 근절 대책위원회를 열고 경찰권을 발동하기도 했다.[30] 성매매 여성을 통제·관리하려는 시도가 나온 데에는 성병의 확산도 관련이 있었다. 정부는 한국전쟁 후 주둔군 지역의 성병 진료소를 확대하였다. 미군의 성병 보균율이 높아지자, 미군은 성매매 여성에게 철저한 성병 검진을 요구하였다. 성병에 걸린 여성 가운데 '위안부'로 분류되는 미군 상대 성매매 여성의 비율도 상당히 높게 나타나자, 정부는 이들과 기타 '접객' 여성의 성병 검사를 매주 2회씩 하여 보균자의 영업을 중지시키는 등 성병 예방을 철저히 하여 확산을 막으려 했다.[31]

'양공주'는 정부가 필요로 할 때 '위안부' 역할을 하면서도 한국 남성을 상대하는 성매매 여성과 차별되었다. 정부는 국내 남성을 상대하

---

29 〈韓國 孤兒 二十五名 다시 美洲로(附)〉, 《국민보》 1956. 10. 10.

30 〈색연필: 서울시 경찰국, 시내 도처에 흩어져 있는 소위 양공주들을 소탕하기 시작한 것은 작년 연말부터 계속〉, 《조선일보》 1956. 3. 27.

31 〈軍駐屯區域에 重點, 保社部 性病診療所를 整備〉, 《조선일보》 1957. 9. 6; 〈性病이 더욱 蔓延, 保健社會部의 打診〉, 《동아일보》 1956. 1. 14. 1959년 98개 성병 진료소의 보균자 392,707명을 조사한 결과, '위안부'가 66%, '접대부'가 16%, '사창'이 13%, '땐사'가 4%로 나타났다. 〈慰安婦 66%가 保菌〉, 《동아일보》 1959. 10. 18.

는 성매매 여성에게는 외국인을 상대하는 여성과 다른 제도를 적용하였다. 여성의 '교도'와 일반 여성의 성매매 방지를 위해 '자매원'을 설립하였고, 직업보도를 했다. 성매매 여성이 다수 집결된 곳에서는 강연회를 수시로 열었다. 그러나 성매매 여성 수에 비해 시설이 턱없이 부족했으며, 1950년대 후반에 시설과 수용 인원 수가 오히려 감소하여 결과적으로는 성공을 거두지 못했다.[32]

이처럼 통제와 관리가 필요한 사회적 문제로 여겨졌던 '양공주'는 혼혈인 어머니의 상징이기도 했다. 혼혈인 어머니에 관한 통계나 자료가 전혀 남아 있지 않아서 구체적으로 분석하긴 어렵지만, 성매매의 결과로 혼혈인이 태어났다고 단정하는 경향이 강했다. 1960년대 전반에 정부 산하기관이었던 대한양연회(구 한국아동양호회)에서도 혼혈인의 어머니를 "일시적 또는 계속적인 윤락 여성들"[33]이라고 규정했다. 흑인 혼혈인인 김순덕의 어머니는 미군의 강간으로 김순덕을 낳았지만, 동네 아이들조차 그녀의 어머니를 놀려댔다.

> 어머니는 불행의 씨를 낳고야 말았답니다. 여염집 부인이 검둥이 계집아이를 낳았던 것이었습니다. …… 아이들은 엄마에게 맞서서 욕을 했습니다. "양—갈보! 똥갈보! 양—갈보! 똥갈보!"[34]

---

32 1953년 자매원은 아홉 군데, 수용 인원은 520명이었으나, 1958년에는 시설 네 군데, 수용 인원은 230명으로 줄었다. 보건사회부, 《부녀행정 40년사》, 1987, 85~86쪽.

33 金義澤, 〈韓國 混血兒의 生態와 海外 入養事業〉, 《신세계》 1963년 11월호, 260쪽.

34 김순덕, 《엄마, 나만 왜 검어요》, 正信社, 1965, 3쪽, 23쪽.

2) 기지촌: 미군과의 공생과 갈등

기지촌에 살던 사람들의 혼혈인 인식은 미군(부대)과의 관계로 설명해보고자 한다. 기지촌 주민들과 미군과의 관계는 이중적이었다. 기지촌의 지역 경제는 미군부대에 절대적으로 의존하는 형태로, 미군이 지역민의 생계를 쥐고 있었기 때문이다. 지역민 중에는 오래전부터 거주했던 사람도 있고, 전쟁 당시에 피란을 갔다가 돌아온 사람도 있었다. 기지촌 주민들은 미군을 상대로 하는 상업에 종사하기도 했고, 외국 기관에 종사하기도 했다. '하우스 보이'도 있었고, 세탁·청소를 전담하는 일용직 여성 노동자도 있었다.[35]

PX에서 나오는 물품들은 기지촌 경제에서 중요한 역할을 했다. 전쟁 전에는 미군이나 성매매 여성을 통해 소량으로 유출되다가 전쟁 후에는 상인들과 PX 관계자들이 결탁하여 물품을 대량으로 빼냈고, PX 전문 절도단까지 생겨났다. 1950년대 말에는 PX의 전체 취급 물품 중 60퍼센트가 시중에 유출되었다고도 전해진다. 1960년대 전반에는 원/달러 환율 격차를 이용하여 미군 성매매 여성, 미군, 직업적 상인들이 조직화된 'PX 기업'을 통해 달러와 물품을 거래하였고, PX 장사에 생계를 의존하는 국민이 수십만에 달한다는 보고가 나오기도 했다.[36]

그러나 기지촌 지역민은 주한미군과 직접 대면하며 갈등을 일으키기도 했는데, 이런 일은 1950년대에 대체로 우호적이었던 한국의 대미 인식과는 모순되는 것이었다. 당시의 한국인은 미 정부의 체계적인 공보 활동을 통해서도 미국 문화를 경험했지만, 미국 하층 문화나

---

35 이나영, 앞의 논문, 23쪽.

36 서울신문사, 앞의 책, 420쪽; 朴東銀, 〈特輯 美國과 韓國─洋公主와 混血兒〉,《신동아》 1966년 9월호, 279~280쪽 참조.

군인의 하위문화인 'GI 문화'에서도 크게 영향을 받았다.[37]

한국전쟁 후 기지촌이 생기기 오래전부터 그곳이나 그 인근에 살았던 주민들은 지역의 모습과 생활에서 큰 변화를 겪었고, 외부에서 들어온 사람들을 많이 접했다. 기존의 농업 중심의 산업이 소비 중심의 산업으로 바뀌었고, 성매매를 기반으로 한 서비스업이나 유흥업이 발달하였다. 소비의 주체는 미군이었다. 이러한 변화는 기존의 마을이 간직했던 전통이나 관습에서 멀어지는 것이었다.[38]

기지촌으로 이주해오는 사람들은 다른 미군부대 주변에서 살다가 부대가 이동하자 따라왔거나, 미군을 상대로 돈을 많이 벌 수 있다는 소문을 듣고 들어온 이들이었다. 전쟁 때부터 미군부대와 유착하여 생계를 유지하던 '양공주', 하층민의 생활을 면치 못했던 '미망인' 같은 여타의 여성과 고아들도 많았다.[39]

언제 끝날지도 모르는 전쟁에 마음의 갈피를 잡지 못하는 수복민들의 그림자가 생각난 듯이 띠엄띠엄 서울 거리를 오가던 때에 벌써 일선 지구에서는 수천 명의 유엔매담이 벌 떼처럼 부대를 따라 이동한 것이며, 이들이 미국 헌병들에게 부뜰리어 서울의 여자 경찰서로 연행됐다가는 석방되면 또다시 일선으로 달리곤 하여 서울 여자경찰서에는 매일 수백 명

37 임희섭, 〈4장 해방후의 대미인식〉, 《한국인의 대미인식》, 민음사, 1994, 237쪽; 미 정부의 문화 활동에 대해서는 허은, 《미국의 헤게모니와 한국 민족주의: 냉전시대(1945~1965) 문화적 경계의 구축과 균열의 동반》, 고려대학교 민족문화연구소, 2008 참조. GI 문화에 대해서는 林熺燮, 〈韓國에 있어서의 美國文化 受容에 대한 一研究〉, 《美國學》 1, 서울대학교 미국학연구소, 1977, 144쪽 참조.

38 파주군, 《坡州郡誌(下): 현대사회》, 1995, 763쪽; 이나영, 앞의 논문, 22~23쪽.

39 파주군, 위의 책, 762쪽.

의 양부인이 유치되었었던 것이다.[40]

1950년대에 전반적으로 '양공주'와 '유엔마담'의 수가 계속 증가하는 상황에서 기지촌은 군부대와 밀착되어 있었고, 성매매 장소가 밀집되기 쉬웠다.[41] 미군부대에 전적으로 의존하고 불법이 횡행하는 이러한 경제구조는 지역 경제의 주체적 발전에 도움이 되지 않았다. 지식인들은 PX에서 유출되는 미국 물질문명과 향락적인 문화의 침략 및 원조 물자와 소비재의 무질서한 도입으로 인한 경제적·문화적 대외 의존이 심화되는 '아메리카니즘'을 비판했다. 이러한 비판은 전통과 도를 확립해야 한다는 주장과 맞물려 설득력을 얻었다.[42]

미군부대나 미군이 지역민에게 직접적으로 해를 끼치기도 했다. 지역민이 재산 피해를 입는가 하면, 전쟁 후 기지촌을 중심으로 미군의

---

40 황일호, 앞의 글, 230쪽. 1950년대 전체 성매매 여성(기생, 작부, 여급, 댄서, 하녀, 위안부, 미군 동거녀) 가운데 위안부와 미군 동거녀만을 미군 상대 성매매 여성이라고 보더라도 1954년 66.6%, 1955년 50.6%, 1956년 44.9%, 1957년 39.2%를 차지했다. 보건사회부, 《建國十週年 保健社會行政槪觀》, 1958, 304~309쪽; 전쟁 기간과 전쟁 직후의 성매매 여성은 미혼 여성의 비율보다 미망인, 이혼 여성, 유부녀 등 결혼 경험이 있는 여성의 비율이 높았다. 서울특별시립부녀보호지도소, 〈淪落女性 實態에 關한 研究〉, 《淪落女性에 關한 研究報告書》, 1966, 28쪽.

41 성매매 여성의 수는 1954년 2,564명, 1955년 2,734명, 1956년 1,948명, 1957년 3,016명이었다. 보건사회부, 《건국10주년 보건사회행정개관》, 1958, 304~405쪽; 보건사회부의 통계는 성매매 여성 단속 결과와 주요 집창 지역에 대한 경찰의 추정치를 근거로 한 것이므로 실제로 그 수는 훨씬 많았을 것으로 추정된다. 《사상계》는 1952년 '유엔마담' 수가 25,479명이라고 하였고, 《한국일보》와 《서울신문》은 각각 1955년 61,833명과 1956년 282,496명이라고 보도했다. 嚴堯燮, 〈韓國社會10年史〉, 《사상계》 1955년 10월호, 209쪽; 이임하, 앞의 논문, 134~135쪽.

42 申一澈, 〈生活理念의 再發見―우리 안의 아메리카니즘〉, 《새벽》 1957년 1월호, 49~51쪽; 閔丙山, 〈G·I문화와 P·X문화―主語 없는 한국 문화의 悲劇〉, 《세대》 1963년 7월호.

범죄가 지속적으로 발생했다. 미군은 살인, 강간, 강탈 등 수많은 범법행위를 저질렀다. 기록된 것만 보아도 정전협정 이후부터 1960년까지 미군이 한국인을 상대로 저지른 범죄가 121건이었고, 사망자는 32명이었다. 미군부대에서 일하는 청소년의 범죄도 빈번했다. 1956년 서울 소년원생 120명을 대상으로 조사한 결과, 범행 당시에 직업이 없던 69명을 제외하면 미군부대에서 일하는 원생이 15명으로 가장 많았다. 미군부대가 범죄의 배경이 되었거나, 그곳에서 일하는 청소년 중 다수가 불안정한 상태였음을 짐작할 수 있다.[43]

기지촌이 형성되기 전에 피란을 갔다가 돌아온 주민들의 경우, 자신들의 고향에 주둔한 미군과 마주치게 되었다. 미군은 기존 주민의 집터, 논밭, 산 등에 자리를 잡고서 막사를 세우고 부대시설을 마련하였다. 고향으로 돌아온 주민들 중 일부는 미군부대에 집(터)을 내줘야 했다. 예컨대, 1951년 417비행중대가 송탄으로 들어오면서 5000명의 사람들이 집과 땅을 잃었다. 파주에서도 어느 집안 소유의 땅 일부가 미군부대 땅으로 징발되었는데, 미군들에게 불만을 표출할 수 없었다고 한다. 그럴 경우 '빨갱이'로 몰릴 수 있었기 때문이었다. 미군기지 때문에 주민이 입은 피해는 '우방'인 미군을 위해 감수해야 하는 것으로 여겨졌기에, 주민들은 정부나 미군에 이의를 제기할 수가 없었다.[44]

---

43 오연호, 〈주한미군 범죄일지〉, 《더 이상 우리를 슬프게 하지 말라》, 백산서당, 1990, 345~357쪽; 황응연, 〈왜 부량하게 되는가?—소년범의 부량화의 원인과 그 방지〉, 《새교육》 1956년 5월호, 72~75쪽.

44 캐서린 H. S. 문, 《동맹 속의 섹스》, 이정주 옮김, 삼인, 2002, 54쪽; 파주군, 앞의 책, 761~762쪽; 동두천 시는 "시민들이 많은 고충과 불편을 참아가면서 오늘날까지 주어진 여건 속에서 지역발전과 시민의 복지향상을 위해 노력과 기대하고 있다"라고 하며 "시 전체 면적 중 75%가 규제를 받게 되어 낙후된 도시로 퇴보를 면키 어렵다"라고 하였다. 동두천시사편찬위원회, 앞의 책, 282쪽.

이처럼 주민들이 미군과 갈등이 발생하더라도 공론화할 수 없는 상황이었기에 미군에 대한 불만이 잠재되어 있었고, 이것이 성매매 여성과 혼혈인에게도 전이되거나 우회적으로 표출되었는지도 모른다.

3) 정부의 방침과 제도: '내보내도록 하라'

1950년대 혼혈인은 혼인하지 않은 부모 사이에서 출생한 '사생아(私生兒)'로 여겨졌다. 사생아(사생자) 개념은 식민지 시기에 일본 민법을 차용하면서 조선의 가족 관습으로 구성된 것인데, '아버지가 없는' 아이에게 붙여지는 법적 신분으로, 1960년에 대한민국 민법이 시행될 때까지 지속되었다. 혼혈인은 부모가 결혼하지 않았거나 아버지가 누구인지 분명하지 않은 채 태어났다는 사실, 또는 그러할 것이라는 인식 때문에 더 분명하게 사회문제로 간주되었다. 혼혈인의 어머니는 사회적 규범을 침범한 것으로 치부되었고, 혼혈인은 불법적 존재로 여겨졌다.[45] 혼혈인은 어머니의 가족이 동의할 경우 어머니의 성과 본을 따라 입적할 수 있었으나, 어머니의 호주가 동의하지 않으면 독립하여 자신이 호주가 되어야(일가를 창립해야) 했다.[46]

호적법이 식민지 시기부터 이어진 가운데 정부 수립 후에는 누구를 대한민국의 '국민'으로 할 것인지, 국적에 대한 법적 규정이 곧바로 이루어졌다. 국적법(1948. 12)에서 대한민국 국민은 "출생한 당시의 부

---

45 사생아 개념이 식민지 시기에 법제화되는 과정에 대해서는 홍양희, 이 책의 글 참조; 成仁基, 〈特輯: 잊어서는 안 될 混血兒問題─社會的 地位를 어떻게 보아야 할까〉, 《여성계》 4-12, 1955, 95쪽; 河相洛, 〈混血兒問題의 社會的 課題〉, 《신사조》 1962년 10월호, 249~251쪽.

46 국가법령정보센터(http://www.law.go.kr), 민법(1958 제정, 법률 471호), 호적법 (1960. 1. 1 제정, 법률 535호).

〔父〕가 대한민국의 국민인 자, 출생하기 전에 부가 사망한 때에는 사망한 당시에 대한민국의 국민이던 자, 부가 분명하지 아니한 때 또는 국적이 없는 때에는 모가 대한민국의 국민인 자, 부모가 모두 분명하지 아니한 때 또는 국적이 없는 때에는 대한민국에서 출생한 자"를 의미하였다.[47] 혼혈인은 아버지가 분명하지 않은 사생아라 하더라도 어머니가 한국인이므로 출생과 동시에 국적을 취득할 수 있었다. 당시 서울지법 판사가 "혼혈아가 법적으로 엄연히 대한민국 국민"[48]이라고 한 근거도 여기에 있었다.

그런데 1959년 3월에 치안국에서 혼혈 아동의 국적을 조사한 결과, 전체 혼혈 아동 1020명 가운데 국적을 가진 수는 325명, 수속중인 수가 5명으로 국적이 없는 아동이 전체의 약 68퍼센트였다.[49] 이전에 사생아로서 국적을 얻었던 혼혈 아동이 왜 조사 결과에서는 국적이 없다고 나온 것일까? 조사가 엉터리가 아니라면 다른 이유가 있을 것이다.

우선 호적과 국적을 연관하여 생각해보아야 한다. 국적의 취득과 상실에 관해서는 국적법이 규정했지만 그 공시(公示)는 호적이 담당하였다.[50] 즉, 호적에 기입이 되어야 국적 취득 여부를 알 수 있는 것이다. 쉽게 말하면, 국적은 보이지 않지만 호적은 보이는 것이다. 이때는 주민등록제도가 없었다. 모든 법적 국민에게 주민등록번호가 부여되는

---

47 국가법령정보센터(http://www.law.go.kr), 국적법(1948. 12. 20 제정, 법률 16호), 제2조.

48 權純永, 〈特輯: 잊어서는 안 될 混血兒問題―혼혈아의 법적 지위〉, 《여성계》 4-12, 1955, 100쪽.

49 〈千餘名混血兒中 一白餘名이 就學〉, 《조선일보》 1959. 3. 17; 국가인권위원회, 《기지촌 혼혈인 인권실태조사》, 2003, 59쪽.

50 安釦煥, 〈國籍法上 國籍의 先天的取得의 要件―호적실무를 중심으로〉, 《法曹》 605, 2007, 195쪽.

지금과는 다르다. 국적이 있는지 없는지를 판단하려면 호적부에 기재되어 있는지 살펴보아야 했다. 그러므로 치안국의 조사는 호적부를 통해 이루어졌음을 추정할 수 있고, 조사 결과로 보면 국적이 있다고 해도 호적에 기재되지 않은 혼혈인이 다수였음을 알 수 있다. 혼혈인에게 호적이 없는 원인은 다양했는데, 어머니가 되도록 혼혈아의 존재를 숨기려 했고, 어머니의 본가에서 혼외 자녀를 인정받기도 쉽지 않았다.[51] 또 당시 혼혈인 다수가 미성년자임을 고려할 때 일가를 만들 가능성은 낮았다. 혼혈 아동의 어머니가 자녀의 호적을 얻고자 할 때는 아동이 학교생활을 시작하는 데 불편이 없게 하려는 목적이 컸다.

> 임춘자 씨의 아들 태수 군이 용산국민학교에서 三〇六명의 여러 어린이들과 함께 '가갸 거겨'를 배우고 있었다. 태수 군은 아직 성(姓)조차 가지지 못하고 있어서 외조부의 성을 임시로 빌려 '김(金)태수로 학적부(學籍簿)에 올려 있었다.[52]

이러한 사실로 미루어볼 때, 혼혈인은 현실적으로 국적은 있으나 호적이 없는 사생아 신분으로 규정되었음을 재차 확인할 수 있다. 사생아의 호적 입적이 법적으로 허용된다 하더라도 '아비 없는 양공주 자식'이라는 사회적 낙인과 차별에서 벗어나기는 어려웠다.

한편 이승만 정부는 한국전쟁 당시부터 혼혈인이 생겨나고 점차 그 수가 늘어나는 것을 문제로 인식하였다. 정부가 처음 시도한 혼혈인 정책은 이들을 최대한 사회에 노출시키지 않고 숨기는 것이었다. 혼

---

51 김순덕, 앞의 책, 1965; 박에니, 앞의 책, 1965 참조.
52 金容皓, 《一線記者手帖》, 서울신문사, 1953, 22쪽.

혈인은 전쟁으로 발생한 혼란스러운 상황에 제대로 대응하지 못한 정부를 상징했기 때문이다. 그래서 정부는 혼혈인을 최대한 감추어서 이들과 관련하여 발생할 수 있는 사회적 혼란이나 갈등을 차단하고자 했다. 정부가 내놓은 구체적인 대책은 혼혈인을 따로 수용하는 것이었는데, 정책 실행에 앞서 혼혈인이 얼마나 있는지 조사하기 시작하였다. 1952년에 사회부가 각 도에 혼혈아 수를 조사하라고 통보하였고, 각 지역에서는 전쟁 기간 동안 조사를 시작했다.[53] 1953년까지 조사한 바에 따르면 혼혈인은 400명에 못 미치는 적은 수로 파악되었다. 이 수치가 실제와 얼마나 부합하는지 알기 어려웠지만, 통계상 소수에 불과한 혼혈인을 정부 입장에서 굳이 일반인으로부터 격리시킬 필요가 없었다. 각 지역에 흩어져 있던 혼혈인을 한 곳으로 집결시키기도 어려웠고, 전시 상황에서 혼혈인 수용 시설을 만드는 것도 불가능했다. 강제로 수용할 형식과 절차를 마련하기도 어려웠다.

혼혈인을 국내에서 격리하여 은폐시키는 데 사실상 실패한 정부는 혼혈인이 생겨난 초기부터 이들을 아예 해외로 내보내는 일을 매우 긍정적으로 보았다. 정부 입장에서는 혼혈인을 국내에서 따로 수용하는 것보다 외국으로 보내는 편이 더 효과적이었다. 대통령의 생각도 마찬가지였다. 이승만은 전쟁이 막바지에 이르렀을 때 혼혈 아동 입양과 관련하여 아래와 같이 훈시하였다.

외국에 혼혈아를 보낼 때에는 수입국에서 인종차별, 인권, 교육에 관하야 소루(疎漏)업도록 보장시키기 위한 입법 조치를 법제처에서 강구하여

---

53 〈混血兒 總數調査 따로 收容할 計劃推進〉,《동아일보》1952. 8. 18; 〈늘어가는 混血兒 서울에 當國調査만도 七十餘名〉,《조선일보》1952. 9. 21; 〈地方短新—仁川의 混血兒〉,《조선일보》1953. 6. 1.

보라.[54]

이처럼 정부가 혼혈인을 안에서는 격리 수용을 추구하는 동시에 밖으로 내보내려 하면서 입양될 곳에서의 차별을 우려하는 것은 매우 모순적인 태도라 하겠다. 국내법을 통해 외국에 입양된 혼혈인을 보호한다는 것 자체가 비현실적인 생각이었다. 결국 대통령이 입법 조치를 지시했지만, 1950년대에 혼혈인 입양과 관련된 법률은 제정되지 않았다. 그나마 1952년 10월 사회부 훈령의 후생시설운영요항 중 후생시설 수용 어린이를 일정한 절차에 따라 원하는 사람에게 위탁하여 양육할 수 있도록 한 규정이 유일하였다. 다만, 1954년에 사회부가 고아입양특례법안을 작성하여 몇 차례 국회에 상정했으나, 의결되지 못하고 폐기되기는 했다.[55]

사회부에서는 "정밀한 조사로 실태를 파악하고 있으며 기관의 수용과 학령 아동의 교육에 적절히 대처"하고 있다고 강조하였다. 또 혼혈 아동 400명을 미국에 보낼 수 있고, 미국과 양해가 되었다고도 공표했다.[56] 사회부의 보고에 따르자면 국내에서 혼혈 아동이 살 수 있는 환경을 조성했던 것처럼 보이지만, 실상 실태를 파악했다는 것은 혼혈인 수를 세는 데에 불과하였고, 교육에 대처한다는 것은 국민학교 진학을 강요하는 것을 뜻했다.

당시 혼혈 아동과 그 어머니는 대체로 국민학교 진학을 원하지 않았

---

54 〈大統領訓示事項〉,《제32회 국무회의록》, 1953. 4. 11, 825~826쪽.

55 具滋憲,《兒童福祉》, 南山少年教護相談所, 1961, 182쪽; 국무총리비서실, 〈孤兒院 等에 關한 大統領 吩咐傳達의 件〉, 국가기록원 소장 기록물철(관리번호 BA0135191), 1954, 189쪽; 원영희, 〈한국 입양 정책에 관한 연구〉, 이화여자대학교 석사학위논문, 1990, 21~22쪽.

56 社會部,《國政監査答辯資料》, 1953, 16쪽.

다. 학급과 학교, 사회의 조롱과 멸시 때문에 교육을 제대로 받기가 어려웠기 때문이다. 정부가 혼혈 아동에게 의무교육을 강조한 것은 그러한 실정을 고려하지 않은 것이었다. 또 1950년대 후반 문교부가 지속적으로 국민학교 진학을 강조한 것과 달리, 보건사회부에서는 학령 혼혈 아동에 대한 별다른 대책도 없이 해외 입양을 계속 추진할 계획이었다. 한마디로 부처 간 업무의 통일도 이루어지지 않은 상황이었다.[57]

이승만 정부가 혼혈인 해외 입양에 적극적이었던 것은 혼혈인 문제가 전후 구호 대책의 일부로 여겨졌기 때문이었다.

> 이들이 학령에 달하도록 당국은 물론 사회사업 기관에서도 이렇다 할 특별 조치가 없다는 것은 국가적인 경제 빈곤에서 오는 것도 있겠지만 요는 그들 혼혈아뿐만 아니라 四만 고아 문제라든지 도대체 위정자들이 험준한 시기에 처해 있는 아동에 대한 관심이 희박하고 무심하다는 것을 증명하고도 남음이 있다.[58]

실제로 1953년 10월, 시설에 수용된 고아 및 부랑아와 노쇠자가 4만 5000여 명, 미수용자가 5만 5000여 명에 달하는 것으로 파악되었고,

---

57 교육 문제에서의 혼혈 아동과 정부의 시각 차이와 논란에 대해서는 김아람, 〈1950~60년대 전반 한국의 혼혈인 문제―입양과 교육을 중심으로〉, 이화여자대학교 석사학위논문, 2009의 4장 참조; 〈천대받는 混血孤兒들, 美國만 보내면 그만?〉, 《조선일보》 1959. 2. 12; 〈混血兒 全國에 千百餘名, 入學엔 差別없이〉, 《조선일보》 1959. 3. 6; 〈差別없이 받도록―混血兒適齡兒童들 就學〉, 《동아일보》 1959. 3. 6.

58 鄭忠良, 〈私生兒와 混血兒〉, 《鄭忠良評論集―마음의 꽃밭》, 서울考試學會, 1959, 59쪽.

1956년부터 1959년까지 5만여 명이 시설에서 보호를 받았다.[59] 1955
년부터 1960년까지, 보건사회부는 기아(棄兒)의 상황과 부랑아의 수용
보호 상황을 조사하였고, 영·육아원 및 신체장해아 수용시설 수용자
의 실태를 파악하였다. 수용시설의 아동은 재소자 입소별로 '고아', '기
아취급', '부랑아수용소에서 인수'로 구분되었다.[60] 같은 시기 혼혈아
가운데 시설에 수용된 혼혈아 비율은 14.1~48.5퍼센트였는데, 이들이
세 범주 가운데 어디에 속했는지는 파악하기 어렵다.[61]

  한편 혼혈 아동의 51.5~85.9퍼센트는 개별 가정에서 양육되었는데,
다수의 가정에 아버지가 부재했기에 경제적으로 열악한 상황이었고,
어머니가 성매매 여성인 경우는 사회·문화적 환경도 아동에게 적합하
지 않았다.[62] 그럼에도 불구하고 어머니가 아이를 버리거나 시설에 보
내지 않는 이유는 다양했다. 성매매 등을 통해 미군과 사귀거나 동거

---

59 보건사회부, 〈嬰育兒院收容者動態表〉, 〈身體障害兒收容者動態表〉,《보건사회통
  계연보》, 1959, 398~399쪽, 400~401쪽.

60 기아(棄兒)는 버려진 상태로 부모를 알 수 없는 아동, 부랑아(浮浪兒)는 부모의 존
  재 여부를 떠나 거리에서 돌아다니는 아동, 신체장해아(身體障害兒)는 장애를 가
  진 아동을 의미한다. 이것은 보건사회부가 1955년부터 1960년까지의《보건사회
  통계연보》에서 작성한 〈棄兒取扱狀況表〉, 〈浮浪兒收容保護狀況表〉, 〈嬰育兒院
  및 身體障害兒 收容施設 收容者 實態表〉로 파악한 내용이다.

61 1955년 439명 중 112명, 1956년 538명 중 187명, 1957년 355명 중 172명, 1958년
  701명 중 161명, 1959년 1,023명 중 170명이었다. 보건사회부, 〈混血兒實態表〉,
  《保健社會統計年報》, 1960, 402~403쪽.

62 "보는 것은 낯선 외국인이 어머니를 찾아와서 하는 이상한 눈짓이나 행동, 무엇인
  가 근심에 싸여 있는 듯이 담배만 피우는 어머니의 표정, 모여서 화투장을 떼는 자
  기 어머니와 비슷한 맘보바지 입은 여인들, 밖에 나가면 이상한 몸차림의 여인들
  이 미국 남자를 향하여 유혹하는 모습, 모두가 그에게는 이방적으로 생각된다." 金
  義澤, 〈韓國 混血兒의 生態와 海外 入養事業〉,《신세계》1963년 11월호, 261~262
  쪽.

한 여성이 남자를 사랑해서, 미군을 따라 미국으로 가려고 기다리는 중이어서, 모성애로 아이를 버릴 수 없어서, 한국 남성과의 결혼이 힘들기 때문에 미군과 결혼하여 정상적인 가정을 꾸리기 원해서 등이었다.[63]

1950년대 이승만 정부의 아동 구호 대책은 여러 가지 문제를 안고 있었다. 1958년 국공립 시설의 수용 정원은 전체 수용 정원의 약 7퍼센트였고, 시설의 대부분이 사립이나 법인이었으며, 재정은 국내외 원조로 충당하였다.[64] 시설에도 수용되지 못한 아동은 다른 가정에서 일을 하거나 거리를 방황하였다.[65] 시설의 재원은 늘 부족하였고, 비정규 구호물자에 의존하였다. 또 시설의 위생 상태가 불량하여 세균에 감염된 아동이 시설에 입소하면 다수에게 병이 전염되기도 했다. 정부지원금으로 사욕을 채우는 운영자들도 있었다.[66]

그러자 구호 대책 문제와 관련하여 정부를 비판하며 체계적인 사회사업 정책 마련, 고아 수용 시설에 대한 과학적 연구, 운영자에 대한

---

63 국가인권위원회, 앞의 보고서, 51쪽; 홀트아동복지회, 《홀트아동복지회 50년사: 1955~2005》, 2005, 121쪽.

64 보건사회부, 〈嬰育兒感化院 및 身體障害兒收容施設 一覽表〉, 《보건사회통계연보》, 1958, 287~297쪽; 보건사회부, 《국정감사자료》, 1958, 681쪽; 〈一年에 萬名이나 ― 늘어만 가는 數爻, 孤兒와 老衰者〉, 《동아일보》 1953. 10. 31; 국무총리비서실, 〈孤兒院 等에 關한 大統領 吩咐傳達의 件〉, 1954, 182~184쪽; 黃光恩, 〈孤兒들은 어떻게 살고 있나〉, 《여원》 1956년 5월호, 127쪽; 보건사회부, 《국정감사자료》, 1958, 684쪽; 보건사회부, 《국정감사자료》, 1959, 686쪽.

65 1957년 〈嬰育兒院 및 身體障害兒의 收容施設收容者 實態表〉에 따르면 4만 8594명이 시설에 수용되어 있었고, 각 가정에서 '사역'되는 아동이 약 2만 명에 이르렀는데, 입적과 취학조차 당국에서는 고려하지 못하고 있었다. 보건사회부, 《보건사회통계연보》, 1959, 405쪽; 〈放任狀態의 戰災孤兒 ― 全國에 約七萬名〉, 《조선일보》 1957. 5. 5.

66 黃光恩, 위의 글, 128~129쪽; 〈孤兒院 衛生에 異狀있다〉, 《조선일보》 1957. 4. 28.

강력한 단속을 요구하는 주장이 쏟아졌다. 고아 관련 시설에 대한 문제제기는 민간과 시설에 의존하는 국가의 사회사업 전반에까지 확대되었다.[67] 정부는 문제 해결을 위해 민간 시설을 재단법인으로 인가하여 재정적으로 자립하게 하는 한편, 기준 미달의 시설은 우수 시설에 통합하거나 폐쇄 조치하였다. 그럼에도 계속해서 무분별하게 시설이 설립되고 관리가 제대로 되지 않았는가 하면, 시설에 수용되지 못한 아동이 다수 존재하였다. 정부의 불완전한 아동 구호 탓에 소년 범죄 또한 증가하였다.[68]

이렇게 구호 대상자가 폭증하는데 혼혈인을 국내에서 격리시키는데 실패하자 정부는 그들을 최대한 많이 해외로 입양 보내고자 했다. 사회부에서는 해외 입양이 시작될 무렵, 미국에서 입양을 원하는 사람 수에 비해 입양 수가 적은 원인을 분석하였다. 사회부 보고에 따르면, 1954년 미국에서 혼혈아의 입양을 원하는 수는 533명이었지만 입양 간 혼혈아는 28명이었다. 입양 수가 적은 원인으로는, 고아원 원장이 협조를 잘하지 않아서, 미국에서 백인을 원하는데 한국 혼혈 아동의 다수가 어머니를 닮아서, 미국에서 적합한 양부모를 찾기가 어려워

---

67 〈사설: 거리의 벌거벗은 어린이들 정부는 책임을 느끼고 있는가〉,《조선일보》 1954. 1. 13; 朴俊燮,〈社會事業의 本道: 第七會 全國社會事業大會에 參席하고 와서〉,《동아일보》 1954. 10. 17; 明琓植,〈韓國社會事業概觀 舊殼脫皮策을 兼하여〉,《동아일보》 1954. 10. 17;〈미봉적 현실 쇄신을 기도. 말뿐인 사회보장, 당국 원호의 입법 추진〉,《조선일보》 1955. 3. 22;〈저버려진 戰爭孤兒, 社會는 實質的 救濟에 努力하라〉,《주간희망》 1956. 6. 1; 李淵瑚,〈孤兒의 하늘〉,《여원》 1957년 2월호, 67~68쪽;〈慈善事業의 그늘 밑 ─ 버림받는 社會事業〉,《주간희망》 1957. 6. 13.

68 보건사회부,《국정감사자료》, 1958, 685쪽; 보건사회부,《국정감사자료》, 1959, 687쪽;〈社說: 擧國的이어야 할 孤兒의 救護事業〉,《조선일보》 1956. 10. 29; 李淵瑚, 앞의 글, 64~68쪽.

서, 미국에서 입양 절차를 밟는 데 기간이 많이 소요되어서 등이었다. 사회부는 해외 입양을 늘리려면 미국 측에서 절차를 간소화해야 한다고 주장하였다.[69]

보건사회부(이하 보사부)는 1955년부터 지속적으로 혼혈인의 실태를 조사하여 통계를 작성하였다. 그러나 정부가 실제로 한 일은 전시에서와 마찬가지로 단순히 수를 세는 데 불과했고, 이는 해외 입양을 위한 사전 조사 목적이 컸다. 대통령은 정부 부처에 혼혈인의 해외 입양을 지속적으로 독려했고, 미국에 입양시킬 방법을 최대한 강구하라고 보사부에 지시하기도 했다.[70] 대통령의 지시에 따라 보사부·외무부·내무부·법무부·한국아동양호회 등 관계 부처가 모여 입양 수속 절차와 실태 파악을 논의하였다.[71] 정부와 대통령 모두가 혼혈 아동을 해외에 입양시키는 것이 바람직하다는 데 동의했던 것이다. 정부는 시설에 수용되어 있던 혼혈아까지도 가능하면 해외에 입양시킨다는 방침이었다.[72]

그러나 정부는 보사부 산하 입양 단체(한국아동양호회, 현 대한사회복지회, 이하 양호회)의 설립 이외에 어떠한 입양 관련 기구나 법안도 마

---

69 국무총리비서실, 〈孤兒院 等에 關한 大統領 吩咐傳達의 件〉, 186~189쪽.

70 이승만은 국무회의에서 다음과 같이 지시하였다. "혼혈 고아를 양자, 양녀로 원하는 외국인이 있는 경우에 여차(如此)한 외국인의 원망(願望)에 부응토록 조치하여라"(〈혼혈 아동 해외양자를 위한 대리양자 촉진의 건〉, 《제3회 국무회의록》, 1954. 1. 15, 351쪽); "혼혈아해들을 미국에 보내는 것이 가할 것이다"(《제94회 국무회의록》 1956. 10. 5, 1332쪽); "보내도록 하라"(〈混血兒 渡美에 關한 件〉, 《제6회 국무회의록》, 1957. 1. 16, 84쪽).

71 〈混血兒 養緣 手續 等 關係官이 會同協議〉, 《조선일보》 1956. 3. 31.

72 "一部 嬰兒施設에 收容되고 있는 混血兒에 關하여는 過般 國務會議에서 可及的 그 全員을 外國(主로 美國)으로 養緣措置토록 하였음," 保健社會部, 《國政監査資料》, 1956, 136쪽.

런하지 않았고, 구체적인 실태 파악도 하지 못한 상태였다. 다수의 아동을 외부로 방출하고자 하면서도 그에 필요한 제도를 마련하는 일조차 소홀히 했던 것이다. 그러면서도 해외 입양은 1950년대에 정부가 최선이라고 여긴 혼혈인 대책이었다.

4. 민간의 혼혈인 해외 입양: '다다익선'의 대리 입양

혼혈인을 실제로 해외로 입양 보낸 주체는 정부 산하 기관인 양호회를 제외하고는 모두 민간(단체)이었다. 해외 입양을 처음 시작한 것은 정부 산하 단체였지만, 입양 규모와 지속성으로 볼 때 민간의 비중이 훨씬 높았다.

정부는 1954년 1월 혼혈 아동의 해외 입양을 위해 사회부에 소속되어 있던 한국아동양호회(이하 양호회)를 독립기구로 설립하였다.[73] 양호회가 독립기구가 되면서 정부는 그 업무에 크게 관여하지 않았을 것으로 추정된다. 양호회가 설립된 이후에 해외 입양이 본격화되었다. 사회부는 미국 입양을 위해 혼혈 아동 희망자를 모집하는 한편, 양육자의 생활 수준, 부친의 원조금 지급 유무, 기타 양육자 구별 등 혼혈인 실태를 구체적으로 조사하였다.[74] 1955년 초 양호회가 입양을 시작하였으나 여전히 입양 관련 정보가 부족하고 입양할 부모를 찾기가 어

---

73 대한사회복지회 50년사 편찬위원회, 《나눔, 그 아름다운 삶 — 대한사회복지회 50년사》, 사회복지법인 대한사회복지회, 2004, 40~41쪽; 사회복지법인 대한사회복지회(http://www.sws.or.kr), 〈대한사회복지회 소개 — 설립 목적 및 연혁〉.

74 〈混血兒를 美國에 養子〉, 《조선일보》 1954. 1. 29; 〈美國 갈 混血兒 全國에 實態를 調査〉, 《조선일보》 1954. 2. 10.

려워, 미국 단체로부터 수속 업무를 지원받았다.[75]

1954년에 입안된 고아입양특례법은 혼혈인뿐만 아니라 고아까지 대상으로 한 것이었다. 이 법안의 목적은 친족·상속의 관습법과 1958년 제정된 민법 아래서는 입양을 하는 데 제약이 많은 점, 외국인이 한국 혼혈아 및 고아를 많이 입양하는 상황에서 입양할 때 양친의 자격 요건이 까다롭고 입양될 내국인의 보호 조치, 입양 절차 등에서 불편과 혼란이 발생하는 점을 시정하기 위해 제정된 것이었다. 몇 차례 법안이 상정되었으나 회기를 넘겨 폐기되었다가, 수년이 지나 5·16군사정부에 와서야 제정되었다.[76]

〈표 2〉에서 보는 바와 같이 정부가 혼혈인의 입양에 대한 제도나 법령을 마련하지 않은 상황에서 양호회 설립 이후 민간의 여러 단체가 해외 입양을 주선하기 시작하였다. 국제사회봉사회를 제외한 단체들의 공통점은 기독교 신앙을 가진 재한 미국인이 주도하였다는 점이다.[77] 이런 단체들의 설립자들은 입양을 통해 인도적 차원에서 종교적

---

75 미국국제사회봉사회(International Social Service of USA, ISS)에서 미국 측의 수속을 지원받다가 후에 국내 수속을 의뢰받아서 미국에 입양을 시키기도 했다. 대한사회복지회 50년사 편찬위원회, 앞의 책, 42쪽.

76 국회사무처, 《제29회 제11차 국회 본회의 회의록─부록》, 1958. 6. 26, 77쪽.

77 천주교구제회는 미국 가톨릭복지협의회(National Catholic Welfare Conference)의 서울 지역 기관으로, 1955년에 설립된 이후 조지 캐롤(George. M. Carroll) 주교가 30여 년간 한국에 머물며 대표를 맡았다. 안식교 성육원은 서울위생병원 설립자 조지 루(George H. Rue)의 부인인 그레이스 루(Grace Rue)가 서울 상봉동에 설립한 고아원이었는데, 이들은 안식교 선교사였다. 1950년대에 가장 활발하게 입양 사업을 했던 단체인 홀트씨 해외양자회의 설립자인 해리 홀트(Harry Holt)는 독실한 침례교인이었다. 류상영, 《사회복지역사》, 학지사, 2002, 292~293쪽; 한국사회사업연합회 편집실, 앞의 글, 33, 34쪽; 任貞彬, 〈韓國 混血兒에 對한 一考〉, 이화여자대학교 석사학위논문, 1967, 72~73쪽, 79~81쪽; 이삼돌, 앞의 책, 78쪽; 홀트아동복지회, 앞의 책, 112쪽.

표 2 단체별·국가별·인종별 혼혈인 해외 입양 현황

(단위: 명)

연도	총수	정부산하 한국아동양호회 (1954)	민간단체(설립 연도)				입양 국가					인종		
			천주교구제회 (1955)	안식교성육원 (1955)	홀트씨양자회 (1956)	국제사회봉사회 (1957)	미국	노르웨이	영국	스웨덴	인도	백인계	흑인계	기타
1953	4[78]													
1954	8													
1955	59	34	14	11			59					43	9	7
1956	671	363	34	63	211		668	3				467	151	53
1957	486	83	29	47	322	5	485	1				283	128	75
1958	930	249	31	42	546	62	922	5	1	2		396	227	307
1959	741	170	41	32	407	91	737	1		3		289	92	360
1960	638	136	26	18	411	47	627	6	2	2	1	184	61	393

* 출전: 〈混血兒外國入養狀況表〉(保健社會部, 《保健社會統計年報》, 1965, 380~381쪽); 〈韓國社會事業機關 海外入養實態表〉(任貞彬, 〈韓國 混血兒에 對한 一考〉, 이화여자대학교 석사학위논문, 1967, 67쪽); 이삼돌, 《해외 입양과 한국 민족주의》(소나무, 2008, 80~84쪽)을 토대로 재구성함.

가치를 실현하는 동시에 아동을 기독교인으로 만든다는 점에서 확실한 선교를 하는 것이라고 생각하였다. 그래서 자신이 직접 고아를 양육하거나 입양했고, 해외로의 입양도 주선했다. 이 단체들은 투철한 종교적 신념을 바탕으로 하고 있었던 만큼 입양 과정에서 가장 중요하게 여긴 기준은 종교였다.[79]

---

78 최초로 공식 등록된 수치로, 미국 예수재림교(Ameraican Seventh Day Adventists)에 의해 이루어졌다. Bowman, LeRoy, Benjamin A. Gjenvick, and Eleanor T. M. Harvey, *Children of Tragedy*, Church World Service Survey Team Report on Intercountry Orphan Adoption, Church World Service, 1961, p. 35(이삼돌, 《해외 입양과 한국 민족주의》, 80~81쪽에서 재인용).

79 천주교구제회는 입양 보낼 혼혈 아동을 국내 천주교 계통 보육원의 아동으로 한정하였다. 또 미국 내에서 양부모를 선정할 때도 6개월간 가정 조사를 했는데 부모 중 한 사람이라도 천주교 신자로서 아이를 신앙인으로 기른다는 서약을 해야 입양이 가능하였다. 성육원 역시 미국의 안식교인 가정으로만 입양시켰다. 홀트 역시 양부모가 반드시 기독교를 믿어야 한다는 조건으로 나이, 성별, 인종을 가려서 양

1956년부터는 양호회와 민간단체를 통해 해외에 입양되는 아동 수가 급증했으나, 한국 정부는 여전히 통일된 해외 입양의 조건, 절차 등을 마련하지 못했다. 1957년 미국의 고아입양특례법(이하 고아법)에서 규정하는 기본적인 사항 외에 각 단체가 입양 조건뿐만 아니라 절차 역시 자체적으로 기준을 마련하여 시행하였다.[80]

미국의 입양 관련법은 한국 혼혈 아동을 입양 보내는 데에 중요한 변수가 되었다. 국내에 입양 관련 법안이 제정되지 않은 데다, 미국으로의 입양이 절대 다수를 차지하였기 때문이다. 미국에서 한국의 혼혈 아동을 입양하는 법적 근거는 난민구호법(Refugee Relief Act)이었다. 이 법은 입양할 부모가 아이를 직접 보지 않고 기관에 권한을 위임하여 입양하는 대리 입양을 인정하였고, 만 10세 이하의 아동 입양을 가능하게 해주었다. 그런데 당시 이 법은 1956년 12월 31일에 만료될 예정이었다. 〈표 2〉에서 보듯, 1956년에 혼혈인 입양 건수가 급증한

부모를 선발했다고 한다. 한국사회사업연합회 편집실, 위의 글, 34쪽; 任貞彬, 앞의 논문, 79~81쪽; 金載光, 〈르포르타쥬―그 뒤의 혼혈아들은 어떻게 살고 있나〉, 《여원》 1956년 9월호; Rael Jean Isaac, *Adopting a Child Today*, Harper&Row, 1965, p. 139(이삼돌, 앞의 책, 84쪽에서 재인용).

80 부모가 없거나 유기된 아동, 부모가 입양을 수락한 아동은 기혼 미국인에게 입양 될 수 있었다. 이때 아동의 부모나 대리인이 필요한 서류를 구비해서 미국에 보내면 3년간 유효한 미국 입국사증을 발급받을 수 있었다. 필요한 서류는 사증등록신청서식(대사관 발급), 미국 여행에 유효한 양부모가 지불한 여비, 출생 증명이 기재된 영문 호적등본 2통, 고아 증명 2통, 후견인 증명 2통(고아원에 있거나 법정후견인과 거주하는 경우), 생존하는 부모나 법정후견인의 입양 및 이민을 위한 양도서 2통, 입양 증명서 2통(한국에서 입양되었을 경우 한국 법원에서 발급한 것, 미국 법정에서 입양한 경우는 입양 보증 필요), 양친(養親)에 의해 작성된 부양선서서 2통, 양부(養父)가 한국에서 복무하는 미군일 경우 미국의 배우자가 입양에 동의한다고 표시한 공증서 2통, 증명사진, 신체검사서 및 엑스선 표, 수수료(25달러) 였다. 한국사회사업연합회 편집실, 앞의 글, 31~32쪽.

것은 이 법안이 만료되기 전에 입양을 보내야 했기 때문이다.

그럼에도 한국에는 입양을 기다리고 있는 아동이 여전히 많았다. 이런 상황에서 아이젠하워 미 대통령은 행정조치를 취하여 난민구호법 만료를 미루었고, 특별히 민법 입법을 의회에 요청하였다. 그리하여 이민법과 독립된 법안인 고아법이 의결되면서 1958년 6월 30일까지 대리 입양이 가능해졌고, 만 14세 이하의 아동이 입양될 수 있었다. 이 법의 의결로 1958년에 입양 아동 수가 최대치를 기록하였다. 이후 이 법안이 세 차례 더 연장되어, 1961년까지 국내 기관은 자유롭게 미국 입양을 주선할 수 있었다.[81]

이러한 방식의 해외 입양은 몇 가지 문제를 안고 있었다. 먼저, 혼혈인과 그 어머니 모두가 입양을 원하지는 않았다. 보사부가 작성한 혼혈인 통계는 입양 자료로 활용되었는데, 혼혈 아동의 어머니가 희망하지 않아서 조사에 응하지 않는 경우도 있었다. 혼혈 아동이 있으면 구호물자의 혜택을 받았는데, 그 사실이 알려지면 아이를 인도당할 우려가 있어서 아이를 숨기기도 했다.[82] 해외 입양과 관련하여 브로커의 사기 사건이나 여타 폐해를 전해 듣고 입양을 반대한 경우도 있었다.[83]

한편 해외 입양 자체가 지닌 문제로 입양이 실패로 이어질 수 있었다. 문제의 원인은 '대리 입양(proxy adoption)'이라는 입양 방식에 있

---

81 〈混血兒 600名 入國, 아大統領 議會에 立法을 要請〉,《조선일보》1957. 2. 2; 한국 사회사업연합회 편집실, 앞의 글, 31쪽; 〈混血兒 美國入養 앞으로도 계속〉,《동아 일보》1961. 7. 28; 홀트아동복지회, 앞의 책, 124~127쪽.

82 〈混血兒들 美國에 養子, 社會部서 希望者를 募集〉,《조선일보》1954. 1. 29; 한국 사회사업연합회 편집실, 위의 글, 29~30쪽.

83 〈울안에서 자란 아이 떳떳한 人間으로. 混血兒들만 모여 배우는 '유엔學園'〉,《조 선일보》1959. 12. 8.

었다. 이 방식은 궁극적으로는 정부와 민간 모두가 혼혈인을 최대한 많이 보내는 것이 좋다는 인식에서 비롯된 것이었다. 대리 입양은 입양할 부모가 아동과 사전 교류를 하지 않은 채 모든 권리를 한국 내 특정 개인이나 기관에 위탁하여 법적 절차를 마치게 한 후에 아동을 데려오게 하는 방식이었다. 이는 여러 단체가 취한 전형적인 방식으로 거주지가 먼 양친과 아동이 직접 교섭하기 어렵다는 한계에서 비롯한 것이었다. 기관이 아동을 모집하고 입양될 지역에서 부모를 찾거나, 부모가 원하는 조건을 제시하면 기관에서 적당한 아동을 입양시키는 식이었다.

대리 입양은 입양을 원하는 부모가 쉽게 입양할 수 있게 하였고, 혼혈 아동을 최대한 많이 입양시키고자 하는 한국 정부와 민간단체의 의도에도 부합하였다. 아래와 같이 정부는 대리 입양을 통한 해외 입양을 적극 권장하였다.

> 가능한 다수 아동들이 외국의 훌륭한 가정에 입양되어 건전한 양호를 받을 수 있는 기회를 만들어주는 것이 가장 좋은 길이며, 가장 적합한 방법이 외국에 있는 양연희망자의 가정을 대리하여 한국 아동을 양자하여 그 국내의 희망하는 가정에 배치하는 것이 조속을 기할 수 있다. ……
> 대리인이 아동양자에 적합하다고 국가에서 인정될 때와 양자한 아동을 해당 국가가 충분히 양호할 수 있다고 판단되면 대리양자를 허용한다.[84]

정부는 입양 아동 수가 늘어나자 전세기를 준비하여 97명을 한꺼번

---

84 총무처,《제32회 국무회의 상정안건철》(국가기록원, 관리번호 BA0084205), 1956. 3. 23, 167~168쪽.

에 미국에 보내기도 했고, 홀트씨 양자회에서도 몇 차례 전세기를 동원하는 등 정부와 민간단체 모두가 많은 수의 아동을 입양시키는 데 중점을 두었다.[85] 미국에서도 아이를 입양하기 위해 대기하고 있었다. 입양 신청을 하고 나서 한 달 이상이 경과되어도 입양 업무가 진행되지 않는다고 샌프란시스코 영사관에서 대통령 비서실에 재촉 서한을 보낸 일도 있다.[86]

이러한 대리 입양은 부모에 대한 철저한 사전 조사 없이 진행되는 것이어서 입양 후에 문제가 불거졌다. 아동의 사진만 보고 입양한 부모가 아이의 외모를 보고 실망하기도 했고, 준비되지 않은 상태에서 입양을 한 후 아동이 자라면서 불화를 겪자 다른 가정에 보내기도 했다. 아동이 아예 한국으로 쫓겨 오거나 스스로 돌아오는 경우도 있었다. 1957년에는 홀트의 주선으로 입양한 미국인 입양모가 입양 아동을 살해한 일도 있었다.[87]

그런데도 정부는 공보실 담당자를 직접 미국에 보내 입양 가정을 방문하게 한 뒤, 행복해 보이는 사진을 촬영하게 하여 국내에 공개해 입양을 더욱 독려하였다.[88] 언론에서도 미국의 좋은 가정환경에서 자라는 혼혈 아동의 소식은 전했지만, 그렇지 않은 경우는 공식적으로 알

---

85 대한사회복지회 50년사 편찬위원회, 앞의 책, 45쪽; 〈混血兒 70名 三日에 渡美〉,《조선일보》1957. 3. 3; 〈混血孤兒 또 80名 渡美〉,《조선일보》1958. 6. 1; 〈混血兒 百20名 또 入養次 渡美〉,《조선일보》1959. 5. 19; 〈또 混血孤兒 百90名 入養〉,《조선일보》1959. 7. 9; 〈混血兒 百80名 또 美國에 入養〉,《조선일보》1960. 2. 27.

86 연세대학교 이승만연구원 소재 문서, 〈미국인의 한국 고아 양자신청에 관한 사무 중간보고의 건〉(관리번호: pdf우남B-261-061), 1954. 4. 1.

87 任貞彬, 앞의 논문, 60~62쪽; 재란김, 〈흩뿌려진 씨앗들―기독교가 한국인 입양에 미친 영향〉,《인종간 입양의 사회학》, 뿌리의집, 2012, 291쪽.

88 공보실 홍보국 사진담당관,《한국고아를 입양한 미국가정 방문 및 미국풍경》(국가기록원, 관리번호 CET0062240), 1959.

려진 바가 거의 없었다.[89]

　정부와 입양 단체는 대리 입양 방식에서 비롯한 문제에는 주목하지 않은 채, 흑인 혼혈 아동이 입양되지 않는 것이 문제라고 여겼다. 입양되지 못한 흑인 혼혈인이 한국 사회에 남게 되었기 때문이다. 1955년에서 1960년까지 인종별 해외 입양 혼혈 아동 수를 보면, 백인 혼혈 아동의 비율 못지않게 기타 인종의 입양 수가 많았고, 흑인 혼혈 아동의 비율도 14%에 달했지만, 이는 과장되었을 가능성이 있다.[90] 흑인 혼혈 아동은 대리 입양 도중에 실제로 가정에 도착하지 못하거나, 한국으로 되돌아오는 수가 백인 혼혈 아동보다 많았기 때문이다. 당시 미국 전체 인구에서 백인 비율이 88~89퍼센트에 달했고[91] 흑인 혼혈 아동 대다수가 흑인 가정에 입양되었던 점을 보더라도, 흑인의 미국 입양이 쉽지 않았음을 짐작할 수 있다.

　　그쪽에서 요청하는 율은 단연 여자가 우세하며, 깜둥이는 지금까지 대개 1/3 정도로밖에 요청되지 않았는데(깜둥이는 자기네들의 흑인 가정이

89　〈養緣 맺고 渡美한 우리 混血孤兒 소식〉, 《동아일보》 1957. 3. 11.

90　보건사회부에서 발행한 해외 입양 자료에서 그 대상은 혼혈아였다. 모든 통계자료에서도 '혼혈인의 국외 입양 상황'이라고 명시하였다. 그런데 '기타'를 비혼혈 아동으로 분류한 연구들이 있다. 1950년대부터 비혼혈 아동의 해외 입양이 있었다고 추정되는데, 관련 통계가 없는 것으로 보아 일면 타당성이 있다. 이렇게 본다면 실제 혼혈인의 해외 입양 수는 기타를 뺀 수이지만, 이 논문에서는 보건사회부 자료에 근거하여 '기타'로 표기하고, 혼혈인의 해외 입양에 포함시켰다. 원영희, 앞의 논문, 23쪽; 이삼돌, 앞의 책, 382~383쪽 참조.

91　인종 구분은, 1955년부터 1959년까지는 'White, Nonwhite'로 하고 1960년부터 'White, Black, Other Races'로 구분되었으므로, 1959년 이전의 흑인 인구만을 파악하기는 어렵다. 미국 통계국(http://www.census.gov/popest/archives/pre-1980), National Estimates by Age, Sex, Race: 1900~1979.

요구해옴은 물론이다) 며칠 전, 역시 깜둥 아이를 위해서 사진을 보내니 귀에 큰 점이 있다고 거절된 일이 있다 한다.[92]

1950년대 정부와 한국 사회는 혼혈인의 해외 입양에 긍정적이었다. 정부는 최대한 많은 수의 아동을 보내고자 했고, 혼혈인 문제에 관한 논의에서 해외 입양이 큰 비중을 차지하였다. 그러나 정부의 논의나 방침은 어떠한 제도나 법률로도 이어지지 않은 채 전후 구호 대책과 마찬가지로 민간단체에 의존했다. 민간단체가 주선하는 해외 입양은 활발하게 이루어졌으나 다수를 입양 보내는 데에만 치중하였고, 국가 정책이 미비한 상황이어서 문제가 발생해도 해결하기가 어려웠다.

5. 더 복원될 이야기들

1950년대에 발발한 한국의 분단과 전쟁은 혼혈인과 여성, 고아 등 사회적 약자에게 더욱 치명적이었다. 인종이 다르다는 점은 혼혈인이 사회문제가 되는 계기이자 차별의 근원이었다. 전후에 가계를 책임져야 하는 여성에게는 가부장적 윤리가 더욱 강조되었고, 혼혈인을 여성의 문제로 치부하였으며, 거리낌 없이 성매매 여성의 자녀라는 낙인이 찍혔다. 역사적·사회적 결과라고 인식하더라도 도덕적 당위에 따른 동정에서 벗어나지 않았다.

미군의 주둔으로 형성된 기지촌은 혼혈인을 이해하는 열쇠이기도 하지만 족쇄가 되기도 한다. 전쟁이 초래한 사회적 변화 가운데서도

---

92 金載光, 앞의 글, 88쪽.

수많은 사람들이 이주하고 새로운 촌락을 만들며 생업 수단을 마련한 과정은 앞으로도 주목해볼 만하다. 기지촌에서 성 관련 산업이 성행한 점은 전후 사회경제가 군대에 매우 크게 의존했다는 점, 미군 문화가 깊숙이 영향을 미쳤다는 점에서 특히 중요하다. 1950년대 평범한 사람들은 미군으로부터 공급되거나 유출된 미국 물자를 통해 '미국'을 직접 접했다. 혼혈인은 기지촌에 많이 살았을 것으로 추측되는데, 그들이 성매매와 관련되어 있었다는 사실은 현재를 살아가는 그들에게는 거부하고 싶은 과거이다.

1950년대 이승만 정부가 추구했던 국민 형성은 다른 존재들의 차이를 인정하지 않았다. 밖(해외)으로 내보내지 못하는 혼혈인은 국내에서 현실적인 어려움과 무관하게 국민화되어야 했다. 이런 점은 통합된 의무교육을 밀어붙인 점을 통해 알 수 있다. 국적이 부여된다 하더라도 호적에 편입되기 어려웠던 현실에서 사생아로 취급되는 혼혈인도 국민이라는 국적법은 성문에 불과했다. 게다가 전후에 구호할 고아가 급증한 상황에서 혼혈인은 구호 대책의 대상이 되기 어려웠다. 혼혈인에 대한 정부의 기본 입장은 은폐하거나 배제하는 것이었다. 정부는 국내에서의 격리 수용을 계획했으나 시행하지 못한 한편, 대통령과 정부가 직접 나서서 해외 입양을 적극 권장하였다.

민간의 주도 아래 혼혈인은 해외로 방출되듯 입양되었다. 정부는 언사와 지시를 통해 입양 지시를 했지만 법령과 제도 같은 입양 정책은 마련하지 않았다. 대리 입양의 형식으로 전세기에 실려 한국을 떠난 다수의 혼혈 아동 중에는 적응하지 못하거나, 돌아오거나, 살해되는 경우도 있었다. 그러나 정부는 아무런 문제의식 없이 해외 입양을 다다익선(多多益善)이라고만 여겼다.

분단과 한국전쟁 후 반공 이데올로기에 따라 근대국가가 행한 무참

한 폭력의 이면에는 한국 사회 근저에 계속 존재해온 부계 혈통 중심의 가부장적 사고와 인종 의식에 따른 차별과 배제가 있었다. 1950년대 한국의 혼혈인에게는 근대로 접어들며 등장한 인종주의와 민족 관념, 가족 구조와 인식, 국가가 형성되면서 나타난 전쟁과 외국군의 주둔, 기지촌, 성매매 등 여러 가지 문제가 매우 중층적으로 혼재되어 있었다. 혼혈인에 대한 한국 사회의 부정적 인식과 이들에 대한 정책이 해외 입양으로 귀결되는 모습은, 한국의 근대화 과정에서 소수자를 '규정'하고 '처리'해온 한 장면이다. 향후의 연구들에서 다층의 모순으로 얽힌 약자의 삶과 경험은 더 자세히 복원되어야 할 것이다.

---

* 이 글은 〈1950년대 혼혈인에 대한 인식과 해외 입양〉이라는 제목으로 《역사문제연구》 22호(2009년 10월)에 게재된 논문을 수정·보완한 것이다.

참고문헌

1차 자료

1. 정부기관(대통령) 편찬 자료

공보실, 《大統領 李承晩 博士 談話集》, 1959.

공보처 홍보국 사진담당관, 《한국고아를 입양한 미국가정 방문 및 미국풍경》, 1959.

국무총리비서실, 국가기록원 소장 기록물철.

《국무회의록》.

국방부 군사편찬연구소, 《韓美 軍事關係史 1871~2002》, 2002.

국회사무처, 《제29회 제11차 국회 본회의 회의록—부록》, 1958. 6. 26.

대한민국 민의원사무처, 《國會報》.

社會部, 《國政監査答辯資料》, 1953.

국가법령정보센터(www.law.go.kr).

보건사회부, 《保健社會統計年報》, 1955~1960.

_____, 《國政監査資料》, 1956.

_____, 《國政監査答辯資料》 1957.

_____, 《새살림》, 1957.

_____, 《국정감사자료》, 1958.

_____, 《건국10주년 보건사회행정개관》, 1958.

_____, 《국정감사자료》, 1959.

_____, 《보건사회행정연보》, 1959.

_____, 《韓國兒童福祉要覽》, 서울文藝社, 1959.

_____, 《社會事業》, 1959.

_____, 《부녀행정 40년사》, 1987.

연세대학교 이승만연구원 소재 문서, 〈미국인의 한국 고아 양자신청에 관한 사무 중간보고의 건〉(관리번호: pdf우남B-261-061), 1954. 4. 1.

총무처, 《제32회 국무회의 상정안건철》(국가기록원, 관리번호 BA0084205), 1956. 3. 23.

한국경찰사편찬위원회, 《한국경찰사 II》, 내무부 치안국, 1973.

2. 신문·잡지

《國民報》,《東亞日報》,《朝鮮日報》,《思想界》,《新世界》,《새가정》,《새벽》,
《時事》,《人物界》,《女苑》,《女性界》,《女像》,《週刊希望》,《法曹》,《희망》,
《세대》,《신동아》,《신사조》

3. 전기·회고록

김순덕,《엄마, 나만 왜 검어요》, 正信社, 1965.

김연자,《아메리카 타운 왕언니 죽기 오 분 전까지 악을 쓰다》, 삼인, 2005.

박에니,《내 별은 어느 하늘에》, 왕자출판사, 1965.

KBS 1라디오(http://www.kbs.co.kr/radio/1radio), 〈박인규의 집중인터뷰〉, 배기
　　철(1955년생 혼혈인, 국제가족한국총연합 회장) 인터뷰 녹취록, 2006. 5.
　　31.

4. 입양, 여성, 기지촌 자료

김숙자,《서울시부녀직업조사》, 1957.

金容皓,《一線記者手帖》, 서울신문사, 1953.

대한사회복지회 50년사 편찬위원회,《나눔, 그 아름다운 삶―대한사회복지회 50
　　년사》, 사회복지법인 대한사회복지회, 2004.

동두천시사편찬위원회,《東豆川市史(上)》, 경기출판사, 1998.

부평사편찬위원회,《부평사(1)》, 인천신문, 2007.

서울신문사,《駐韓美軍 30年(1945~1978)》, 杏林出版社, 1979.

서울특별시립부녀보호지도소,〈淪落女性 實態에 關한 硏究〉,《淪落女性에 關한
　　硏究報告書》, 1966.

全國外國機關勞動組合,《外機勞組 二十年史》, 1981.

鄭忠良,《鄭忠良評論集―마음의 꽃밭》, 서울考試學會, 1959.

파주군,《坡州郡誌(下)》, 경기출판사, 1995.

홀트아동복지회,《홀트아동복지회 50년사: 1955~2005》, 2005.

2차 자료

1. 단행본

具滋憲, 《兒童福祉》, 南山少年教護相談所, 1961.

김동심·곽사진·김일란·한영희·박경태·김두연, 《기지촌 혼혈인 인권실태조사》, 국가인권위원회, 2003.

일레인 김·최정무 편저, 《위험한 여성—젠더와 한국의 민족주의》, 박은미 옮김, 삼인, 2001.

다큐인포, 《부끄러운 미군문화 답사기》, 북이즈, 2004.

류상영, 《사회복지역사》, 학지사, 2002.

캐서린 H. S. 문 지음, 《동맹 속의 섹스》, 이정주 옮김, 삼인, 2002.

박경태, 《소수자와 한국 사회》, 후마니타스, 2008.

산드라 스터드반트·브렌다 스톨츠퍼스 엮고지음, 《그들만의 세상—아시아의 미군과 매매춘》, 김윤아 옮김, 잉걸, 2003.

오연호, 《더 이상 우리를 슬프게 하지 말라》, 백산서당, 1990.

이삼돌(토비아스 휘비네트) 지음, 《해외 입양과 한국 민족주의》, 뿌리의집 옮김, 소나무, 2008.

이임하, 《여성, 전쟁을 넘어 일어서다》, 서해문집, 2004.

토비아스 휘비네트 외 29인 지음, 제인 정 트렌카 외 엮음, 《인종간 입양의 사회학》, 뿌리의집 옮김, 뿌리의집, 2012.

허은, 《미국의 헤게모니와 한국 민족주의》, 고려대학교 민족문화연구소, 2008.

2. 학위논문

공숙희, 〈한국의 위탁보호사업에 대한 고찰〉, 이화여자대학교 사회사업학과 석사학위논문, 1963.

김순실, 〈부랑아의 사회적 동태와 그 대책〉, 이화여자대학교 사회사업학과 석사학위논문, 1960.

김아람, 〈1950~60년대 전반 한국의 혼혈인 문제—입양과 교육을 중심으로〉, 이화여자대학교 석사학위논문, 2009.

金應翊, 〈孤兒에 對한 社會醫學的 調査硏究〉, 서울대학교 보건대학원 환경위생학 전공 석사학위논문, 1963.

金朝寧, 〈基地村에 關한 地理學的 硏究—京畿道 坡州地方을 中心으로〉, 서울대

학교 사회교육과 지리교육 전공 석사학위논문, 1978.

박경태, 〈기지촌 출신 혼혈인의 '어머니 만들기'와 기억의 정치〉, 동국대학교 사회학과 석사학위논문, 2009.

柳陽錫, 〈韓國人과 白人 및 黑人과의 混血兒의 齒弓發育에 關한 硏究〉, 서울대학교 의과대학 박사학위논문, 1965.

朴正烈, 〈韓國入養政策에 관한 硏究─그 變動過程의 分析과 評價〉, 서울대학교 행정대학원 행정학 석사학위논문, 1994.

손창희, 〈韓國養子制度의 變遷에 關한 硏究〉, 서울대학교 법학과 석사학위논문, 1960.

신한덕, 〈한국인의 입양태도─홀트아동복지회를 중심으로〉, 연세대학교 교육대학원 도덕 및 종교교육 전공 석사학위논문, 1976.

여경구, 〈한국인 성병의 사회의학적 조사연구〉, 서울대학교 석사학위논문, 1960.

원영희, 〈한국 입양 정책에 관한 연구〉, 이화여자대학교 사회학과 석사학위논문, 1990.

이승애, 〈한국 사회에서의 혼혈 여성의 경험을 구성하는 젠더와 인종에 관한 연구〉, 이화여자대학교 여성학과 석사학위논문, 2005.

李政煥, 〈混血兒의 社會醫學的 調査硏究〉, 서울대학교 보건대학원 환경위생학 전공 석사학위논문, 1962.

李惠敬, 〈韓國入養事業에 있어서 入養以前의 保護事業에 관한 硏究〉, 이화여자대학교 사회사업학과 석사학위논문, 1980.

任貞彬, 〈韓國 混血兒에 對한 一考〉, 이화여자대학교 사회사업학과 석사학위논문, 1967.

張進堯, 〈韓國人과 白人 및 黑人과의 混血兒에 對한 體質人類學的研究〉, 서울대학교 의과대학 박사학위논문, 1961.

허남순, 〈국내 입양 사업의 현황분석에 관한 연구〉, 이화여자대학교 사회사업학과 석사학위논문, 1973.

3. 연구논문

金京子, 〈入養事業을 中心으로 한 韓國兒童福利事業의 考察 및 諸問題點〉, 이화여자대학교 사회사업연구회, 《사회사업》 창간호, 1965.

김연숙, 〈'양공주'가 재현하는 여성의 몸과 섹슈얼리티〉, 《페미니즘 연구》 3권, 동녘, 2003.

金英仁·鄭玉卿, 〈施設에 收容되어 있는 混血兒의 實態研究〉, 《사회사업학보》 2호, 1969.

김은경, 〈한국전쟁 후 재건윤리로서의 '전통론'과 여성〉, 숙명여자대학교 아시아 여성문제연구소, 《아시아여성연구》 제45집 2호, 2006.

金在洙, 〈基地村에 관한 社會地理學的 研究〉, 《地理學研究》 第5輯, 1980.

김춘, 〈기지촌 주변 윤락여성에 관한 실태조사〉, 《社會福祉研究》 9호, 1975.

캐서린 H. S. 문·정유진·김은실, 〈좌담: 국가의 안보가 개인의 안보는 아니다―미국의 군사주의와 기지촌 여성〉, 《당대비평》 18, 2002.

박경태, 〈한국 사회의 인종 차별: 외국인 노동자, 화교, 혼혈인〉, 《역사비평》 48호, 1999.

_____, 〈날마다 자신을 확인해야 하는 사람들―혼혈인을 만나다〉, 《당대비평》 25, 2004.

朴富雄, 〈入養時期를 놓친 混血兒의 社會適應에 關한 研究―大韓養緣會 ECLAIR 加入 兒童의 實態調查를 中心으로〉, 중앙대학교 사회사업학과, 《사회복지연구》 창간호, 1966.

朴淳國, 〈混血兒(mixed blood child)에 對하여(小考)〉, 《사회사업학보》 2호, 1962.

石東炫, 〈國籍法의 改定方向〉, 서울국제법연구원, 《서울국제법연구》 4권 2호, 1997.

설동훈, 〈혼혈인의 사회학: 한국인의 위계적 민족성〉, 영남대학교 인문과학연구소, 《인문연구》 52권, 2007.

손영호, 〈1965년 이민법의 의도와 결과〉, 청주대학교 인문과학연구소, 《人文科學論集》 18호, 1998.

어영미, 〈국내 혼혈인의 결혼에 관한 실태조사〉, 《社會福祉研究》 9권, 1975.

이나영, 〈기지촌: 한국 현대사의 어두운 자화상〉, 《황해문화》 2006년 봄호, 2006.

_____, 〈금지주의와 국가규제 성매매 제도의 착종에 관한 연구―남한의 미군정기 성매매정책을 중심으로〉, 한국사회사학회, 《사회와 역사》 제75집, 2007.

_____, 〈기지촌의 공고화 과정에 관한 연구(1950~1960): 국가, 성별화된 민족주의, 여성의 저항〉, 《한국여성학》 제23권 4호, 2007.

이임하, 〈한국전쟁과 여성노동의 확대〉, 고려사학회, 《한국사학보》 제14호, 2003.

이임하, 〈1950년대 여성교육에서의 性차별과 현모양처 이데올로기〉,《東方學志》
      122, 2003.

_____, 〈한국전쟁과 여성성의 동원〉,《역사연구》제14호, 2004.

李長熙, 〈韓國 國籍法의 國際法的 檢討와 改正方向〉, 한국외국어대학교 외국학
      종합연구센터 법학연구소,《외법논집》제5호, 1998.

이전, 〈한인들의 미국 이민사〉, 한국문화역사지리학회,《문화역사지리》제14권
      제1호, 2002.

이정옥, 〈여성인권의 글로벌 스탠더드와 성매매 종사 여성의 인간 안보—한국 기
      지촌 여성에 대한 사례를 중심으로〉,《한국여성학》제20권 1호, 2004.

이정은, 〈한국전쟁과 잊혀진 여성들의 삶—'과거청산'과 여성인권〉, 한국인권재
      단 엮음,《제주인권학술회의 2001 한반도의 평화와 인권 1》, 2001.

이철우, 〈차별과 우리 사회: 지역, 종족성, 국적에 근거한 차별과 한국 사회; 국적
      과 종족성에 의한 집단적 자아와 타자의 구별〉,《사회이론》23권, 2003.

林富雄, 〈入養時期를 놓친 混血兒의 社會適應에 關한 硏究〉,《사회복지연구》창
      간호, 1966.

林熺燮, 〈韓國에 있어서의 美國文化 受容에 대한 一硏究〉,《美國學》제1집,
      1977.

임희섭, 〈4장 해방후의 대미인식〉,《한국인의 대미인식》, 민음사, 1994.

정태헌, 〈'민주적 민족적 국민' 형성의 장정에서 본 '박정희 시대'〉,《역사문제연
      구》제9호, 2002.

정희진, 〈죽어야 사는 여성들의 인권〉, 한국여성의전화연합,《한국 여성인권운동
      사》, 한울, 1999.

조옥라, 〈전쟁과 여성 역할〉, 기독교여성평화연구원,《무크—여성·평화》, 1992.

최강민, 〈단일민족의 신화와 혼혈인〉,《語文論集》제35집, 2006.

崔銅硨, 〈韓·美混血兒童의 永久齒萌出 時期에 關한 人種解剖學的研究〉,《綜合醫
      學》第12卷 第5號, 1967.

브루스 커밍스, 〈한국 '반미주의'의 구조적 기반〉,《역사비평》2003년 봄호, 2003.

탁연택, 〈현대적 입양의 성격과 문제점〉, 한국사회복지협의회,《사회복지》제10
      호, 1972.

編輯室, 〈混血兒(孤兒)는 어떻게 하여 美國에 건너가고 있나〉, 한국사회사업연합
      회,《社會福祉》第10輯, 1957.

홍정완, 〈전후 재건 지식인층의 '道義' 담론〉,《역사문제연구》, 제19호, 2008.

2차 세계대전 일본계 미국인 강제수용 시기 일본계 미국인 고아 및 혼혈아의 인종 정체성

_____

권은혜

1. 시작하며

1941년 12월 7일 일본이 진주만을 공격하자, 이듬해 4월에서 6월 사이에 미국 정부는 서부 해안 지역—캘리포니아, 워싱턴, 오리건 등 서부 지역과 애리조나 남부 지역—을 군사 지역으로 선포하고 이 지역에 거주하던 거의 12만 명에 달하는 일본계 미국인들에게 소개(疏開) 명령을 내렸다. 이 일본계 미국인 중 64퍼센트에 해당하는 약 7만 7000명은 미국에서 태어난 시민이었다.[1] 소개 이후 이들은 미국 서부 내륙의 사막 지대에 급조된 열 군데 수용소로 보내졌고, 대개는 2차 대전이 끝날 때까지 집으로 돌아올 수 없었다. 일본계 미국인 강제 수용을 정당화하는 법적 논리는 국가 안보였다. 서부에 거주하고 일본계 혈통을 가진 이들은 시민권의 상태와 무관하게 잠재적으로 미국

---

1 이 글에서 일본계 미국인이란 미국에 거주하던 일본 국적을 가진 사람들, 즉 일본계 외국인과, 미국에서 일본인 부모에게서 태어나 태생시민권을 가졌던 사람들, 즉 일본계 시민 모두를 가리킨다. 독일계 미국인, 이탈리아계 미국인이라는 표현도 독일계·이탈리아계 외국인과 독일계·이탈리아계 시민 모두를 가리킨다.

의 안보를 위협하는 존재로 간주된 것이다. 그러나 전쟁 기간에 일본계 미국인 강제 소개와 수용소 수용을 제안하고 실행했던 미국 서부군 기무사령부(Western Defense Command: 이하 '기무사령부')는 혼종결혼과 혼혈인정책(Mixed Marriage and Mixed Blood Individual Policy, 이하 혼종결혼정책)을 은밀히 추진해, 일부 일본계 미국인들을 소개 명령으로부터 면제시켰다. 이 정책의 명칭에서 드러나듯, 일본인과 비일본인 사이에서 태어난 혼혈 일본계 미국인들이 면제 검토 대상이었다. 이 글에서 주목하는 것은 백인 양부모를 둔 온전히 일본계인 고아도 혼종결혼정책에 근거한 면제 대상 범주에 속했다는 점이다.

이 글은 일본인 부모에게서 태어나 백인 가정에 입양된 아이들의 인종 정체성이 혼종결혼정책에 의해 구성되는 방식을 검토하고자 한다. 이 글의 주요 주장은 혼종결혼정책 안에서 백인 가정의 일본인 입양아라는 분류 범주가 다른 범주들, 즉 혼혈인 일본계 미국인들과 온전한 일본계 미국인들과의 구별을 통해 그 의미가 드러난다는 것이다. 이 정책의 주요 대상은 부모 중 한쪽만 일본계이거나 일본계 혈통이 절반 이하인 혼혈아들이었다. 중요한 것은 일본계 혈통 비율 기준을 충족하는 모든 혼혈아가 이 정책의 수혜자는 아니었다는 점이다. 군사 당국이 보기에 '백인 환경(Caucasian environment)'이라고 불렸던 조건 속에서 성장했다고 여겨지는 혼혈아들만 정책에 의거하여 수용소에서 풀려날 수 있었다. 혼종결혼가족의 형태가 매우 다양했기에 이런 가족이 백인 환경을 가졌는지 아닌지를 증명하는 일은 결코 명확하지 않았다.

혼종결혼정책에서 '백인 환경'이 강조되었다는 사실은 여러 가지로 해석될 수 있겠지만, 이 글의 목적에 의거할 때 흥미로운 점은 다음과 같다. 혼종결혼정책은 혼종결혼가족 내 자녀들의 인종 정체성 구성을 어느 한 혈통의 비율이나 혈연적 유대만 가지고 설명할 수 없다는 점을 암묵적으로 인정하는 듯이 보인다는 것이다. 바로 이런 이유로 입양이라는 절차를 통해 백인 부모 아래서 자란 온전한 일본계 혈통의 고아도 이른바 백인 환경에서 성장했다는 논리가 표면적으로 성립한 것이다. 이 글의 후반부에서 제기하겠지만, 정책의 실제 적용 예들을 살펴볼 때 군사 당국이 주요하게 고려한 것은 백인 부모의 생물학적 혼혈 자녀, 혹은 입양한 일본인 자녀에 대한 양육권이었다.

백인 가정의 일본계 입양아, 혼종결혼가족 내의 혼혈 일본계 미국인 자녀가 미묘한 차이를 가지고 인종적으로 구성되는 방식을 검토하기 위해, 이 글은 일본계 미국인 소개와 강제수용이라는 좀 더 큰 범위의 정책에서 일본계 미국인의 인종 정체성이 정의되는 과정을 먼저 검토할 것이다. 혼종결혼정책은 이 인종 간 경계를 넘나드는 입양과 결혼, 더 나아가 인종에 대한 당대의 인식을 보여주는 지표로서 그 의미가 있었다. 혼종결혼가족과 혼혈아, 백인 가정의 일본계 입양아라는 존재는 백인과 확실하게 구분되는 인종으로, 일본계 미국인의 정체성이 쉽게 정의될 수 있다는 통념에 도전했다. 혼종결혼정책은 혼혈 일본계 미국인, 백인 가정의 일본계 입양아의 백인성, 혹은 비백인성을 측정하는 기준을 설정하려는 시도였으나, 인종 범주화의 자의성과 모호성을 드러내는 결과를 낳았다.

2. '모든 일본인 후손'이라는 문구의 모호함

일본의 진주만 공격 이후 1942년 2월 19일에 프랭클린 루스벨트 대통령은 행정명령(Executive Order 9066)을 통해 전쟁 장관이나 군 사령관에게 군사 지역을 선포해 민간인을 이 지역으로부터 소개할 권한을 주었다. 이 권위에 근거해 기무사령부는 같은 해 4월에서 6월까지 태평양을 면한 네 주에 거주하는 "외국인과 비외국인을 포함하는 모든 일본인 후손(all persons of Japanese ancestry, both aliens and non-aliens)"에게 소개 명령을 내린다. 소개 명령에서 '비외국인'이자 '일본인 후손'이 가리키는 것은 미국에서 태어난 약 7만 7000명의 미국 시민이었다. 역사가 매이 나이(Mae Ngai)가 명료하게 지적했듯이, "미국에 있는 모든 일본인은 미국을 배신하는 편향이 있는 인종이라는 가정" 하에 미국 정부는 미국에서 태어난 일본계 미국인들의 "시민권을 무효화"한 것이며, '비외국인'이라는 표현은 이들 일본계 미국인들의 "시민권을 수사적으로 소거"한 것이다.[2]

일본계 미국인 강제수용정책은 독일계 및 이탈리아계 미국인 강제수용정책과 두 가지 점에서 달랐다. 첫째, 전자의 경우 시민과 외국인을 가리지 않고 적용되었던 반면, 후자의 정책은 미국에 거주하는 독일계 외국인과 이탈리아계 외국인만을 대상으로 했다. 미국에서 태어난 독일계와 이탈리아계 미국인들과 달리, 미국에서 태어난 일본계 미국인들은 헌법에 보장된 '공정한 법적 절차(due process of law)'에 의해 처리된다는 시민적 권리를 박탈당한 것이다. 둘째, '적대국 외국인(enemy aliens)' 강제수용정책에 따라 수천 명의 독일계와 이탈리아계 외국인들도 수용소에 끌려갔다. 대다수가 미국 시민이었던 그들의 아내들과 자녀들도 가장을 따라 수용소행을 선택했지만, 중요한 것은 독일계와 이탈리아계 외국인 개인에게만 영장이 발부되었다는 점이다.[3]

---

2 Mae Ngai, *Impossible Subjects: Illegal Aliens and the Making of Modern America*, Princeton: Princeton University Press, 2004, p. 175.

3 Roger Daniels, *Prisoners without Trial: Japanese American in World War II*, 2nd

이와 달리, 일본계 미국인 강제수용정책은 개인이 아닌 가족 단위로 실행되었다. 일본계 미국인들은 가족 단위로 구분되어 개별 가족 구성원에게 고유 번호가 매겨졌다. 수용소에 도착한 이후에는 한 가족에게 약 6제곱미터에 이르는 방 하나가 배정되었다.[4] 수용소를 관리하던 기관인 전시 재이주 당국(War Relocation Authority)은 수용자들의 개인 신상 기록 체계를 구축했고 여기서도 가족 번호 뒤에 알파벳을 붙여서 개별 수용자를 분류했다. 남편은 대개 가족 번호 뒤에 A를 붙였고, 아내의 경우는 B, 자녀의 경우는 출생 순서에 따라 C, D, E로 구분했다.

그렇다면 일본계 미국인 강제수용정책은 왜 가족 단위를 기본으로 삼았으며, 왜 '모든 일본인 후손'에게 적용되었는가? 일본계 미국인 강제수용정책을 다룬 역사서와 전집, 수기는 그 목록을 열거하기 벅찰 정도로 많지만, 이 문제는 거의 제기된 적이 없다. 일본계 미국인 강제수용과 관련한 기존 연구들은 이 역사적 사건의 원인을 추적하거나 일본계 미국인들의 강제수용 경험을 채록하는 데 관심을 보였다. 전자에 속하는 연구에서 주된 쟁점들은 다음과 같다. 일본계 미국인 강제수용정책의 입안과 실행에서 루스벨트 대통령, 사법부, 군대 중 어느쪽이 더 책임이 있는지, 그리고 19세기 말 이래로 미국 서부를 중심으로 존속했던 반(反) 아시아 정서와 일본계 미국인 강제수용 결정 사이에 어떤 연관이 있는지 등이다.[5] 후자에 속하는 연구는 개별 수용자들

---

ed., New York: Hill and Wang, 2004, p. 51.

4 Ronald Takaki, *A History of Asian Americans: Strangers from a Different Shore*, 2nd ed., Boston: Little, Brown and Company, 1998, p. 395.

5 Roger Daniels, *Prisoners without Trial*; Greg Robinson, *By Order of the President: FDR and the Internment of Japanese Americans*, Cambridge, Mass.: Harvard University Press, 2001; Tetsuden Kashima, *Judgment without Trial: Japanese*

의 경험을 개별 수용소별, 젠더별, 세대별로 나누어 검토하곤 했는데, 이 경향에 속하는 기존 출판물은 주로 일본계 미국인 사이의 결혼으로 형성된 가족들이나 그런 가족 일원의 개인적 이야기를 다루었다.[6]

기존 연구에서 언급되지는 않았으나 당연시되는 가정은, 일본계 미국인 가족이란 온전히 일본인 선조만 가진 일본계 미국인 사이의 결혼으로 형성된 가족이라는 것이다. 이 글은 이런 가정에 문제를 제기한다. 물론 2차 대전 이전까지 사회적이고 때로는 법적인 인종 분리가 당연시되었다. 그 대표적인 예가 미국의 남부와 서부에서 강력하게 실행되었던 인종 간 결혼 금지법이었다. 백인과 흑인의 결합이 주된 금기와 처벌의 대상이었지만, 일본인을 포함한 대부분의 아시아인들도 이 법에 따라 백인과의 결혼이 금지되었다. 그럼에도 불구하고 법망을 피해 결혼해서 사는 사람들이 더러 존재했으며, 사회적 영역에서 완벽한 인종 분리는 결코 일어나지 않았다.[7]

American Imprisonment during World War II, Seattle: University of Washington Press, 2003.

6 이 주제와 관련된 출판물을 너무 방대해서 여기에 다 열거할 수가 없다. 이 목록을 보려면 다음의 책을 참고하라. Wendy Ng, "Selected Annotated Bibliography," *Japanese American Internment during World War II*, Westport, Conn.: Greenwood Press, 2002, pp. 187~196.

7 Peggy Pascoe, *What Comes Naturally: Miscegenation Law and the Making of Race in America*, New York: Oxford University Press, 2009. 19세기 말에서 20세기 전반기 미국 서부에서의 백인과 아시아인 사이의 결혼을 다룬 연구로는 필자의 박사학위논문이 있다. Eunhye Kwon, "Interracial Marriages among Asian Americans in the U.S. West, 1880~1954," Ph.D. diss., University of Florida, 2011. 20세기 전반기까지 아시아인과 백인 사이의 결혼은 주로 아시아인 남성과 백인 여성 사이에서 발생했다. 아시아인 남성과 결혼한 백인 여성의 경험에 대해서는 다음의 졸고를 참고하라. 권은혜, 〈인종간 결혼에 대한 법적 규제와 사회적 금기를 넘어서: 1880년에서 1945년까지 미국 서부에서 아시아계 남성과 결혼한 백인

다인종·다민족 사회인 미국에서 일본계 미국인 가족의 의미, '모든 일본인 후손'의 의미는 과연 명확한가? 일본계 미국인 부모에게서 태어났으나 고아가 되거나 일본인 가정이 아닌 백인 가정이나 중국인 가정에 입양된 아이는 어떤 가족에 속하는가? 그 역시 일본인 후손인가? 일본인과 백인, 혹은 기타 비일본인 배우자의 결혼으로 이루어진 가족도 일본인 가족인가? 인종 간 결합의 결과로 태어난 혼혈 자녀도 일본인 후손으로 강제 소개와 수용의 대상인가?

기무사령부의 혼종결혼정책은 인종 간 경계를 넘어선 결혼과 입양의 결과로 존재하게 된 일본계 혼혈아 및 입양아/고아의 정체성 문제를 직접적으로 건드린 흥미로운 정책이다. 먼저 인종 간 결혼에 대해서만 언급하면, 백인과 아시아인 사이의 결혼이 서부에서는 법으로 금지되고 사회적으로 용인되지 않던 시절이었기에 실제로 이런 결혼은 드문 편이었다. 일본계 미국인 소개와 이주가 완결된 이후 나온 자료에 의하면, 당시 대략 319건 정도 일본인과 비일본인(주로 백인)의 혼종결혼이 있었고 약 600명 정도의 혼혈아들이 있었다.[8]

혼종결혼정책을 처음 연구한 역사가는 폴 스피카드(Paul Spickard)로, 그는 혼혈아가 일본계 미국인과는 다른 강제수용 경험을 했다는

여성의 경험을 중심으로〉,《미국사연구》34, 2011, 85~114쪽.

8   War Relocation Authority Case Files, Record Group 210, National Archives at Washington D.C.; Records about Japanese Americans Relocated during World War II, 1942~1946, Record Group 210, National Archives at College Park, Maryland, http://aad.archives.gov/add/series-description. jsp?s=623&cat=WR26&bc=,sl〔2010년 12월 10일 검색〕; Mixed Marriage Files 291.1, Box 28, Record Group 499, Central Correspondence 1942~1946, Wartime Civil Control Administration and Civil Affairs Division, Western Defense Command and the Fourth Army, Records of U.S. Army Defense Commands (WWII), National Archives at College Park, Maryland.

점을 강조한다.[9] 그러나 그는 혼혈아와 일본계 미국인을 구분하는 논리에 내포된 인종 분류에 대한 확신을 본격적으로 검토하지는 않았다. 이 글의 문제의식에 가장 가까운 연구자는 앞에서 언급한 매이 나이이다. 나이는 혼종결혼정책을 연구한 학자는 아니다. 그러나 일본계 미국인 강제수용의 인종 정치와 미국적 국민주의 사이의 관계에 관한 그녀의 이해는 혼종결혼정책 속에서 혼혈아, 고아/입양아 문제가 구성되는 방식을 파악할 수 있게 해준다.

나이에 따르면, 일본계 미국인 강제수용의 대상자로 지목된 '모든 일본인 후손'이라는 구절이 인종 분류 방식이며, "모든 인종 분류가 그렇듯이, 누가 '일본인 후손'인지를 결정하는 것은 쉽지 않았다."[10] 나이가 참고한 사례는 로스앤젤레스의 한 가톨릭교회에 맡겨진 일본계 혼혈 고아들이었다. 이 교회의 신부는 "절반이 일본계인 경우, 그리고 나머지는 1/4이거나 그보다 낮은 비율의" 일본계 혼혈 고아들도 '일본인 후손'에 들어가는지 문의했다. 이 신부에 의하면, 강제수용정책을 사실상 고안하고 집행했던 기무사령부의 대령 칼 벤덧센(Karl Bendetsen)은 다음과 같이 답변했다고 한다. "그들에게 일본인의 피가 한 방울이라도 있다면 수용소에 가야만 한다."[11] 참고로, 필자의 조사

---

9 Paul Spickard, "Injustice Compounded: Amerasians and Non-Japanese Americans in World War II Concentration Camp," *Journal of American Ethnic History* Vol. 52, 1986, pp. 5~22.

10 Ngai, *Impossible Subjects*, fn. 3, p. 325.

11 Father Hugh Lavery의 말, Ngai, *Impossible Subjects*, fn. 3, p. 325에서 재인용. 래버리의 인터뷰는 다음의 저서에서 처음 인용되었다. Michi Weglyn, *Years of Infamy: The Untold Story of America's Concentration Camps*, Updated ed., Seattle: University of Washington Press, 1996, pp. 76~77. 웨글린의 책이 처음 출판된 때는 1976년이고, 나이는 이 초판을 참고했다.

에 따르면, 벤넷센이 고집했던 '한 방울 법칙(the One-Drop Rule)'은 실제로 적용되지 않았다. 1942년 기무사령부의 소개 정책 수행 보고서에 따르면, '일본인 후손'은 1/16의 일본계 '피'를 가진 사람들을 포함하는 것으로 정의되었다.[12] '한 방울 법칙'보다는 덜 극단적일지 몰라도 이 정의는 여전히 일본인 피는 다른 피와 섞여도 희석되지 않는다는 논리를 보인다.

1942년 6월에 일본계 미국인을 서부 해안으로부터 소개하는 정책이 완결된 이후, 벤넷센은 혼종결혼정책을 도입하여 일본계 혈통을 수량화하는 일 외에도 부모 각각의 인종 및 기타 요소들도 고려하여 혼혈아의 인종적 정체성을 규정하려 했다. 일본인 후손들이 속한 가족의 형태가 예상보다 다양한 방식으로 존재했기 때문이다. 수용자들 전체 기록을 보면 약 500~600명의 혼혈아가 존재했다. 이들 중 대부분은 혼종결혼가족의 자녀였을 것으로 추정되고, 통계상으로 잡히지는 않지만 고아원에서 자란, 부분적으로 일본계인 혼혈 고아들도 포함된다. 통계 시기에 따라 차이는 있지만, 백인 양부모를 둔 일본계 미국인 입양아 여덟 명도 혼종결혼정책으로 소개 명령에서 제외된 사람들로 기록되었다.[13] 1943년 1월에 최종적으로 확립된 혼종결혼정책은 혼혈아, 혼혈 고아, 백인 가정의 일본계 미국인 입양아가 일본인 후손인지

---

12 Headquarters Western Defense and Fourth Army, Office of Commanding General, Presido of San Francisco, California, "Glossary of Terms," *Final Report: Japanese Evacuation from the West Coast, 1942*, Washington D.C.: GPO, 1943, p. 145.

13 "Persons of Japanese Ancestry Granted Exception from Evacuation Non Resident in Military Area No. 1 and the California Portion of Military Area No. 2, under the Mixed Marriage and Mixed Blood Policy," January 28, 1943, Mixed Marriage File, Vol. 2.

아닌지를 판단하여 석방 여부를 결정하는 지침으로 사용되었다. 사실이 글의 주요 분석 대상인 백인 가정에 입양된 일본계 미국인 고아를 포함하여 일부 일본계 미국인들은 혼종결혼정책의 입안 과정에서 이미 정책의 적용 대상이 되었다. 일본계 미국인의 서부 지역 소개가 시작될 때 백인 가정의 일본계 미국인 고아들은 대개 백인 양부모 곁을 떠나지 않고 남아 있을 수 있었다.

혼종결혼정책은 여러 세대를 거쳐 일어난 혼종결혼의 결과를 일본인 혈통의 비율을 적용하여 혼종결혼가족의 일본적 정체성, 혹은 미국적 정체성을 수량화하려는 시도였지만, '백인적 환경'이라는 수사에서 드러나듯, 혈통 이외의 요소도 고려하는 태도를 취했다. 이 정책이 흥미로운 것은 타고난 요소인 혈통 이외에도 성장 환경이라는 가변적 요소를 인종 정체성의 요소로 간주하는 것처럼 보인다는 점이다. 혼종결혼정책이 적용된 혼혈 일본인이 수용소로부터 석방되어 서부 연안으로 돌아가려면 다음의 두 가지 조건을 충족해야 했다. 50퍼센트 이하의 '일본인 혈통(Japanese blood)'을 가질 것과, 전쟁 이전의 '환경(environment)'이 '백인적(Caucasian)'임을 증명할 것이었다.[14] 전쟁 이전의 백인 환경이라는 표현이 암시하는 것은 일본인 후손들이 거주하는 수용소의 환경은 일본인 환경에 속한다는 점이다. 혼종결혼정책의 핵심은 바로 전쟁 이전에 백인 환경에서 살았다고 추정되는 혼종결혼가족의 일원들을 수용소의 일본인 환경에서 풀어주고 본래의 환경으로 돌려보내는 것이었다. 혼혈아인 수용자가 석방되려면 전자의 조건을 반드시 충족해야 했고, 전자의 조건을 충족하더라도 후자의 조건에

---

14 "Release of Mixed Marriage Families," July 12, 1942, Mixed Marriage Policy File, Vol. 2.

걸려 수용소에 남아야 하는 경우도 있었다.

혈통상 온전히 일본계였는데도 강제수용정책에서 면제받은 두 집단이 있었다. 하나는 백인 양부모를 둔 일본인 입양아였고, 나머지 하나는 백인이나 미국의 우호국 시민과 결혼해서 혼혈 자녀를 둔 일본인 아내였다. 백인 가정의 일본인 입양아에 관한 군사 당국의 정책은 일본계 미국인 강제수용정책과 혼종결혼정책의 기본 원칙을 정면으로 거스르는 것이었다. 전쟁 기간에 일본인은 절대로 소개 지역으로 되돌아갈 수 없게 했고, 50퍼센트 이상 일본계 혈통을 지닌 피수용자도 수용소를 떠날 수 없게 했기 때문이다. 혼종결혼정책은 백인 가정의 일본인 입양아는 백인 환경에서 성장했다고 전제하고 혈통 문제를 덮어버린 반면, 부분적으로 일본계인 혼혈아가 자란 환경이 백인 환경일 가능성은 검토의 대상으로 남겨둔 것이다.

3. 혼종결혼정책이 규정하는 일본계 미국인 고아 및 혼혈아의 인종정체성

혼종결혼정책은 1942년 7월에 처음 도입되었고 1943년 1월에 최종적으로 확정됐다. 1943년 안은 정책의 적용 대상을 세분화하고 50퍼센트 이하의 일본인 혈통이라는 혼혈아 석방의 기준을 문자화한 것이라고 할 수 있다. 애초에 혼종결혼정책은 백인 아버지와 일본인 어머니 사이에서 태어난 혼혈아를 서부 해안으로 다시 돌려보내기 위해 고안되었다.

1942년 안은 혼종결혼정책의 적용으로 수용소에서 풀려나 서부 해안으로 돌아가려면 그 가족의 전쟁 이전 환경이 백인 환경임을 증명해야 한다고 기술했다. 이 조건을 충족하는 한, 미국 시민인 백인 남편, 일본인 아내, 미성년 혼혈 자녀로 이루어진 가족, 그리고 미국 시민인 혼혈 성인은 혼종결혼정책 하에 서부 해안에서 거주할 자격이 주어졌다. 1942년 당시 백인 남편과의 사이에서 자녀를 둔 일본인 아내는 순혈 일본인 중에서 혼종결혼정책의 혜택을 볼 수 있는 유일한 집단이었고, 이들은 이후에도 내내 우선적으로 석방과 송환의 대상으로 남았다. 혼혈아의 일본인 혈통 비율에 대한 구체적 언급은 없지만, 정책의 적용을 받는 혼혈 개인을 '혼혈 성인(adult individuals of mixed blood)'이라고 정의한 것을 볼 때 백인 아버지와 일본인 어머니 사이에서 태어난 개인을 가리킨다고 할 수 있다. 왜냐하면 일본인 남편, 백인 아내, 그 사이에서 태어난 혼혈 자녀는 1942년만 해도 수용소에서 풀려날 수는 있어도 서부 해안으로 돌아갈 수는 없었기 때문이다.[15]

1942년 당시 혼종결혼정책을 혼란스럽고 적용하기 어려운 행정지침으로 만든 것은 백인 환경이라는 개념의 모호성이었다. 무슨 이유에서인지 벤뎃센은 이 문구의 의미를 전혀 정의하지 않은 채로 열 군데 수용소에 보냈고 이후에도 공식적으로 이 개념을 설명하지 않았다. 따라서 백인 환경의 의미를 이해하려면 정책 문서 안에서 이 개념이 어떤 범주와 연동을 가지고 사용되는지, 그리고 정책이 실제로 어떻게 적용되었는지를 살펴보아야 한다.

백인 환경이라는 용어는 일본계 미국인 강제 소개와 수용정책에서 인종주의 정치와 배타적 국민주의 정치 사이의 결합을 잘 보여주는 예이다. 혼종결혼정책 자료에서 백인 환경은 비일본인 환경이라는 표

---

15 "Release of Mixed Marriage Families," July 12, 1942, Mixed Marriage Policy File, Vol. 2.

현과 혼용되어 사용되곤 했다. 일본계 미국인 강제수용정책은 적대국 외국인으로 낙인찍힌 일본계 미국인들과 그들의 사회를 미국 사회로부터 분리시킨다는 논리로 정당화되었다. 다시 말해, 일본계 미국인 가족과 사회는 백인들이 주류를 이루는 미국 사회의 백인 환경과는 이질적인 일본인 환경을 구성한다는 것이다. 이 논리에 따르면, 혼종결혼가족 중 백인 환경을 가진 가족의 구성원들을 일본계 미국인 집중수용소의 일본인 환경에 두는 것은 이 가족 구성원들, 특히 혼혈 자녀에게 바람직하지 않았다. 기무사령부의 육군중장으로서 일본계 미국인 강제수용정책의 책임자였던 존 드위트(John DeWitt)의 표현을 빌리자면, 혼종결혼정책은 "혼종결혼의 결과로서 비일본인 환경에서 성장했던 혼혈아들에게 가능하다면 정상에 가까운 조건에서 계속 성장할 수 있도록 기회를 제공하기 위해 고안된"[16] 것이다.

　1942년 7월에는 혼종결혼가족의 가장이 백인이자 시민인 경우에만 그 가족을 서부로 돌려보내려 했다. 따라서 당시 벤뎃센은 백인 가부장의 존재를 혼종가족의 백인 환경을 증명할 조건으로 보았다고 추정할 수 있다. 1943년 1월에 수정된 혼종결혼정책에서는 혼종결혼가족에게 백인 환경을 제공해줄 수 있는 구성원의 범위가 확대된다. 혼혈 자녀의 백인 아버지 외에도 일본인 아내와 혼혈 자녀를 둔 중국인이나 필리핀인 아버지, 일본인 남편과 혼혈 자녀를 둔 백인 어머니, 그리고 온전한 일본인, 혹은 부분적으로 일본인인 자녀를 입양한 백인 부모가 추가된 것이다.

　혼종결혼가족의 백인 환경 제공자 범위의 확대는 혼종가족의 실제

16　Letter from John DeWitt to John McCloy, June 16, 1943, Mixed Marriage Policy File, Vol. 2.

상황을 반영해야 한다는 필요 때문에 추인되었을 가능성이 있다. 혼종결혼가족에 관한 통계가 수집된 것은 임시수용소에서 영구수용소로의 수용자 이주가 완료된 1942년 7월 이후였다.[17] 혼종결혼정책 파일 및 열 군데 수용소의 수용자 기록을 종합해볼 때, 일본인이거나 부분적으로 일본인인 배우자를 포함한 혼종결혼은 다음과 같이 구분된다. 혼종결혼 중에서 가장 비율이 높은 경우는 일본인 남자와 백인 여자 사이의 결혼(124건/319건, 39%)이었고, 백인 남자와 일본인 여자의 결혼(48건, 15%)이 그 뒤를 이었다. 그 밖에 필리핀인, 중국인과 결혼한 일본인 여자들, 멕시코인과 결혼한 일본인 남자들, 드물지만 흑인, 알래스카인이나 아메리카 인디언, 하와이언으로 분류되던 사람들과 결혼한 일본인들도 있었다. 부분적으로 일본인인 배우자를 포함하는 혼종결혼도 있었고 백인 양부모와 일본인 입양아로 이루어진 가족도 있었다.

혼종가족이 지닌 인종 구성의 다양성으로 인해, 1943년 1월에 수정·확정된 혼종결혼정책은 강제수용정책으로부터 면제받는 대상을 다음과 같이 세분화했다. 일본계 미국인 강제수용정책이 가족 단위로 집행되었던 것처럼, 혼종결혼정책도 혼종결혼의 양상을 부부 각각의 인종에 따라 여덟 가지로 구분해, 면제 대상 개인이 어떤 가족에 속하는지를 확인하는 방식으로 진행되었다. 다음에 열거된 가족 범주와 그 구성원들은 수용정책으로부터 면제되어 서부 해안으로 돌아갈 수 있었다. ① 백인 남편, 일본인 아내, 혼혈 자녀, ② 백인 어머니 그리고 그녀가 일본인 남편과의 사이에서 낳은 혼혈 자녀, ③ 필리핀 남편, 일

---

17 임시수용소의 공식 명칭은 'assembly center', 영구수용소는 'relocation center'이다.

본인 아내, 혼혈 자녀, ④ 비일본계 배우자, 혼혈 배우자, 혼혈 자녀, ⑤ 중국인 남편, 일본인 아내, 혼혈 자녀, ⑥ 기타(흑인, 인디언 가장과 혼혈 자녀), ⑦ 혼혈 개인, ⑧ 백인 부모와 일본인 입양아.[18]

백인 부모와 일본인 입양아로 구성된 가족은 1942년 혼종결혼정책에 포함되지 않았을 뿐만 아니라, 이 가족의 형태는 결혼에 의해 만들어진 가족이 아니라는 점에 주목할 필요가 있다. 1943년 수정안에 백인 부모와 일본인 입양아로 구성된 가족이 혼종결혼정책의 혜택을 입는 범주로 삽입되는 과정을 이해하려면, 이 정책 자체와 정책에서 제시하는 혼종가족의 범주, 그 분류가 암시하는 인종·젠더·민족주의·전쟁의 정치 역학을 먼저 검토해야 한다. 이 역학을 상징적으로 보여주는 용어는 바로 백인 환경과 비일본인 환경이다.

1942년의 혼종결혼정책은 백인 아버지가 가장인 가족의 환경을 백인 환경이라고 규정하고 강제수용정책에서 면제시켜 이 가족을 서부 해안으로 다시 돌아갈 수 있게 했다. 1943년의 수정안에서는 백인 남편, 일본인 아내, 혼혈 자녀로 구성된 가족의 범주가 크게는 '비일본인 남편, 온전한 일본인(full Japanese) 아내, 미성년 자녀'라는 범주에 포함된다.[19] 비일본인 남편이라는 표현은 필리핀인 남편, 중국인 남편을

---

18 "Outline of Procedure for Release of Persons of Japanese Ancestry for Residence in Military Area No. 1, and the California Portion of Military Area No. 2, under the Mixed Marriage Policy," January 23, 1943, Mixed Marriage Policy File, Vol. 2; "Classification of Families of Japanese Ancestry Granted Exemption from Evacuation under the Mixed Marriage Policy," January 28, 1943, Mixed Marriage Policy File, Vol. 2.

19 "Outline of Procedure for Release of Persons of Japanese Ancestry for Residence in Military Area No. 1, and the California Portion of Military Area No. 2, under the Mixed Marriage Policy," January 23, 1943, Mixed Marriage Policy File, Vol. 2.

백인 남편과 수사적으로 동등하게 취급하기 위해서 동원되었다. 여기에는 당시 필리핀과 중국이 미국의 편에 서서 일본과 전쟁을 수행하는 우호국이었다는 국제적 이해관계가 반영되었다고도 할 수 있다.[20] 1943년 수정안은 혼종결혼정책의 혜택을 받을 수 있는 가족의 조건을 "가족의 가장이 미국이나 (중국과 같은) 우호국의 시민인 경우"라고 규정했다.[21] 우호국 시민의 일본인 아내와 혼혈 자녀를 일본인 집중수용소에 두는 것은 미국의 이해관계를 위해 바람직하지 않았던 것이다. 더불어 미국 정부는 미국에 거주하고 있던 필리핀인과 중국인에게 처음으로 귀화 자격을 인정해주었다. 아시아계 이민이 시작된 19세기 중반 이래로 미국이 아시아 국적의 외국인에게 귀화를 허락하지 않았던 사실을 고려할 때, 이는 2차 대전이라는 특수한 상황이 반영된 결과라고 할 수 있다. 혼종결혼정책은 백인 가부장이 그의 일본인 아내와 혼혈 자녀에 대해 가지는 권리를 인정해주면서, 동시에 기존에는 인종적 이유로 미국인이 될 수 없는 존재였던 필리핀 가부장, 중국인 가부장에게로 동일한 권리를 확대했다.

'온전한, 혹은 부분적인 일본인 자녀(full or part Japanese children)'를 둔 백인 양부모가 혼종결혼정책에 포함된 것은 바로 가장이 미국이나 우호국의 시민권을 가지고 있다는 논리 때문이었다. 그러나 군사 당국이 왜 부모와 자녀 사이에 생물학적 유대가 없는 입양 가족을 생물학적 유대에 근거한 혼종결혼가족과 등가로 놓았는지에 대해 생각해

---

20 같은 맥락에서 1943년 미국은 1882년 이래로 존속했던 '중국인 배제법(Chinese Exclusion Act)'을 철폐하고 중국계 외국인에게 귀화 자격을 부여하는 '맥너슨법(Magnuson Act)'을 통과시킨다.

21 "Outline of Procedure for Release of Persons of Japanese Ancestry for Residence in Military Area No. 1, and the California Portion of Military Area No. 2, under the Mixed Marriage Policy," January 23, 1943, Mixed Marriage Policy File, Vol. 2.

볼 필요가 있다. 왜냐하면 재혼으로 구성된 혼종결혼가족의 경우 군사 당국은 그 자녀들의 생물학적 부계나 모계를 모두 추적해서 정책 집행에 반영했기 때문이다. 혼종결혼정책에 내포된 논리만으로 따진다면, 부모와 입양아의 인종이 다르더라도 부모가 속하는 인종 환경이 입양아에게 영향을 준다고 인정한 셈이었다.

백인 양부모와 일본인 자녀로 구성된 입양 가족이 존재했다는 것 자체가 실은 매우 흥미로운 일이다. 왜냐하면 20세기 전반기에는 '인종 간 경계를 넘나드는 입양(transracial adoption)'이 사회적으로 거의 실행되지 않았기 때문이다. 현대 미국의 입양 역사를 연구한 역사가 엘런 허먼(Ellen Herman)은 입양 제도를 "설계로 만들어진 친족 관계(kinship by design)"라고 부른다. 허먼은 1930년대부터 1960년대까지를 입양의 근대화 추구 시기로 분류하는데, 이 시기에 입양 제도 개혁가들이 추구하던 목표는 설계로 만들어진 가족 구성원들이 자연스럽게 보이도록 '일치'시키는 것이었다.[22] 입양하려는 부모들이나 입양 기관은 부모와 입양아 사이의 외모로 드러나는 육체적 유사성뿐만 아니라 정신적 차원에서의 근사성, 즉 종교의 유사성을 추구했다. 입양 가족에게 부모와 자녀 사이의 '인종 동일성(racial sameness)'은 언급할 필요가 없을 정도로 입양 기관이나 입양을 원하는 부모들 사이에서 당연하게 받아들여진 원칙이었다. 그러나 피부색, 머리카락 색이나 형태, 눈동자 색 같은 외형적 특징만으로 인종을 구분할 수 있다는 믿음은 덧없는 것이었다. 백인 아기인 줄 알고 입양했는데 자라면서 흑인이나 혼혈인의 신체적 특징을 보이자 양부모가 백인이 아니라며 항의하

22　Ellen Herman, *Kinship by Design: A History of Adoption in the Modern United States*, Chicago: University of Chicago Press, 2008, p. 121.

고 입양을 취소하면, 입양 기관이 이 아이를 비백인 가정으로 다시 입양시키는 일이 빈번히 발생했다.[23]

이처럼 20세기 전반기는 인종 간 경계를 넘어선 입양을 자연스럽지 않다고 보는 통념이 지배하던 시기였고, 인종 간 경계를 넘어선 입양이 매우 드물었다(인종 간 결혼도 동일한 이유로 사회적 금기의 대상이었다). 여기에는 인종 집단의 신체적 차이를 강조하는 논리 외에도 문화적 특질을 내세우는 논리도 작동했다. 개별 인종 집단은 고유한 문화와 사회에 소속되므로 입양 가족에서 인종이 서로 다른 부모와 자녀의 결합은 서로에게 긍정적이지 못한 영향을 준다는 것이다. 이런 역사적 배경은 왜 백인 가정에 입양된 일본인 고아나 혼혈 고아의 수가 그토록 적었는지를 설명해준다.

혼종결혼정책에서 백인 양부모가 일본인 자녀에게 백인 환경을 제공해준다고 인정한 것은 입양 가족 안에서 부모와 자녀 사이의 인종 일치를 당연시하던 당대의 논리를 거스르는 것으로 읽힐 수도 있다. 양부모와 입양아 사이의 인종 일치를 중시하는 논리는 19세기 중반에서 20세기 전반기까지 영미권에서 유행했던 과학적 인종주의, 혹은 우생학적 인종 이론이라고 불리는 인식에 맞닿아 있다. 이 논리를 백인 가정의 일본인 입양아에 적용하면, 일본인 자녀는 백인 양부모가 속하는 이른바 '우월한' 백인 사회에 적응할 수도 없고 그 일부가 될 수도 없으며, 그들의 일본인 '피'에 각인된 일본인의 이른바 '열등함'에서 벗어날 수 없다. 백인 가정의 일본인 입양아에 관한 한, 혼종결혼정책은 인종의 유전적·생물학적 결정 이론을 따르지 않는 것처럼 보인다. 다시 말해, 이 정책은 백인 양부모가 제공하는 백인 환경에서 자란 일

---

23 *Ibid.*, pp. 128~133.

본인 입양아는 백인 사회의 문화에 익숙해지고 그 일부가 될 가능성을 인정한 것으로 보이며, 그 바탕에는 2차 대전 시기에 점차 학문적 합의를 확보하던 문화상대주의적 인종 인식이 깔려 있는 것 같다. 북미와 유럽에서의 인종 인식 변천사를 연구하는 역사가들에 따르면, 1930년대부터 생물학적 결정론에 가까운 과학적 인종주의를 비판하는 문화인류학적 인종 인식이 서서히 등장하기 시작했고 2차 대전 이후에는 생물학적 인종결정론이 눈에 띄게 후퇴했다.[24]

그렇다면 백인 가정의 일본인 입양아가 백인 환경에서 성장했다고 본 혼종결혼정책은 문화상대주의적 인종 인식의 영향을 받았다고 할 수 있는가? 이 정책의 핵심어가 백인 환경, 비일본인 환경, 일본인 환경이었다는 점에 비추어볼 때, 문화상대주의적 인종 인식이 정책에 미친 수사적 영향을 보여주는 것 같기도 하다. 그러나 이 각각의 환경이 인종의 생물학적 구분을 전제하는 범주들(백인, 비일본인, 일본인)의 수식을 받는다는 점을 상기해야 한다. 즉, 혼종결혼정책에서 백인이나 일본인이 생물학적으로 구분되는 인종이라는 인식은 전혀 공격받지 않은 채 그대로 남아 있었고 그 위에 인종 정체성을 형성하는 요소로서 문화나 환경이 살짝 고려 대상이 되었을 뿐이다. 필자가 보기에, 백인 가정에 입양된 일본인이 백인에 가깝다고 본 것은 문화결정론적 인종관의 반영이라기보다는 백인 양부모의 입양아에 대한 권리를 인정해준 것으로 보는 편이 타당하다. 이와 비슷한 맥락에서, 혼종결혼정책은 혼혈 일본인 자녀에 대한 생물학적 백인 아버지, 혹은 백인 어머니의 권리를 인정해준 것이라 하겠다.

---

24 Elazar Barkan, *The Retreat of Scientific Racism: Changing Concepts of Race in Britain and the United States between the World Wars*, Cambridge: Cambridge University Press, 1993.

혼종결혼정책은 혼혈 일본인에 대한 생물학적 백인 부모의 권리를 결정할 때 젠더와 인종의 위계를 작동시켰고, 여기서 백인 양부모의 일본인 입양아에 대한 권리는 흥미로운 예외로 남았다. 수백 명에 이르는 혼종결혼가족의 일원을 대상으로 석방과 송환 대상을 결정할 때 상수로 작동한 것은 혼혈아 몸 안의 일본인 혈통 비율과 그 가족의 남자 가장의 인종이었다. 50퍼센트 이하의 일본인 혈통을 가진 경우 모두 석방되어 서부 해안으로 돌아갈 수 있었으나, 이들 모두가 부모와 함께 돌아간 것은 아니었다. 앞서 언급한 대로, 백인이나 기타 비일본인 남편, 순혈 일본인 아내, 혼혈 자녀로 구성된 경우 일본인 아내도 석방 대상이었고 가족 전원이 원래 살던 서부 해안 지역에서 다시 함께 살 수 있었다. 즉, 남편의 인종이 백인이거나 비일본인이라면 이 가족은 비일본인 환경의 조건을 충족한 것이고 이 가족 안의 순혈 일본인 아내는 가족의 환경에 영향을 주지 않는 존재로 간주되었다.

그런데 백인 남편, 일본인 아내, 혼혈 자녀로 구성된 가족은 앞서 언급한 대로, 전체 일본인과 비일본인의 결혼 중 15퍼센트에 불과했다. 일본계 외국인 및 일본계 미국인을 포함한 혼종결혼의 다수를 차지한 것은 일본인 남편, 백인 아내, 혼혈 자녀로 구성된 가족이었다. 이 형태의 가족은 혼종결혼정책으로 인해 일본인 아버지와 그 혼혈 자녀 사이의 별거를 감수해야 했다. 1943년 혼종결혼정책에 따르면, 순혈 일본인 남편, 백인 아내, 혼혈 자녀로 구성된 가족의 경우 백인 아내와 혼혈 자녀만 정책의 혜택을 받을 수 있었다. 이 정책의 문구를 그대로 인용하면 다음과 같다. "현재 죽었거나 가족과 헤어진 지 오래된 일본인 아버지에 의해 잉태된 미성년 자녀를 둔 백인 어머니."[25] 혼종결혼

25 "Outline of Procedure for Release of Persons of Japanese Ancestry for Residence

정책은 일본인 가장을 그의 백인 아내와 혼혈 자녀에게 일본인 환경을 제공하는 존재로 정의했다. 이 가족에서 백인 어머니가 그 자녀에게 백인 환경을 제공하는 존재가 되려면 일본인 남편과는 떨어져 있어야 하는 것이다.

혼종결혼정책은 백인 가정의 일본계 입양아가 그 양부모와 함께 있도록 허락했지만, 일본인 아버지와 백인 어머니를 둔 일본계 혼혈아가 아버지와 결합하는 것은 허락하지 않았다. 2세대 일본계 미국인 로버트 기노시타(Robert Kinoshita)와 결혼한 백인 여성 에벌린 기노시타(Evelyn Kinoshita)는 혼종결혼정책이 자신의 혼혈 자녀를 백인 양부모의 일본인 입양아와 다르게 취급한다고 비판했다. 당시 2세대 일본계 미국인과 결혼한 백인 아내들의 자녀들은 유아인 경우가 많았다. 혼자 육아와 생계를 떠맡는 것이 쉽지 않았지만, 대부분의 백인 어머니들은 자녀를 위해 수용소에서 살기보다는, 그들이 본래 거주하던 서부로 돌아가는 쪽을 선택했다. 이런 가족의 2세대 일본계 미국인 아버지들은 대개 2세대 일본계 미국인으로만 구성된 군대에 자원했다. 기노시타 부부도 수용소에서 가족이 함께 있는 것보다 아버지와 잠시 떨어져 있더라도 두 아들을 위해 서부로 돌아가는 쪽을 선택했다. 로버트는 군 복무를 위해 동부로 떠났고 에벌린과 두 아들은 우선 오리건에 정착했다. 이들은 상황이 좋아져서 온 가족이 함께 살 날이 오길 고대했다.

수용소를 떠난 후에도 부계가 일본인인 혼혈아에게는 거주지 이전의 자유가 제한되었고 군사 당국의 명령에 따라 이동해야 했다. 연이어 거주지 이전 명령을 받자, 에벌린은 참았던 분노를 터뜨리며 혼종

---

in Military Area No. 1, and the California Portion of Military Area No. 2, under the Mixed Marriage Policy," January 23, 1943, Mixed Marriage Policy File, Vol. 2.

결혼정책이 백인 양부모를 둔 순혈 일본인 입양아와 그녀의 혼혈 아들들을 공평하게 취급하지 않는다고 비판했다. 그녀는 전시 재이주 당국 담당자에게 편지를 보내 다음과 같이 문제를 제기했다. "왜 백인 가족에게 입양된 온전히 일본인 혈통인 여자 아이는 〔오리건 주〕 포틀랜드에 살아도 되는가? …… 내 두 아들은 온전히 일본인 혈통도 아니고 그렇게 양육되지 않았다."[26]

에블린은 자신에게서 절반의 백인 혈통을 이어받고 백인 어머니에 의해 양육된 자신의 아들들이 백인 가정의 일본인 입양아보다 더 백인에 가깝다고 생각했던 것이다. 그러나 군사 당국과 정부는 백인(비일본인) 남자 가장의 혼혈 자녀에 대한 권리, 일본인 고아를 입양하기로 결정한 백인 양부모의 권리만 중요하게 여겼고 에빌린과 같은 백인 어머니들의 입장은 전혀 고려하지 않았다. 기노시타 가족의 예는 혼종결혼정책에서 백인 부모의 양육권 논리가 실제로는 복잡하게 적용되었다는 점, 그리고 정책 집행자와 집행 대상자들은 혼종결혼가족 내 혼혈 일본계 미국인 자녀와 백인 가정 내 일본인 입양아의 인종 정체성에 대해 서로 다른 인식의 층위를 가지고 있었다는 점을 보여준다.

---

26 Letter from Evelyn Kinoshita to R. B. Cozzens, July 11, 1943, Robert Kinoshita case file, Box 2464, WRA Case Files. 일레인 요네다와 그녀의 혼혈 아들도 유사한 경험을 했다. Vivian McGuckin Raineri, *The Red Angel: The Life and Times of Elaine Black Yoneda, 1906~1988*, New York: International Publishers, 1991, pp. 224~225.

4. 마치며

혼종결혼정책을 도입함으로써 군사 당국은 1/16의 일본인 혈통을 가진 사람은 모두 강제수용 대상이라는 방침에서 일단 후퇴했다. 혼종결혼정책에 의거하여 1/2 이하의 일본인 혈통인 모든 혼혈아와 백인 가정에 입양된 일본인 고아는 강제수용정책의 면제 대상으로 지정됐다. 이 정책은 혼종결혼가족의 환경이 일본인 가족의 환경과 달리 비일본인 환경이라는 가정에서 출발했다.

그러나 모든 혼종결혼가족이 자동으로 비일본인 환경을 가졌다고 여겨지지는 않았고 혼혈아의 정체성을 정의하는 데 혈통과 환경이 여전히 밀접한 관계를 가지고 작동했다. 절반 이하의 일본인 혈통을 가진 혼혈아에게 백인 환경, 혹은 비일본인 환경을 제공할 수 있는 존재는 백인, 혹은 비백인 아버지이거나 백인 어머니였다. 백인 가정에 입양된 일본인 고아도 백인 환경 속에 있는 것으로 간주되었다. 물론 이 경우에도 백인 환경의 소재지는 백인 양부모였고, 군사 당국은 백인 양부모의 자녀 양육권을 인정해준 셈이다. 혼종결혼정책은 백인 가정에 입양된 일본인의 정체성이 그의 일본인 혈통에 의해 정의된다고 보지 않았던 것이다. 이는 모든 일본인 후손이 적대국 일본인 환경을 가지고 있다는 군사 당국의 본래 주장에서 벗어나는 것이었다.

백인 가정의 일본인 입양아 및 혼종결혼가족의 혼혈아, 이들에 대한 별도의 정책은 일본계 미국인 수용정책의 인종 정치를 반영했다. 이 인종 정치는 일본인을 미국에 적대적이고 이질적인 존재로 동일시하면서 동시에 백인성을 미국적 국민주의의 본질로 보았다. 일본계 미국인 강제수용은 미국 사회의 왜곡된 애국주의와 인종주의가 무고한 일본계 미국인들을 볼모로 삼고 미국 헌법에 보장된 시민권의 권리를 근본적으로 침해한 사건이었다. 혼종결혼가족 중 일부가 강제수용정책으로부터 면제받았다고는 하지만, 이 정책의 근간을 이루던 인종 정치에 근본적 변화를 주지는 않았다.

그럼에도 불구하고 여러 유형의 혼종결혼가족과 혼혈아의 존재, 백인 가정의 일본인 입양아의 존재는 '모든 일본인 후손'이라는 인종 개념의 약한 고리를 노출시켰다. 이들의 정체성을 정의하기 위해 혼종결혼정책은 혈통과 환경의 측정 기준을 세우고자 했으나, 이 글에서 보여주었듯, 이 기준들은 일관성 있게 적용되지도 않았다. 부분적으로 일본인인 혼혈아와 백인 가정에 입양된 일본인 고아의 존재는 일본인과 백인이 각각 고정된 인종 범주라는 인식의 자의성을 고스란히 드러냈다.

---

* 이 글은 《역사와 문화》 24집(2012년 11월)에 게재되었다.

참고문헌

1차 자료

Headquarters Western Defense and Fourth Army, Office of Commanding General, Presido of San Francisco, California, "Glossary of Terms," *Final Report: Japanese Evacuation from the West Coast, 1942*, Washington D.C.: GPO, 1943.

Mixed Marriage Files 291.1, Box 28, Record Group 499, Central Correspondence 1942~1946, Wartime Civil Control Administration and Civil Affairs Division, Western Defense Command and the Fourth Army, Records of U.S. Army Defense Commands (WWII), National Archives at College Park, Maryland.

War Relocation Authority Case Files, Record Group 210, National Archives at Washington D.C. ; Records about Japanese Americans Relocated during World War II, 1942~1946, Record Group 210, National Archives at College Park, Maryland, http://aad.archives.gov/add/series-description.jsp?s=623&cat=WR26&bc=,sl 〔2010년 12월 10일 검색〕

2차 자료

권은혜, 〈인종간 결혼에 대한 법적 규제와 사회적 금기를 넘어서: 1880년에서 1945년까지 미국 서부에서 아시아계 남성과 결혼한 백인 여성의 경험을 중심으로〉, 《미국사연구》 34, 2011.

Barkan, Elazar, *The Retreat of Scientific Racism: Changing Concepts of Race in Britain and the United States between the World Wars*, Cambridge; Cambridge University Press, 1993.

Daniels, Roger, *Prisoners without Trial: Japanese American in World War II*. 2nd ed., New York: Hill and Wang, 2004.

Herman, Ellen, *Kinship by Design: A History of Adoption in the Modern United States*, Chicago: University of Chicago Press, 2008.

Kashima, Tetsuden, *Judgment without Trial: Japanese American Imprisonment during World War II*, Seattle: University of Washington Press, 2003.

Kwon, Eunhye, "Interracial Marriages among Asian Americans in the U.S. West, 1880~1954," Ph.D. diss., University of Florida, 2011.

Ng, Wendy, *Japanese American Internment during World War II*, Westport, Conn.: Greenwood Press, 2002.

Ngai, Mae, *Impossible Subjects: Illegal Aliens and the Making of Modern America*, Princeton: Princeton University Press, 2004.

Pascoe, Peggy, *What Comes Naturally: Miscegenation Law and the Making of Race in America*, New York: Oxford University Press, 2009.

Raineri, Vivian McGuckin, *The Red Angel: The Life and Times of Elaine Black Yoneda, 1906~1988*, New York: International Publishers, 1991.

Robinson, Greg, *By Order of the President: FDR and the Internment of Japanese Americans*, Cambridge, Mass.: Harvard University Press, 2001.

Spickard, Paul, "Injustice Compounded: Amerasians and Non-Japanese Americans in World War II Concentration Camp," *Journal of American Ethnic History* Vol. 52, 1986.

Takaki, Ronald, *A History of Asian Americans: Strangers from a Different Shore*, 2nd ed., Boston: Little, Brown and Company, 1998.

Weglyn, Michi, *Years of Infamy: The Untold Story of America's Concentration Camps*, Updated ed., Seattle: University of Washington Press, 1996.

보이지 않는 혼혈인

〈내가 낳은 검둥이〉로 본 대한민국 '검은 피부'의 정치학

김청강

1. 흑인 혼혈 한국인, 그들은 누구인가

양공주 어머니와 흑인 혼혈인 아들의 이야기를 다룬 영화 〈수취인 불명〉(2001)이 대종상을 받으며 세간의 주목을 끌었던 때까지만 해도, 흑인 혼혈 한국인[1]의 문제는 한국 사회에 그다지 가시적으로 드러나지 않았다. 흑인 혼혈 한국인은 해방 이후 미군이 한반도에 진주하기 시작하면서부터 태어나기 시작하여, 한국전쟁 이후 기지촌을 중심으로 그 수가 점차 늘어나며 한국 인구의 작은 일부분을 이루었다. 그러나 이들은 매우 최근까지도 정치적·사회적·문화적으로 한국인으로 인정받지 못하고 있다. 이는 분명한 한국의 '인종' 문제이지만, 사람들은

---

1 '흑인 혼혈 한국인'이라 하면, 누구를 지칭하는지가 모호할 수 있다. 대부분의 흑인 혼혈 한국인은 그동안 '흑인 혼혈인'으로 지칭되었다. 그러나 '혼혈인'이라는 용어는 순혈주의를 가정할 뿐만 아니라 대한민국의 혼혈인이 받았던 차별에 대한 기억을 환기시킨다는 점에서 부적절한 용어라고 생각한다. 이에 이 글에서는 다소 생소하지만 혼혈인으로 한국에서 나고 자라온 사람들을 '흑인 혼혈인' 대신 '흑인 혼혈 한국인'이라는 용어를 사용하여, 해방 이후부터 한국 사회에서 한국인이지만 비한국인으로 살아온 이들의 사회적·문화적 위치를 전복시키고자 한다.

한국에는 인종 문제가 존재하지 않는다고 '상상하며', 이들의 문제를 한국의 문제라기보다 국제 정치 문제의 일부로 간주해온 것이 사실이다. 이런 의미에서 이들은 항상 한국에 있었지만 '보이지 않는' 사람들이었다.

몇 년 전 하인즈 워드를 비롯한 많은 흑인 혼혈 한국인들의 성공 소식이 알려지면서, 이들을 자랑스러운 한국인으로 보는 시각이 생기기는 했다. 그러나 성공한 흑인 혼혈 한국인에게만 국한되는 이야기일 뿐, 한국의 인종주의가 사라졌다는 것은 아니다. 이들이 이렇듯 오랫동안 '다른' 인종으로 여겨졌던 가장 큰 이유는 그들의 출생이 이른바 '동맹 속의 섹스'라는 한국의 현대 정치사 속에서 야기된 복잡한 사회문화적 문제였기 때문이다.[2] 기지촌이라는 공간 속에서 다양한 방식으로 이루어졌던 한국인(주로 여성)과 미국인(주로 남성)의 관계는 국내 문제라기보다는 기지촌이라는 공간의 독립적인 문제, 부적절한 관계로 인한 문제, 혹은 국가의 수치심을 일으키는 사회문화적 문제로 인식되었다. 이러한 이유로 이들 사이에서 탄생한 이른바 '혼혈아'들은 오랫동안 국가와 민족의 경계에서 비국민이라는 이름의 잔인한 공백 속에서 살아왔다.

이들이 대한민국 국민의 소수자로나마 인식되기 시작한 것은,[3] 최근 한국 사회에 다문화라는 개념이 생기면서부터이다. 21세기 이후 대한

---

2 Katharine H. S. Moon, *Sex Among Allies: Military Prostitution in U.S.—Korean Relations*, Columbia University Press, 1997.

3 최근에 들어서야 한국전쟁 이후 태어난 혼혈 고아의 문제와 한국의 인종주의를 다룬 논문들도 나오고 있다. 대표적으로, 김아람의 〈1950년대 혼혈인에 대한 인식과 해외 입양〉, 《역사문제연구》 22, 2009(이 책의 '1950년대 한국 사회의 혼혈인 인식과 해외 입양'); Eleana J. Kim, *Adopted Territory: Transnational Korean Adoptees and the Politics of Belongings*, Duke University Press, 2010이 그러하다.

민국 내 외국인 인구가 급속도로 늘면서 한국도 이제는 '다문화 사회'라는 인식이 생겨났다. 주로 한국의 노동과 출산 문제를 해결하기 위해, 정부는 늘어나는 외국인 인구를 포섭할 필요가 있었고, 이를 위해 여러 가지 캠페인을 현재에도 펼치고 있다. 물론 이러한 정치 캠페인이 재한 외국인에 대한 긍정적 이미지를 생산한 것은 사실이지만, 다른 한편으로는 대개의 캠페인이 이들을 한국에 동화시키는 방향에서 이루어지고 있기에, 한국이 해방 이후부터 지속적으로 생산해온 대한민국의 '순혈주의'적 국민 구성은 더욱 강화되고 있는지도 모른다. 특히 타 인종 중에서도 피부색이 검은 인종과의 '섞임'은 계급화·젠더화되면서 한국의 하층부의 표상으로 만들어지고 있음은 주지의 사실이다. 따라서 흑인 혼혈 한국인을 둘러싼 국민을 구성하는 정치적·사회적·문화적 과정을 살펴보는 작업은 크게 보면 대한민국의 순혈주의적 인종주의의 역사와 그 메커니즘을 파악하는 시도라고 할 수 있을 것이다.

특히 이승만 정부(1948~1960) 때부터 시작된, 혼혈아들을 미국에 '수출'했던 적극적 인종차별주의 정치는 이후 한국 사회 내 다양한 인종차별적 정치, 문화로 계승되었다는 점에서 주목할 필요가 있다. 이승만 정부는 한편으로는 '혼혈' 고아들에게 온정적인 시선을 보내는 듯하면서도 이 온정을 베풀 나라가 미국이라는 점을 강조하며, '고아 수출'을 통해 '혼혈' 한국인을 추출해내려 했다. 이런 식의 '인종주의적 생명 관리'는 미국이 1962년 외국의 혼혈 고아 입양을 제한하는 정책을 실시하면서 방향을 달리하게 되었고, 이후부터 '수출'되지 못하고 한국에 남은 혼혈인들은 기지촌 인구로 분류되면서 게토화되었다. 이러한 실질적 분리 정책에 무리가 오기 시작한 것은 한국전쟁 이후에 태어난 혼혈인들이 성년이 된 1970년대부터이다. 이 무렵 다수의 혼혈인들은 병역 면제 대상으로 분류되어, 그들의 의지와 상관없이 제2

국민역에 포함되었다. 이들은 '외관상 식별이 명백한 혼혈인'으로 지칭되며 2010년에 병역법이 개정되기 이전까지 인종적으로 '구분'되는, 한국 내 '보이지 않는 한국인'이었다. 이러한 법적, 문화적 구분 속에서 이들이 공적 영역에 '보이는' 방식은 역설적으로 '보이지 않게 하는' 방식과 다르지 않았다.

이 글에서는 혼혈인 중에서도 차별이 가중되었던 흑인 혼혈 한국인들이 공적 영역에서 '보여지는' 방식의 정치적·사회적·문화적 의미를 분석함으로써, 배제와 구분의 정치가 어떻게 이들을 한국 사회에서 주변화했는지를 분석하고자 한다. 이를 위해 흑인 한국인을 '가시화'한 직간접적인 자료를 통해 이들이 어떤 방식으로 공공 매체에 재현되었는지를 추적할 것이다. 특히 해방 이후 문학작품과 신문, 잡지 등의 문자 매체, 그리고 영화 〈내가 낳은 검둥이〉(1959)와 사진, 〈대한뉴스〉 등의 시각 매체에 나타난 혼혈인의 이미지들이 중요한 사료로 다루어질 것이다. 안타깝게도 영화 〈내가 낳은 검둥이〉의 프린트는 존재하지 않는다. 대신 시나리오와 남아 있는 스틸컷 등을 정밀하게 살펴보면서, 흑인 혼혈 한국인의 문제가 단순히 피부색이나 외형 구분의 문제가 아니라 '동종'의 한국인을 구성하고자 했던 대한민국의 인종주의적 민족 구성 방식의 한 원리였음을 가시화하고자 한다.

2. 대한민국 흑인의 표상

1959년에 제작된 영화 〈내가 낳은 검둥이〉의 제목이 단편적으로 제시하듯이, '검둥이'라는 단어의 사용은 다른 인종에 대한 구분과 멸시뿐만 아니라 이 검둥이를 낳은 '나(여자)'의 인종화 과정도 동시에 보여

그림 1 1955년 동아일보는 8월 16일부터 26일까지 〈해방 10년의 특산물〉이라는 특집 기사를 실었다. 이 특집 기사에서는 해방 이후에 새로 생긴 사회 풍속을 "사바사바, 양공주, 감투싸움, 암생이, 부로커, 사창, 사치" 등 부정적인 측면에서 살펴보았다. 〈해방 10년의 특산물(3) 양공주〉, 《동아일보》 1955년 8월 18일자.

준다. 검둥이라는 말은 원래 흑인 혼혈 한국인뿐만 아니라 아프리카나 미국의 흑인을 비하하여 불렀던 용어이지만, 이 영화에서는 주로 '혼혈 흑인'을 지칭한다. 제목에서부터 '나'와 '검둥이'의 관계가 원색적으로 드러나면서, 영화는 대중에게 호기심, 경멸, 비극적 감정을 동시에 불러일으킨다. '코쟁이', '빼코', '흰둥이'처럼 백인을 표현하는 인종주의적 단어와 더불어 '검둥이'나 '깜둥이'라는 단어는 동물화되며 극단적인 경멸의 느낌까지 준다. 흔히 '혼혈인'을 지칭할 때 쓰는 '튀기'라는 단어는 원래 동물의 잡종을 지칭하는 말인데, 다른 인종을 지칭하는 이런 폭력적 단어가 한국 사람들 사이에서 흔히 쓰였다는 것은 지독한 순혈주의에 기반을 둔 한국 사회의 비인격적 인종주의의 단면을 드러낸다. 그리고 종종 이런 단어들은 한국의 대다수 사람에게 별다른 양심의 가책 없이 일반적으로 사용되었다. 이러한 용어를 일상에서 쓰는 사람의 심리는 자신과 타자를 집합적으로 구분하면서 타 인종뿐만 아니라 '더럽혀진' 우리 인종과의 분리 또한 명확히 하여, 순혈주의적 한국인으로 남고자 하는 것이다.

피부색이 다른 사람들에 대한 이러한 부정적 인식은 해방 이후 한국에 해방군이 진주하면서부터 가속되었다. 1940~1950년대의 문학작품에는 혼혈인이라는 말이 자주 등장한다. '혼혈'은 해방 직후 신탁통치라는 정치적 상황에서 외국인이 한국 땅에 머무르는 것 자체에 대한 혐오감과 두려움을 나타내며, 대한민국 국민의 정체성의 위기를 표현한다. 이중에서도 특히 흑인과 한국인 사이에서 태어난 혼혈인의 표상은 민족의 정체성에 대한 불안을 가속시켰다. 산술적으로만 따져본다면, 아마도 백인 혼혈인의 수가 흑인 혼혈인의 수를 크게 능가할 가능성이 높다. 그럼에도 불구하고 흑인 혼혈 한국인이라는 범주는 한국인의 치욕으로 상징되면서, 매우 부정적인 이미지로 그려졌다.

이런 부정적인 이미지가 민족의 불안 요소로 작동하면서 극단적으로 드러난 예로는 주요섭의 소설 〈혼혈〉을 들 수 있을 것이다. 이 소설은 빨래터에서 만난 마을 아낙들의 수군거림으로 시작하는데, 그 내용은 바로 동네의 어떤 여인이 아이를 낳자마자 산 채로 묻어버렸다는 것이다.[4] 소설과 산문의 중간쯤 되는 형식으로 쓰인 이 소설은 초반부에서 주인공 김소사라는 여인이 어떻게 미군 병사와 관계를 맺었고 왜 아이를 산 채로 묻었는지 그 자초지종을 설명하는데, 흥미로운 부분은 김소사가 왜 흑인 미군 병사와 관계를 맺었는지를 묘사하는 부분이다. 주요섭은 젊은 나이에 과부가 되어 가난하게 사는 김소사를 매우 동정적인 시선으로 바라보며, 김소사가 흑인 병사에게 겁탈을 당한 다음날 아침에 슬픔보다는 성적 만족을 오랜만에 느껴 "기분 좋은 나른함을 느꼈다"라고 묘사한다. 때문에 그 일로 김소사는 마을 주민에게 멸시받고, 죽은 한국인 남편과의 사이에서 태어난 아이들마저 다른 마을 아이들로부터 따돌림을 당하는 경험을 하지만, 죄책감을 느끼는 인물은 아니다.

그러나 작가의 이런 시선은, 그녀가 혼혈아를 낳는 장면에 이르면

---

4   주요섭, 〈혼혈〉, 《대조》 4-2, 1949년 7월호.

돌연 바뀐다. 작가는 혼혈아가 태어날 경우 이것이 가져올 사회적 파장을 걱정하기 시작한다. 작가는 서양 과학지식인 '멘델의 법칙'을 인용하며, 왜 흑인 혼혈아를 산 채로 땅에 묻은 것이 잘한 일인지 설명한다. '멘델의 법칙'에 의하면 흑인 혼혈아가 태어나서 혹시라도 한국인을 닮을 경우라도, 이 아이가 결혼하여 2세대를 낳으면 '반드시' 검은 형질이 나오게 마련이라는 것이다. 따라서 아이를 죽인 것이 도리어 잘한 일이라는 것이다. 작가는, 미국 미시시피 주에서 백인 부부가 흑인 아이를 낳은 경우가 있었는데, 아내의 부정을 의심한 남편이 이혼 소송을 하고 아내는 자신의 결백을 주장하여 이들의 가정 문제가 법정에 오른 이야기를 전한다. 법정에서 이 두 백인 남녀의 족보를 연구한 결과, 남편의 어머니가 흑인이었음이 뒤늦게 밝혀졌다고 하며, 이러한 비극이 한국에서는 일어나면 안 된다고 강변한다. 작가는 아이를 산 채로 묻어버린 것은 미래의 비극을 막기 위한 어쩔 수 없는 선택이었다고 말한다. 이 이야기에서 흥미로운 지점은, 우선 검은 피 형질의 발현 방식에 관한 과학적 서술이 독자를 설득하는 방식으로 적절히 사용되었다는 것이고, 이러한 '과학적 상상'을 통해 미래에 일어날지 모를 비극의 '가능성'을 막고 아이 살해를 정당화한다는 것이다. 다시 말해, 검은 피의 발현은 어쨌거나 한국에서는 비극의 원천일 수밖에 없다는 이야기이다.

주요섭의 소설이 아이가 태어나기도 전에 검은 피 발현의 가능성을 한국에서 완전히 박멸하여 이들의 존재 자체를 부정했다면, 염상섭의 〈양과자갑〉에서는 '검은 피'가 한국 사회에서 구체적으로 어떻게 인식되는지를 매우 냉소적으로 보여준다.[5] 〈혼혈〉에서 주요섭이 김소사에게 동정적인 시선을 보내면서도 혼혈을 부정했던 것과는 다르게, 염상

---

5 염상섭, 〈양과자갑〉(1948), 《만세전, 두 파산, 전화, 양과자갑》, 창비, 2005.

섭의 〈양과자갑〉은 혼혈로 태어난 아이보다도 흑인 병사와 어울리는 한국 여성에 대한 한국 사회의 혐오를 잘 보여준다. 캐서린 문이 밝혔듯이, 흑인을 상대로 하는 기지촌 여성은 인종적으로 흑인과 동일하게 취급되었는데,[6] 이런 백인 중심의 인종주의적 시선이 이 작품에도 고스란히 나타난다. 백인을 상대로 하는 기지촌 여성은 '깨끗하고' '예쁘다'고 표현되는 반면, 흑인을 상대하는 여성은 구역질 나는 여성으로 묘사된다. 이런 묘사는 혼혈 자체나 외국인 전체에 대한 혐오증보다는 '흑인'에 대한 혐오와 그들에 대한 인종주의적 시선이 일반화된 일상을 표현한 것이다.

캐서린 문이 주장했듯이, 흑인에 관한 이러한 인종주의적 시선은 미국의 인종주의적 문화가 기지촌에 들어오면서 학습된 측면이 있기는 하다. 그러나 캐서린 문의 주장은 해방 이전부터 한국 사람들 사이에 이미 피부색과 관련한 인종주의 문화가 있었음은 간과한다. 박노자가 주장했듯이, 개화기와 근대화 과정을 통해 '백인 문물'은 선진적이라는 의식이 조선의 엘리트에게 매우 넓게 퍼져 있었다. 사회진화론적 세계관에 근거한 개화라는 개념은 선진국과 후진국에 대한 선명한 차별 의식에 근거한 것이었고, 피부색에 대한 차별 역시 이와 연계되었다.[7] 이러한 오래된 잠재의식이 해방 후 민족적으로 동질한 한국 문화를 구성할 때에 발현되어 흑인 '혼혈인'에 대한 혐오로 가시화되며 한국인의 비백인 외국인에 대한 뿌리 깊은 경멸이 강화되어 왔다.

---

6 캐서린 문은 기지촌 내 여성의 사회적 계급과 자아 형성은 미국인들이 가지고 있는 인종주의적 방식과 동일한 방식으로 이루어졌다고 주장했다. Katharine H. S. Moon, "Prostitute Bodies and Gendered States in U.S.-Korea Relations," *Dangerous Women: Gender & Korean Nationalism*, Routledge, 1998, pp. 144~145.

7 박노자, 《나를 배반한 역사》, 인물과사상사, 2003.

해방 이후 문학에서 검은 피부가 주로 민족의 순수성을 해치는 요소로 표현되었던 데 반해, 대중문화에서는 좀 더 복잡한 검은 피부의 재현 방식이 발견된다. 식민지 시기부터 형성된 미국 대중문화 속 인종주의적 시선은 해방 이후까지도 한국 대중문화의 흑인 재현 방식에 큰 영향을 미친 듯하다. 예를 들어, 유치진은 해방 전인 1937년에 미국 흑인 이야기를 처음으로 다룬 뮤지컬 〈포기 (Porgy)〉를 초연했는데, 이때 공연이 그다지 성공을 거두지 못하자, 해방 후인 1949년에 이 뮤지컬을 〈검둥이는 서러워〉라는 이름으로 무대에 다시 올린다. 이 새로운 제목에서 알 수 있듯이, '검둥

그림 2 뮤지컬 〈검둥이는 서러워〉 신문 광고. 《경향신문》 1948년 6월 13일자.

이'라는 단어를 사용함으로써 '검은 피부'와 '서럽다'는 이미지가 뮤지컬에 새로이 부가되었다. 이 제목은 아마도 해방 이후 한국 땅에 나타나기 시작한 흑인에 대한 인식을 의식하며 관객의 눈을 사로잡고자 한 의도로 지어졌을 것이다. 그러나 정작 무대에 올려진 이 뮤지컬은 인종주의적 상황보다는 한국에서는 볼 수 없던 미국식 화려한 무대와 음악을 선보이는 데 중점을 두었다. 이 뮤지컬이 1937년 무대에 올랐을 때, 평론가들은 "'아메리카'의 영화에서 볼 수 있는 …… 낙천적인 흑인들의 성격 이러한 그릇된 해석을 연극 '포기'가 고래로 바더드린 것 같다"[8]라

---

8   우수진, 〈미국 연극의 번역 공연과 '아메리카'의 상상〉, 《한국 극예술 연구》 39,

고 비판했다. 즉 미국 연극의 인종주의적 성격—흑인을 낙천적 인물로 만드는—을 유치진이 그대로 재현한 것에 대한 비판이 있었던 것이다. 해방 후에도 유치진은 인종차별의 정치적 문제보다는 당시 미군으로 한국에 와 있던 흑인 병사 '에드워드 씨'의 도움을 받아 음악적으로 더욱 완성도 높은 뮤지컬을 만드는 데 노력을 기울였던 것으로 보인다.[9] 그러나 신문에 실린 이 뮤지컬의 광고만 보더라도 흑인의 '검은색 피부'가 강조되면서 이에 얽힌 '서러움'의 정서는 찾아보기 힘들다. 〈포기와 베스〉가 처음 브로드웨이에 뮤지컬로 무대에 올려졌을 때, 인종주의 문제가 불거졌음에도 불구하고 이 뮤지컬의 음악을 작곡한 조지 거슈윈의 음악적 재능에 찬사가 집중되었던 것처럼, 한국에서 〈검둥이는 서러워〉가 공연되었을 때에도 여기에 등장하는 검은 피부는 음악을 전달하는 하나의 공연적 장치로 여겨졌다.

그러나 검은 피부의 문제가 미국이 배경이 아니라 '한국인이 낳은 흑인'의 문제가 될 때에는 그 표상이 더 복잡한 양상을 띤다. 〈포기와 베스〉와는 다르게 흑인 혼혈 한국인이 문제시되는 〈내가 낳은 검둥이〉는 영화로 만들어지기 전 '악극'이라는 대중공연 형식으로 무대에 먼저 올려졌다. 1953년 피란지에서 올려졌던 〈내가 낳은 검둥〉의 사진을 보면 〈검둥이는 서러워〉에서와 마찬가지로, 검은 피부가 이국성을 드러내기 위한 하나의 공연적 장치로 작용한 듯하다. 앞서 살펴본 해방 후 문학작품이 혼혈 문제를 심각한 정치적 문제로 다룬 것과는 다르게 한국 여성 배우의 몸에 덧칠한 검은색 피부는 여성의 섹슈얼리티가 강조되며 오히려 관객의 시선을 자극하는 피사체로 보인다.

2013, 103쪽에서 재인용.

9   위의 글, 104쪽. '에드워드 씨'가 누구인지는 명확히 알려져 있지 않다.

뮤지컬 〈검둥이는 서러워〉와 악극 〈내가 낳은 검둥〉의 대본이 존재하지 않는 상황에서 이 둘의 유사성을 찾기는 매우 어렵지만, 이 사진으로 추측해볼 때 배우 고향미를 통해 구현된 검은 육체는 카니발적인 매력으로 서러움을 압도한다.

그림 3 1953년 악극 〈내가 낳은 검둥〉 대구 공연 당시의 고향미. 남편 박노홍과 함께. 김의경, 〈1950년대의 무대스타, 고향미 여사 향년 91세로 별세〉, 《한국연극》 2012년 6월호.

그러나 1955년 백조악극단이 올린 〈내가 낳은 검둥이〉에서는 강조점이 조금 바뀐다. 백조악극단은 '눈물의 여왕'이라 불리며 신파극의 비극적 어머니 역할의 일인자였던 전옥에게 '검둥이'의 어머니 역할을 맡겼다. 따라서 백조악극단의 이 공연에서는 검은 피부보다는 어머니의 비극성이 강조되었을 것으로 추측된다. 〈그림 4〉의 신문 광고를 보면 "20년 후에는 반드시 이러한 일이 일어난다!"라는 문구가 쓰여 있는데, 이는 비극이 현재가 아닌 미래에 있으며 비극의 당사자가 검은 피부를 가진 혼혈아라기보다 그 어머니라는 점을 강조하는 것이다. 이 광고에서는 흑인 혼혈 한국인의 검은 피부보다 한복을 차려입은 어머니(전옥)가 강조된다. 어머니는 희생된 한국 여성의 상징이며, 이는 전쟁을 겪은 한국 어머니의 전형으로 일반화된다. 물론 광고에서 OMC 악극단의 어트랙션쇼(attraction show: 극이 행해지는 중간중간 무대장치를 변형할 필요가 있을 때 공연되는 쇼)가 강조된 것을 통해 이 악극이 대중적 볼거리와 화려한 무대가 연출되었을 거라는 짐작도 가능하다.
그러나 극의 중심은 여전
히 어머니의 비극에 있다
고 봐야 할 것이다.

희생된 한국인 어머니
와 검은 피부를 가진 혼혈
아라는 문화 아이콘은 영
화 〈내가 낳은 검둥이〉에
서 더욱 다각적으로 이용
된다. 〈그림 5〉에서 보이
듯이, 영화에서는 혼혈인
의 검은 피부와 이 아이를
낳은 어머니의 비극이 비

그림 4 악극 〈내가 낳은 검둥이〉 신문 광고. 《동아
일보》 1955년 2월 4일자.

교적 비슷하게 강조된 것으로 보인다. 신문 광고 위쪽 원 안에 있는 여
배우는 최지희로 검은 피부를 드러내고 있고, 아래쪽 세 명은, 왼쪽부
터 최지희의 아역을 연기한 김양수, 아버지 역할의 최무룡, 어머니 역
할의 이민자이다. 광고는 "우리는 듣는다! 혼혈아의 울음소리를! 그러
나 우리는 본다! 그들의 행복한 숙명을!"이라는 문구로, 흑인 혼혈 한
국인의 비극과 더불어 어떤 낙관적 미래가 펼쳐질 것이라는 예상을 하
게 한다.

흥미로운 점은 어머니의 이미지 변화로, 신파배우 전옥이 분했던 전
통적이면서도 수동적인 희생자의 이미지가 1950년대에 수많은 영화에
등장했던 전후파 여성, 이른바 '아프레걸' 이미지로 치환되었다는 것이
다. 영화 〈내가 낳은 검둥이〉의 컬러 포스터(〈그림 6〉)에서 보이듯이, 어
머니 역을 맡은 이민자는 강한 서구적 여성성과, 유린되었지만 순결한

그림 5 영화 〈내가 낳은 검둥이〉 신문 **그림 6** 영화 〈내가 낳은 검둥이〉 컬러 포스터. 한
광고. 《동아일보》 1959년 5월 19일자.   국영상자료원 소장.

여성의 이미지를 가지고 있으며, 흑인 혼혈아 역을 맡은 최지희는 다리
를 꼬고 앉아 있는 도전적인 모습을 통해 전후 도전적인 아프레걸의 모
습을 보여준다. 포스터 왼쪽 구석 아래, 등을 돌린 채 두 여인을 두려움
과 안타까움이 섞인 시선으로 바라보는 최무룡의 이미지는 억눌린 듯하
면서도 이러한 상황을 방관할 수밖에 없는 한국 남성을 표상한다. 이에
반해 흑인 혼혈인의 이미지는 모호하다. 영화의 초반에 등장하는 흑인
혼혈인의 아역은 동정심을 유발하지만, 이 아이의 성인 역을 맡은 최지
희의 이미지는, 그녀가 전작 〈아름다운 악녀〉에서 보여줬던 소매치기
고아 소녀의 이미지와 마찬가지로, 파격적인 매력을 가지고 있다.[10] 포

---

10 여배우 최지희는 〈아름다운 악녀〉로 1958년 영화계에 혜성처럼 등장하여, 소매치

스터에 나타난 이러한 이미지는 이 영화의 방향성을 예고한다. 즉, 어머니는 성공한 아프레걸의 이미지로, 그의 딸이지만 검은 피부를 가진 소녀는 동정심을 갖게 하면서도 위협적인 존재로 아이콘화된다.

지금까지 해방 이후 나타난 검은 피부의 혼혈인과 그들을 낳은 어머니에 대한 인종적 시선 또한 살펴보면서, 이러한 이미지들이 한국의 역사적 변동이나 사람들의 사회문화적 포용력에 따라 변화했음을 살펴보았다. 또한 이미지를 구성하는 매체나 발화자에 따라 검은 피부의 표상이 달라지며, 이는 역설적으로 '피부색'이라는 것이 문화에서 한 인간에게 고정된 결정론적인 것이 아니라 사회문화적 상황에 따라 변할 수 있는 '수행적(performative)'인 것이라는 사실을 보여준다. 다음에서는 이러한 인종 구성의 수행성에 의미를 부여하면서, 사람들이 타자에게 품는 '구별된다'는 인식이 사회적으로 어떻게 유통되며, 이러한 구별이 어떻게 사회적 차별성으로 구성되는지 영화 〈내가 낳은 검둥이〉를 중심으로 살펴보도록 하겠다.

3. '구별된다'는 것, 그 폭력적 인식

영화 〈내가 낳은 검둥이〉의 줄거리는 다음과 같다.

'남주'(이민자 분)는 한국전쟁이 한창이던 때, 전쟁터에서 홀로 고립되었다가 우연히 미군 흑인 병사 '쌔크라멘토'(이하 쌔크)에 의해 구출된다. 전쟁터에서 가까스로 살아남은 둘은 서로 사랑에 빠지게 된다.

기 소녀의 거칠고 길들여지지 않은 모습으로 관객의 시선을 사로잡았다. 이후에 출연한 여러 영화에서도 그녀는 거침없는 여성의 모습을 연기하며 1950~1960년대의 대표적인 한국의 여배우로 자리를 잡았다.

둘의 관계는 순수한 사랑에 따른 것이었지만, 사람들은 남주를 '검둥이 양갈보'라고 부른다. 수치심에 괴로워하던 남주는 쌔크에게 한국을 떠나줄 것을 요구하고, 이런 점을 이해하지 못한 쌔크는 슬픈 마음으로 한국을 떠난다. 그러나 쌔크와의 결별은 남주에게 비극의 시작이었다. 남주는 쌔크가 떠난 지 얼마 안 되어 혼혈아 '쥰'을 출산했기 때문이다. 처음에는 쥰을 고아원에 보내버렸지만, 죄책감을 느낀 남주는 얼마 후 다시 쥰을 고아원에서 찾아와 옛 애인 정윤과 같이 키운다. 처음에는 아이를 자기 자식처럼 키워줄 것 같던 정윤조차 점차 쥰을 냉대하고 쥰에 대한 동네 사람들의 차별이 심해지자, 남주는 정윤을 떠나 홀로 살기로 결심한다. 절치부심하며 일하던 그녀는 수년 후 '호텔 블랙 퀸'의 사장이 된다. 그러나 그녀와 쥰의 생활은 사회적으로 구설수에 오른다. 남주가 젊은 남자 지배인과 사랑에 빠지고, 쥰도 돈으로 자신이 원하는 남자와 데이트나 하면서 살기 때문이다. 그러던 어느 날, 미국으로 떠났던 쌔크가 한국에 돌아와 호텔 블랙 퀸에 묵고 우연히 남주와 쥰을 만난다. 쥰을 만난 감격과 아버지로서 의무를 느낀 쌔크는 쥰을 미국에 데려가기로 한다. 한국에 남기로 한 남주도 앞으로는 혼혈 고아를 돌보며 일생을 보내기로 한다.

이 영화의 줄거리는 크게 두 가지 내러티브로 요약할 수 있다. 하나는 남주와 쌔크의 만남, 그리고 이 만남의 비극적 결말이다. 비극 내러티브는 남주가 쥰을 낳으며 강화되고, 그들의 비극은 사람들의 폭력적인 언어 구사로 극단화된다. 남주와 쌔크의 관계는 그 진실 여부를 떠나서 '부적절한' 관계로 인식되고, 그녀의 존재는 '양갈보'로 전락하고 만다. 심지어 동네 아이들로부터도 '검둥이 양갈보'라고 불리는 견딜 수 없는 모멸 속에서, 남주와 딸 쥰을 위한 사회적 공간은 존재하지 않는 것으로 그려진다.

그림 7 영화 〈내가 낳은 검둥이〉의 한 장면. 왼쪽부터 양아버지 역의 최무룡, 혼혈아 쥰의 아역 김양수. 어머니 역의 이민자.

　영화의 또 다른 내러티브는, 이야기의 중후반부터 남주가 사장으로 성공한 이후의 위기 상황과 이의 극복으로 구성된다. 남주와 쥰은 아 프레걸 이미지로 형상화되면서, 한국의 보통 여성들과 달리 사회적 규 범을 넘나드는 여성들로 그려진다. 남주와 쥰은 한국 사회의 가부장 적 질서를 무너뜨리고 자신의 욕망에 따라 젊은 남성의 육체를 탐하 는 성적으로 일탈적인 존재이다. 특히 쥰의 '검은 육체'는 한국인과 구 별되는 경계를 가시화하며, 끊임없이 위험과 매력을 발산하는 복합적 인 이미지로 형상화된다. 이 두 가지 스토리는 마지막에 쌔크와의 만 남을 통해 휴머니즘적 시선으로 봉합되고, 쥰이 한국을 떠나는 서사로 마무리된다.

　영화의 첫 번째 내러티브를 좀 더 자세히 살펴보면, 남주와 쥰의 육체가 가시화되면서 구별되는 방식은 매우 선명하게 제시되는 것을 볼 수 있다. '순수한' 한국 여인이 외국인 남성과 관계를 맺을 때에는, 비록 사랑 혹은 순수한 동지 관계에서 시작했더라도 결코 순수한 관계로 인식될 수 없음을 영화는 명확히 한다. 영화에서는 1959년 부산을 현재로 설정하면서, 그사이에 남주가 어떤 일을 겪었는지를 술회한다.

> 남주의 소리: (T) 1959년 부산. 나의 비극은 여기서부터 싹 텄습니다. 나는 모든 것을 부정해보려고 노력도 해봤으나 인간과 인간 사이에 흐르고 있는 맥맥한 정은 시간과 거리와 인종의 차별 없이 내 마음을 사로잡은 것만은 사실이었습니다. …… 쌔크라멘토와 이 남주 사이가 그 후 어떻게 되었냐구요? 이제 서슴지 않고 여러분 앞에 얘기하겠읍니다.[11]

이 독백에 이어, 다음 장면은 그녀가 동네 아이들과 자신의 집에서 일하는 하녀에게 '검둥이 양갈보'로 불리는 순간을 제시한다. 그녀의 집에서 미군 비품을 파는 일로 생계를 유지하던 하녀 호야는, 남주가 보이지 않는 곳에서는 그녀를 '검둥이 양갈보'라고 부른다. 우연히 이를 듣고 충격을 받은 남주의 귀에 '검둥이 양갈보'라고 외치는 호야의 목소리가 히스테리처럼 맴돈다. 괴로워하던 그녀는 결국 쌔크에게 떠나줄 것을 요구한다.

> 호야(소) (E) 양갈보
> 남주: 쌔크, 저 소리 무슨 소린지 아세요?

---

11 김소동, 〈내가 낳은 검둥이〉 시나리오, 7쪽.

쌔크: 예쓰.

남주: 나가세요. 이젠 오지 마세요.

쌔크: 이러한 태도 나에게 보여주는 남주의 마음 알고 싶소. 무슨 일 생
    겼오?

남주: 당신은 사회학을 전공하셨죠? 내 심정을 몰라서 물으세요? 나는 양
    갈보. 검둥이 양갈보예요. 자 보세요.

남주(E): 이렇게 얻어맞었어요.

손. (Insert)

남주: 쌔크, 내 동생과 같은 한국 소년들이 검둥이 양갈보라고 분명히 그
    랬어요. 내 어머니나 내 할머니가 일찍이 들어보지 못했든 말이예요.
    당신의 애정도 좋지만 나더러 이 모욕을 참으란 말이예요? 쌔크라멘
    토.[12]

이 장면을 보면 남주가 쌔크와 함께 기지촌 근처에서 살았던 것은
확실해 보인다. 물론 남주가 미군을 상대로 성매매를 했는지 여부는
밝혀져 있지 않지만, 쌔크와 함께 살고 있다는 것 자체만으로 그녀가
성매매 여성으로 여겨진 것은 사실이다. 남주는, 이런 수모는 자신의
어머니나 할머니 세대에는 없었던 것이라며, 다른 인종과의 사랑이란
한국 역사에서 존재하지 않던, 참기 어려운 고통이라고 부르짖는다.
말하자면, 다른 인종과 관계하는 남주 자체의 몸 또한 다른 사람들의
시선과 구별에 의해 '인종화'되고, 특히 '양갈보'에 더해진 '검둥이'라는

---

12 〈내가 낳은 검둥이〉 시나리오, 9쪽.

단어는, 백인과 흑인 사이의 인종차별적 뉘앙스를 더하며 '백인 양갈보'보다도 못한 '흑인 양갈보'라는 인종차별적 경계를 남주의 몸에 덧입힌다. 이런 면에서 남주는 혼혈아를 낳기 전부터 쌔크와 같이 있다는 사실만으로 이미 인종차별을 받은 셈이다. 쌔크에게 떠날 것을 요구한 것은 이런 인종주의적 시선에서 벗어나고자 한 그녀의 몸부림이었다.

그러나 그녀의 이런 시도는 혼혈아 쥰을 낳으면서 더 큰 숙명으로 다가온다. 쥰의 검은 피부는 그녀의 '근원'을 태생적으로 드러내며, 그들에게 극단적 인종주의를 겪게 하는 요소가 된다. 이 영화의 가장 비극적인 장면은 이러한 피부색에 의한 극단적 인종주의가 사람들의 일상에 어떻게 나타나는지를 보여주는 부분이다. 쥰이 아직 어린아이일 때, 하루는 학교에서 친구들과 싸운다. 쥰과 싸운 친구의 엄마는 남주를 찾아와 '깜둥이년'이라는 인종주의적 욕설과 "나 같으면 우물에 빠져 죽은 지 옛날이다"라는 말들을 직설적으로 내뱉고 사라진다. 이런 장면을 목격한 쥰은 어디론가 사라지고, 남주는 어린 쥰을 찾아 헤매다가 마침내 우물가에서 무언가를 하고 있는 쥰을 발견한다.

남주: 쥰! 뭣하고 있어, 여기서?
쥰(소): 엄마!
남주: 아니, 왜 그랬니?

손 Close-up

쥰: 엄마, 애들이 자꾸만 검둥이라고 놀려서 검정 색깔을 없앨려구 암만 문질러도 벗겨지지 않어, 엄마!

남주: 준! (우물가에서 준을 안고 운다)[13]

이 비극적인 장면은 준의 피부에 각인된 인종주의에 대한 직접적인 묘사이다. 이런 장면이 극적 효과를 위해 영화에 더해졌다고 볼 수도 있겠지만, 당시 한국 사회가 구성하고 있던 직접적인 인종주의의 예이자 흑인 혼혈 한국인의 감정을 잘 표현했다고 할 수 있다. 더 중요한 사실은 이와 비슷한 이야기들이 도처에서 발견된다는 점이다.[14] 예를 들면, 1958년 《경향신문》에는 흑인 혼혈아 헬레나의 이야기가 보도된다. 이 기사는 영화 속 준과 마찬가지로 친구들에게 놀림을 받던 헬레나가 피부색을 지우려고 수세미와 모래로 손등을 피가 나도록 문지르는 모습이 발견되었다고 전한다. 시기적으로 따져보면 영화가 이런 신문 기사를 보고 후에 반영했을 가능성도 있지만, 중요한 점은 혼혈아들이 당한 이런 비극의 이미지가 매우 반복적으로 나타난다는 것이다. 더구나 이런 이미지가 주로 아이들이 어렸을 때 나타난다는 점은 주목할 만하다. 혼혈인 어린아이들이 사회에서 얼마나 부당한 대우를 받고 있는지를 고발하는 이러한 장면은 역설적이게도 대체로 온정주의적이고 휴머니즘적이다.

그러나 흑인 혼혈아들에 대한 온정주의적 시선은 이 아이들이 성인이 되면 사라진다. 즉, 아직 시민권이 정해지지 않은 아이들에게는 온정주의적 시선을 보내지만, 성인 혼혈인에게는 시민권이 순혈주의적 한국의 민족성에 따라 결정된다는 가정 하에, '한국인'이 아님이 명확히 규정된다. 성인이 된 혼혈 한국인은 '상상'할 수 없는 것이다. 〈내

---

13 〈내가 낳은 검둥이〉 시나리오, 18쪽.
14 조정래의 1978년 소설 〈미운 오리새끼〉에도 혼혈아가 피부 껍질을 벗겨내려고 모래로 손등을 문지른다는 이야기가 등장한다(조정래, 《외면하는 벽》, 해냄, 2012).

가 낳은 검둥이〉에서 쌔크가 쥰을 처음 만났을 때, 서로가 부녀간인
줄 모르고 친근한 대화를 나누는데, 이때 외국인과는 외모가 구별되는
'한국인'의 표상이 드러난다.

쥰: 호호. 네. 당신은 미국에서 오셨죠?

쌔크: 예쓰! 칼리포니아에서 왔습니다. 미쓰 쥰은?

쥰: 어디서 온 것 같애요?

쌔크: 글쎄요. 미국?

쥰: 호호… 틀렸어요.

쌔크: 용서하십시오. 그럼면 필립핀?

쥰: 아뇨.

쌔크: 인도네시아?

쥰: 호호… 노.

쌔크: 타일랜드?

쥰: 아뇨.

쌔크: 허허. 그럼 마라이? 인도네시아? 파키스탄?

쥰: 호호… 암만 그러서두 절대로 맞출 수 없을 거예요.

쌔크: 그럼?

쥰: 한국이에요.

쌔크: 코리아!

쥰: 나 한국에서 났어요.[15]

홍미롭게도, 쥰이 쌔크에게 자신의 국적을 맞추어보라고 제안하는

---

15 〈내가 낳은 검둥이〉 시나리오, 32쪽.

데, 쌔크는 결국 그녀가 한국인임을 맞추지 못한다. 그녀를 한국인으로 인식하지 못하는 쌔크의 시선은, 준이 이제껏 살아오면서 일반적으로 한국인들이 자신을 비한국인으로 바라보는 방식을 보여준다. 미국 병사인 쌔크도 그녀의 국적을 인식할 수 없다고 일반화해 버림으로써, 순혈주의 민족 구성이 마치 전 지구적으로 당연한 일처럼 보이도록 만든다. 피부색이 달라 구별되는 사람들은 결코 한국 사람일 수 없다는 인식이 일반화되고 자연스러운 것으로 그려진 것이다. 이는 단순히 영화에서 재현의 문제만은 아니다. 국가와 민족의 공백에 있었던 혼혈인은 피부색으로 구분되는 '위험한 교차'를 했다는 이유로, 오랫동안 한국인으로 인정받지 못하며 살아온 것이다.

4. '위험한 교차'의 법적 장치

이철우는 한국 국적법의 특성을 논하면서, 한국의 국적은 시민적-영토적(civic-territorial)이기보다는 종족적-족보적(ethnic-genealogical) 방식으로 만들어졌다고 주장했다.[16] 다시 말해, 국민의 경계가 혈연을 중심으로 구분된다는 것으로, 이는 한국인이 순수한 혈통을 지녔다는 기본 가정을 가지고 여기에서 구별되어지는 사람들을 국적법상 한국인이 아닌 것으로 배제해왔다는 중요한 지적이다. 여기에서 또 하나 중요한 사실은 국적법이 1949년에 처음 제정되었을 때부터 남성 중심적 부계 혈통주의가 국적 취득의 중요한 근거였다는 사실이다. 즉, 아

---

16 이철우, 〈차별과 우리 사회: 지역, 종족성, 국적에 근거한 차별과 한국 사회; 국적과 종족성에 의한 집단적 자아와 타자의 구별〉, 《사회이론》 23, 2003, 19쪽.

버지가 한국인이고 어머니가 외국인인 경우에 그 자손은 무조건 한국인으로 국적이 정해지는 데 반해(따라서 초대 대통령인 이승만의 경우에도 외국인 여성과 결혼했지만 만약 아이를 낳았다면 그 아이의 국적은 당연히 아버지를 따라 한국인이 되었을 것이다), 아버지가 외국인이고 어머니가 한국인인 경우에는 외국인으로 인정되었다. 이런 부당한 법안이 개정된 것은 1998년이 되어서였고, 그 이후부터는 아이의 국적은 아버지 국적, 혹은 어머니의 국적을 따른다고 명시되었다.[17] 기지촌에서 자라난 아이들의 경우, 어머니가 한국인 아버지와 결혼하거나 외조부의 호적에 올리는 방식으로 국적을 획득할 수도 있었으나, 대부분은 '무국적' 상태로 살아왔다는 점은 한국 사회의 차별 구조가 매우 단단하였다는 점을 보여준다.[18]

'무국적'으로 살아온 많은 아이들이 싸워야 했던 것은 그들이 위치한 법적 공백 상태뿐만이 아니라, 영화가 보여주었듯이, 인종에 대한 근본주의적 인식이 일반화되어 사람들의 의식과 문화를 지배하는 현실

---

17 1948년 국적법이 제정되고 1998년 전격적인 개정이 있기 전까지, 국적법에서는 한국인 국적을 다음과 같이 정의했다. 1. 출생한 당시의 부가 대한민국의 국민인 자, 2. 출생하기 전에 부가 사망한 때에는 사망한 당시에 대한민국의 국민이던 자, 3. 부가 분명하지 아니한 때 또는 국적이 없는 때에는 모가 대한민국의 국민인 자, 4. 부모가 모두 분명하지 아니한 때 또는 국적이 없는 때에는 대한민국에서 출생한 자. 대한민국에서 발견된 기아는 대한민국에서 출생한 것으로 추정한다.
이러한 가부장적이고 외국인 배타적인 국적법이 1998년에 개정되기 전까지 50년간 한국인의 국적을 정의해왔다. 1990년 당시 활발했던 여성주의 운동의 결과, 1998년 개정 이후에는 이전 법에 '부'로만 표기되었던 부분이 '부 또는 모'로 고쳐졌다.

18 김아람에 따르면, 1959년 당시 혼혈아들의 반수 이상이 국적이 없는 상태였다. 김아람, 이 책의 글, 100쪽 참조. 법제적으로 국민의 국적을 결정한 과정과 사회적 의미에 관해서는 김현선, 〈국민, 반국민, 비국민―한국 국민 형성의 원리와 과정〉, 《사회연구》 12, 2006 참조.

이었다.[19] 1979년 《기독교 사상》에는 한국전쟁 이후에 태어난 20대 중 반쯤 된 혼혈아들의 특집 인터뷰 기사가 실렸다. 이 인터뷰는 당시 갓 성인이 된 이들이 겪는 여러 가지 문제들을 잘 보여준다. 아래 인용문 은 한 청년이 여자 친구와 결혼하는 데에서 문제가 생겼던 경험담이다.

> 혼혈이지만 내 사랑은 순수하다, 내가 백배 노력하겠다, 나의 미래를 비 관적으로만 보지 말고 나를 믿어달라고 하니까 본인은 받아들이는데 그 녀의 집에서 당신은 한국 사람이냐, 미국 사람이냐, 둘 다 아니지 않느냐 고 다그치더군요. 그래서 제가 반박을 했지요. 내 생활환경, 교육, 사고 방식이 모두 한국적인데 왜 내가 한국 사람이 아니냐고 했더니 그건 네 가 생각하는 것이고 주위의 많은 사람들이 너를 그렇게 봐주느냐는 거예 요…. (그러다 보면) 내 자신이 착각하고 미국인 행세하는 수가 있게 되 지요.[20]

이 인터뷰는 '혼혈인'들이 누군가의 호적에 입적해서 국적 자체가 한 국인으로 인정받는다 하더라도 외모가 한국인과 '구별되는 경우', 사 람들에게 한국인으로 인정받지도 못하고 혼인에 이르기 어려웠던 사 실을 보여준다. 다른 사람들의 눈에 의해 다르다고 '구별'되면 한국인 이 될 수 없다는 인식에 대한 문화적 폭력이 한국인의 일상 도처에 있 었던 것이다.

이런 주관적인 기준이 법제화되어 실제로 혼혈인들을 한국 사회에 서 배제해온 것은 한국의 병역법에서 가장 명확하게 드러난다. 1949

---

19 '일상의 인종주의'에 관한 연구로는 이성애, 〈한국 사회에서의 혼혈 여성의 경험을 구성하는 젠더와 인종에 관한 연구〉, 이화여자대학교 석사학위논문, 2005가 있다.
20 혼혈인 인터뷰, 〈이 땅의 혼혈인에게 해방을!〉, 《기독교 사상》, 1979년 8월호.

년 병역법이 제정된 이래로 한국인 남성은 군대에 복무해야 했다. 그러나 이러한 국민의 의무 규정도 한국인 남성을 단일한 민족을 기본으로 가정한 것이었다. 따라서 이 법은 국민이라는 경계를 만드는 하나의 중요한 기준이었다. 이 법을 통해 남성의 경우 한국인과 비한국인이라는 경계로 명확히 구분되었고, 병역법은 민족적 국민 구성의 신화를 공고히 다지는 하나의 국가적 장치로 기능했다. 외모적으로 '구별' 되거나, 아버지가 불확실한 자들을 군대에 영입하는 일에 대해 국가는 일관성 있게 난감함을 표해왔다. 이들이 국민이 되는 것을 거부한 것이다.

혼혈인들이 군 입대에 차별을 받기 시작한 것이 언제부터인지 명확하지는 않지만, 당시의 신문 기사를 종합해보면 많은 수의 혼혈인들이 성년에 이르는 1960년대 말과 1970년대 초쯤 이런 '문제'들이 생겨난 것으로 추측할 수 있다. 혼혈인들에 관한 실태 보고서[21]는 1970년 병역법이 차별을 명문화했다고 지적했다. 그러나 필자가 찾아본 바에 따르면, 이때 병역법의 개정은 없었다. 다만, 1970년대 초반에 보건사회부에서 혼혈인들은 그들의 '특수한 사정' 때문에 군 입대를 면제시키고 다른 직업훈련을 시키겠다는 발표를 한 적이 있다. 이때의 보도에 따르면, 보건사회부는 "그들의 출생과 용모 등이 워낙 달라 사회적으로 적응이 힘들고 군대에 있어서도 마찬가지로 동료 간에 호흡이 맞지 않아 사고를 빚을 가능성이 짙기 때문"에 이들을 군 면제를 시키고, 직업훈련을 시켜 해외로 이민시키겠다고 발표했다.[22] 그리하여 이들은 별다른 이유 없이, 범죄자나 군 복무를 수행할 수 없는 장애인과 마

---

21 국가인권위원회, 《기지촌 혼혈인 인권실태조사》, 2003.
22 〈'혼혈아' 해외 이민추진〉, 《동아일보》 1970. 10. 8.

찬가지로 제2병역에 속하게 된다.[23] 더구나 보건사회부에서 발표한 혼혈인의 직업훈련과 복지 약속, 혹은 이민 추진은 이후에도 지켜진 적이 없는 듯하다.[24] 오히려 개정이 이루어진 1984년의 병역법 시행령을 살펴보면, '외관상 식별이 명백한 혼혈아'라는 '구별'의 기준이 법제에 새롭게 삽입되었고, 이에 따라 특별한 법령 없이 지속되던 혼혈인의 군 면제가 명문화된다.[25] 그리고 1994년에 병역법 시행령 중에 혼혈인 관련 조항이 한 번 더 개정을 거치는데, '부의 가에서 성장하지 아니한 혼혈아'로 그 범위가 좁혀져, 이 법이 실제로는 기지촌에서 태어난 혼혈인들만 구별하여 군 면제하고자 한 법이라는 점이 명확해진다.[26] 결국, 호적이 없는 성인 남성(혼외 자녀도 포함)이 군대에 자원할 경우, 검사관이 외관상으로 '구별'된다고 판별하는 경우, 병역을 면제받았다.

한국인은 동일한 피부색을 가지고 있다는 신화적 '상상'과 그 정치는

---

23 제2병역이라는 용어가 병역법에 등장한 것은 1949년 병역법이 제정되면서부터이다. 그러나 흥미로운 사실은, 제2병역의 정의를 해방 이후 대한민국 법에서는 한 번도 찾아볼 수 없다가 1984년에 이르러서야 "제2국민역: 징병검사 또는 신체검사 결과 현역 복무는 할 수 없으나 전시근무소집에 의한 군사지원업무는 감당할 수 있다고 결정된 자, 기타 이 법에 의하여 제2국민역에 편입된 자"로 정의된다는 것이다. 이는 식민지법에서 제1병역과 제2병역을 구분했던 관행이 해방 이후까지 이어진 것으로 보인다. 시민권 획득과 직접적으로 관련이 있었던 제1병역과 제2병역의 관계가 변동하는 시점을 추적하여 역사적 관점에서 살펴보는 것은 매우 흥미로운 주제로, 앞으로의 연구 과제로 남겨놓는다.

24 이 발표 후에 정부는 혼혈인 복지에 관한 어떤 입장도 드러내지 않는다. 그러나 《동아일보》에 연재된 〈유리별 대합실〉이라는 기사에서는 이 당시 정부의 복지 공약을 두고 "보도만 있었지 아무런 실천도 대책도 없었던 때"라고 지적했다.

25 병역법 시행령, 103조 3항, 1984.

26 병역법 시행령, 136조 3항. 이 문제 많은 법 조항은 놀랄 정도로 수명이 길어서, '부의 가에서 성장하지 아니한 혼혈아'라는 조항은 2006년에, '외관상 식별이 명백한 혼혈아'라는 조항은 2010년에 와서야 법 개정을 통해 사라졌다.

피부색이 '검거나 흰' 사람이 한국인일 수 없다는 경계를 만들었다. 피부가 검은 한국인은 미군 상대 성매매자의 자식이라는 혐의를 받았고 국가의 위엄을 훼손한 비한국인으로 여겨졌다. 그러나 역사를 거슬러 올라가보면, 한국인은 결코 순수한 민족인 적이 없다. 가깝게는 개항기와 일제 식민지 시기를 거치면서 다른 아시아 인종과 많이 섞였으며, 그 이전에도 마찬가지였다. 그럼에도 불구하고 피부색이 유사한 민족과의 섞임은 문제가 되지 않고, 감출 수 없는 '다른 피부색'으로 발현되었을 때에는 민족의 순혈주의 신화에 균열을 낼 수 있기 때문에, 이들의 인종적 횡단은 '위험한 교차'로 인식되었던 것이다.[27] 탈식민주의적 국가 정체성을 확립하기 위해 국가는 이런 '교차'가 위험하다는 상징을 만들었고, 이들의 삶을 법적·문화적으로 끊임없이 구별해왔던 것이다.

이제 다시 영화 〈내가 낳은 검둥이〉로 돌아가서 영화가 이러한 '인종 문제'를 어떻게 해결해가는지를 살펴보자. 그 해결책은 매우 간단하다. 흑인 혼혈아를 미국에 보내버리는 것이다. 이러한 결말은 혼혈 문제를 지금 해결하고 나면 미래에는 이러한 일이 추호도 생기지 않을 것이라는 환상을 낳는 효과가 있었으며, 당시 이승만 정부가 강력히 추진하고자 했던 혼혈 고아 수출 정책과 단단히 얽혀 있었다. 이런 면에서 이 영화는 국가가 생명을 임의적으로 관리하는 극단적 방식을 지지했다. 영화의 후반부는 흑인 혼혈아가 성인이 되면 생길 미래를 상상으로 그리며, 이들이 성인이 되기 전에 한국 땅에서 떠날 수밖에 없

---

27 일제 시기에도 일본인들은 '과학적'이고 '인류학적'인 방법을 통해 식민지인과 본토인을 구별하기 위해 다양한 시도를 했지만, 곤혹스럽게도 황인종을 실제로 구별할 방법이 그들에게는 없었다. 정준영, 〈피의 인종주의와 식민지 의학〉, 《의사학》 21-3, 2012 참조.

는 숙명의 당위성을 강조한다. 따라서 영화는 국가가 짊어지고 있는 순혈 대한민국 만들기의 부담을 덜어주는 동시에, 미국에 국제 입양 문제를 휴머니즘적으로 해결해줄 것을 호소하면서 끝을 맺는다.

5. 혼혈인들이 속할 땅, 미국

1950년대에 혼혈 고아 문제는 언제나 전쟁 고아 문제의 일부로 인식되었다. 앞서도 잠시 언급했듯이, 아버지가 밝혀지지 않은 혼혈아들은 고아원에서 양육되던 혼혈아들은 물론이고 어머니의 손에 키워지는 경우라 하더라도 호적에 입적되지 않으면 고아로 여겨졌다. 한국 전쟁이 끝난 1953년 미국에서 긴급구호법(RRA; or Public Law 203)이 통과되면서 다수 혼혈아들의 국제 입양이 허락되자, 한국 정부는 모든 혼혈아를 아버지의 땅으로 보내려는 계획을 세웠다.[28]

1955년 이승만 대통령은 혼혈아들을 아버지의 땅으로 보내라고 지시했고, 이에 따라 다수의 혼혈아가 미국으로 보내지기 시작했다.[29] 아주 소수의 사람들만이 혼혈아의 국내 입양을 주장했고,[30] 대다수의

---

28 Eleana J. Kim, *Adopted Territory*, p. 73.

29 이승만의 혼혈 고아 수출 정책의 자세한 내용은 앞에서 말한 김아람의 글에서 볼 수 있다. 이와 관련하여 미국과 한국의 트랜스내셔널한 관계에 관한 연구로는 Eleana J. Kim, *Ibid.* 참조.

30 홍옥순, 〈혼혈아와 입양 문제〉, 《새가정》, 1955, 40~42쪽. 홍옥순은 이 글에서 혼혈아의 입양에 관해 이성적이고도 국제적인 시각으로 보고자 주장했다. 그녀는 조선간호협회의 회장으로 일하면서, 다양한 국제 입양에 대해 새로운 시각을 익힐 기회가 있었다. 이 글에서도 유엔의 〈어린이 헌장〉을 인용하면서 한국도 혼혈 고아를 국내에서 수용할 수 있는 시설을 갖추어야 한다고 주장했다. 그러나 보건사회부의 '고아 수출 정책'이 시행되자 그녀의 이런 의견은 급속도로 바뀌어, 혼혈아

사람들은 한국은 세계에서 찾아보기 힘들 정도로 순수한 민족성을 가진 나라이므로 눈으로 구별되는 혼혈아가 설 땅은 한국에 없다고 주장했다. 《동아일보》에서 혼혈아의 입양 문제를 다룬 논설을 살펴보면, 논자는 한국은 지정학적 위치 때문에 "계급차별은 있었으나 인종차별의 문제는 거의 없는" 나라이며, 인종 문제는 2차 세계대전과 한국전쟁 이후에나 생긴 문제라고 단정한다.[31] 이 논설은 이어서 한국에서 가장 문제시되는 인종차별은 '검은 피'의 문제라고 지적하며, 그 이유는 "인종차별이나 민족적 편견에 이유를 두는 것보다는 견해를 달리해서 너무나 외모상으로 뚜렷이 판별되는 것으로 인한 단순한 생활감정" 때문이라고 주장한다. 이 논설자에 따르면, 이들을 '보호'하기 위해서는 이들 모두가 문명적 생활을 할 수 있도록 도와야 하는데, 문명국가는 모두 '부계 혈통'을 따르므로 '모계 혈통'을 따라서는 안 되고, 따라서 혼혈아를 '아버지의 나라'로 보내 이들에게 다른 인간과 같이 살 권리를 주어야 한다는 것이다.

지금의 시각으로는 논리가 전혀 서지 않는 이와 같은 주장이 당시에 유통될 수 있었던 배경에는, 이 아이들은 우리의 아이가 아니라는 배타적 민족주의적 의식과 인종주의 그리고 이러한 책임이 미국에 있다는 떠넘기기식의 사고가 근본적으로 존재했다. 이러한 인식이 퍼진 데에는 미디어의 역할이 컸다. 미국에서는 1950년대에 미국은 인종주의가 없는 평등한 사회라는 인식이 확산되면서 인본주의적 중산층 이데올로기가 형성되고 있었다. 미국의 미디어에는 종종 입양을 기다리는 아이들의 사진이 등장했고, 선량한 미국인들은 이런 사진에 자극을

를 외국으로 보내는 일에 앞장섰다. 그녀의 변화된 태도는 《경향신문》 1958년 1월 16일자 인터뷰에 잘 나타나 있다.

31 〈횡설수설〉, 《동아일보》 1959. 4. 23.

받아 입양을 추진했다.[32] 마찬가지로, 한국의 미디어도 입양할 아이들을 동정적으로 담은 사진들을 공공 역역에 퍼뜨리며 혼혈아들을 입양 보내는 것이 그들의 미래를 위해서 좋다는 선전을 시작했다. 한국 신문들은 아무런 죄책감 없이 미국의 선량한 시민에게 입양된 혼혈아 수를 명시했고, 때로는 이 아이들이 미국에서 잘살고 있다는 내용의 기사를 내보내기도 했다. 그리고 혼혈아 입양을 많이 한 해리 홀트나 펄벅은 숭고한 '아버지', '어머니' 상으로 추대되었다.[33]

그림 8 〈한국 '혼혈 고아' 650명 입양〉, 《동아일보》 1958년 1월 26일자. 이 기사에서는 한국의 혼혈 고아를 입양한 미국인 해리 홀트에게 이승만 대통령이 공익표창을 주었고, 앞으로도 한국의 혼혈 고아를 입양하겠다는 홀트 씨의 입장을 전한다.

한국의 공공 미디어가 이 아이들을 동정적으로 바라보면서 자신들도 나름대로 휴머니즘을 실천하고 있다는 듯한 보도 태도는 흥미롭다. 1950년대에 거의 유일한 시각 보도 매체였던 〈대한뉴스〉는 특히 홀트나 펄벅이 내한하여 감사패를 받거나 수상하는 장면들을 종종 뉴

---

32 Christina Klein, *Cold War Orientalism: Asia in the Middlebrow Imagination, 1945~1961*, University of California Press, 2003, p. 11.

33 해리 홀트에 대한 평가는 연구자마다 다른데, 그의 전기에서 보이는, 마치 〈사도행전〉과 같은 종교적 미션은 매우 흥미롭다. 해리 홀트에 관해서는, Eleana Kim, *Adopted Territory*, pp. 43~45에서도 볼 수 있다.

스화했다.[34] 문학에서는 한국에 주둔한 미군의 이미지가 여전히 양가적으로 나타났지만, 공공 매체—신문과 〈대한뉴스〉—에서는 미국과 미군이 지속적으로 긍정적으로 묘사된다. 특히 〈대한뉴스〉에서는 홀트나 펄벅이 등장할 때 아나운서의 더빙으로 이들의 방문 목적이 무엇이며 왜 혼혈아들을 입양하는지를 전했다. 따라서 아나운서의 중립적인 모노톤 목소리만 들을 수 있을 뿐 그들의 실제 목소리를 들을 수 없기에 이들의 방문이 정확히 어떤 의도를 가졌는지는 알기 어렵다. 다만, 보도자를 통해서 이들이 한국을 돕고 있다는 메시지만 강하게 전달된다.

그러나 신문 지면을 좀 더 자세히 살펴보면, 전쟁이 끝난 후 한국에서 혼혈아를 입양하려고 했던 방식이 좀 더 다양했음이 드러난다. 예를 들어 1959년 《동아일보》 기사를 살펴보면, 크레몬스 여사라 불리는 미국 흑인 여성이 한국의 '흑인 혼혈 고아'만을 입양하기 위해 한국을 방문한 기록이 있다. 그녀는 "흑인은 흑인이 이해하지요. 물론 백인들도 잘 보살펴주겠지만 우리 자신들이 직접 하는 것과 같지 못하지요"[35]라며 한국의 흑인 혼혈 고아만 입양하려는 목적을 밝혔다.[36] 흥미로운 것은 이 인터뷰의 보도 태도이다. 크레몬스의 방문 자체보다는 그녀가 와

---

34 그 예로 펄벅의 내한 소식을 담은 〈대한뉴스〉 627호와 해리 홀트의 아내가 내한한 영상을 담은 〈대한뉴스〉 669호를 들 수 있다.

35 〈모두 데려가겠다〉, 《동아일보》 1959. 4. 1.

36 흑인 혼혈아만 입양하려고 했던 크레몬스의 방문은 이후에 이어지지 않은 듯하다. 현재까지도 그들이 세운 재단에 의해 입양 사업이 이어지고 있는 백인 입양자 펄벅과 홀트와는 다른 양상이다. 홀트와 펄벅의 입양 재단은 1960년대 말에 세워져 지금까지도 한국 고아의 해외 입양에 큰 역할을 하고 있다. 1960년대에는 혼혈 고아 수출이 '순수 한국 고아'의 수출로 변했다. Eleana Kim, *Adopted Territory*, pp. 71~75 참조.

서 흑인 혼혈아를 "모두 데려가겠다"라고 밝힌 부분이 강조된 점이 그러하다. 크레몬스가 흑인 혼혈아를 입양하고자 한 목적보다는 그녀가 "모두 데려가겠다"라고 한 말이 기사 제목으로 나오면서, 한국 내 흑인 혼혈아 문제가 해결될 수 있겠다는 일종의 안도감을 준 것이다.

크리스티나 클레인(Christina Klein)은, 공공 미디어로서 냉전기 할리우드 영화가 "세계가 서로 연결되어 있으며 서로 공감하고 혼종되어 있다는 가치"를 표현하면서 백인 중심의 미국이 이러한 가치의 수호자로서 비공산권 국가를 보호하고 있다는 이데올로기를 혼혈아 입양의 재현을 통해 성취했다.[37] 반면 냉전기 한국 영화는 미국의 이런 박애주의적 다인종주의 프로젝트를 역이용하여, 국내의 단일민족 이미지를 강화하고 혼혈인의 문제를 미국의 몫으로 돌리는 역할을 했다. 공공 미디어의 이러한 역할을 염두에 두고 영화 〈내가 낳은 검둥이〉의 미국 흑인 병사 쌔크의 표상을 한 번 더 살펴볼 필요가 있다. 할리우드 영화에서 백인이 타 인종으로 분장하는 것은, 종종 외국을 전경화하는 인종 아이콘을 만드는 방식이었다.[38] 쌔크는 한국의 여러 미디어에서 보여준 흑인의 부정적 이미지를 가지고 있지 않다. 한국인 이성일이 얼굴에 검정색을 덧입히고 연기한 쌔크는 내면을 알 수 없는 속이 빈 타인종의 아이콘이었을 뿐이다.

따라서 〈내가 낳은 검둥이〉의 쌔크는, 그가 지닌 흑인으로서의 정

---

37 Klein, *Cold War Orientalism* 참조.

38 이런 방식의 인종 표현이 두드러지게 나타난 작품은 아마도 펄벅의 소설 《대지》를 영화화한 〈대지〉일 것이다. 1937년에 만들어진 이 영화는 배경이 중국이고 등장인물이 모두 중국인인데도 모든 역할을 미국인이 연기했다. 지금은 이러한 방식의 연기가 거의 받아들여지지 않지만, 당시에는 인종이 '아이콘'으로 사용되었기에 이러한 표현 방식이 유통 가능했던 것으로 보인다. 〈내가 낳은 검둥이〉에서도 흑인 병사 역은 한국 배우 이성일이, 백인 병사 역은 윤일봉이 연기했다.

체성보다는 박애주의를 가진 백인 미국인과 같은 방식으로 쉽게 보편화된다. 우선 쌔크의 사회적 배경을 보면, 한국에 주둔한 일반적 미군 흑인 병사의 그것과 매우 상이함을 알 수 있다. 그는 미국의 명문 아이비리그 대학인 컬럼비아 대학에서 사회학을 전공한 것으로 설정되어 있다. 그리하여 남주가 쌔크와 관계를 맺으면서 '검둥이 양갈보'로 불리는 것과 상반되게 쌔크 자체는 한국인 여성과 순수한 사랑에 빠진 선량한 미국인으로 묘사되는 모순이 생긴다. 쌔크에 대한 이런 이중적 시선은, 그가 한국에 돌아와 가족과 재회하는 장면에서 더욱 두드러진다. 그는 한국에 무한한 애정을 가진 미국인이며, 준이 자신의 아이임이 밝혀지자마자 미국에서 교육을 시키겠다는 의지를 보인다. 쌔크의 이미지는, 한국의 미디어 공간에서 종종 등장한 홀트와 펄벅처럼 선량하고 박애주의적인 미국인의 표상과 동일시된 것이다. 다시 말해, 한국인의 순수성을 지키기 위해서는 인종적 포용력이 큰 미국이 혼혈아 문제를 담당해야 한다는 역설이 영화 안에서 성립된 것이다.

쌔크의 재등장은 남주나 준에 의해 생겼던 젠더 문제에도 중요한 해결책을 제시한다. 남주는 준에 대한 남편의 인종주의적 태도에 분노하며 한국인 남편의 울타리를 벗어나기로 한다.

> 튀기라고요? 말씀 점잖게 하시네요. 공부를 시키던 수전노가 되던 내 돈 내 맘대로 하는 것도 내 자유예요. … 검둥이가, 아니, 튀기가 어쨌단 말이에요. … 어떻게 해도 좋아요. 허지만 두 번 다시 고아원엔 안 보내겠어요. 피와 눈물은 검둥이에게도 있어요. 인권도 있구요![39]

---

39 〈내가 낳은 검둥이〉 시나리오, 19쪽.

홍미로운 점은, 이처럼 한국 가부장주의를 상징하는 남편을 떠나 남주가 호텔 경영자로서 성공하면서부터 그녀가 겪었던 '인종' 문제가 '젠더' 문제로 치환된다는 것이다. 남주는 젊은 남자 지배인을 차지하기 위해 전 재산을 그에게 주겠다고 선언할 정도로 애욕에 목마른 여성으로 그려진다. 쥰은 자신 같은 혼혈인은 아무도 사랑해주지 않는다고 믿으면서도, 자신의 돈을 보고 모여드는 남자들을 농락하는 아프레걸로 묘사된다. 그러나 쌔크가 등장하여 쥰을 미국으로 데려가겠다고 약속하면서부터 이 모든 '젠더' 문제는 사라져버린다. 쌔크가 쥰이 자신의 아이임을 알게 되자마자, 영화는 강한 센티멘털리즘을 보이면서 쌔크는 한국 사회의 젠더 문제에 책임을 질 아버지로 묘사된다.

쌔크: 쥰! 너는 내 딸이다.
쌔크: 쥰! 내가 너의 아버지다.

병원 입원실

쥰: 엄마, 모든 건 저가 잘못했어.
남주: 아니다! 모든 것이 우리들의 운명이다. 쥰! 아버지가 너를 꼭 미국으로 데려다가 공부시켜서 훌륭한 사람 만들겠다고 하셨단다.
쌔크: 남주!
남주: 아버지 소원대로 하렴.
쌔크: 남주! 고맙소! 쥰을 위해 모든 힘을 다하겠소. 오! 이제야 나는 사는 보람을 찾았소.
쥰: 엄마! 싫어. 엄마는 어쩔 거고.
남주: 난 괜찮다! 네가 떠나고 나면 나도 시골에 가서 조용한 생활을 하겠

그림 9 영화 〈내가 낳은 검둥이〉의 한 장면. 왼쪽에 성인이 된 혼혈아 쥰 역할의 최지희와 오른쪽에 어머니 역의 이민자가 김동원을 사이에 두고 흑백 대립을 이루고 있는 구도가 흥미롭다.

　　다. 호텔도 정리해서. 쥰! 너 같은 환경의 아이들을 위한 사회사업이

　　나 하면서.

　쌔크: 남주! 나도 그 사업 도와드릴 수 있는 영광을 주시요.[40]

　이렇게 급작스러운 장면 전환은 드디어 쥰이 속할 수 있는 사회적 공간을 제시한다. 동시에 젊은 남자의 육체를 탐하면서 금이 갔던 남주의 모성도 회복된다. 그녀의 불확실했던 모성은 쌔크를 만나면서 완전한 모성으로 변하며, 쌔크와 합심하여 혼혈 고아를 돕겠다는 선언에서는 모성이 국가적 서비스로 바뀌는 모습마저 포착된다. 과거 그

40　〈내가 낳은 검둥이〉 시나리오, 35~36쪽.

녀의 '부적절한 관계'와 그 관계의 대가인 혼혈아의 출산으로 얽힌 수년간의 괴로움은 이 순간에 해결된다. 영화에서는 남주가 왜 쌔크와 같이 미국으로 가지 않는지, 혹은 한국에 남아 가족을 이루지 않는지에 관해서는 침묵한다. 1970년대 《기독교 사상》에 실린 혼혈인 박시래 씨 인터뷰에 따르면, 혼혈인들은 사회에서 고립되었던 만큼 대부분 어머니에게 각별히 애정을 느낀다고 한다. 다른 혼혈인 인터뷰에서도 대다수 혼혈인들은 미국에 가는 것을 선호하면서도 어머니와 떨어져 살아야 한다는 점 때문에 망설인다는 점을 확인할 수 있었다.⁴¹ 그런데도 이 영화는 아이를 성공적으로 미국으로 보낼 수 있다는 안도감을 극대화하면서, 또 다른 예정된 비극—아이와 어머니의 이별—을 은폐한다. 혼혈아들은 언젠가 미국인 '아버지'에게 입양될 수 있는 '아이'로 머물러야 한다. 영화는 "20년 후에는 반드시 이러한 일이 일어난다"던 악극 포스터의 문구처럼, 미래에 일어날지도 모르는 비극을 설정하여 성인이 된 혼혈아가 한국에서 살아가는 모습을 상상하는 것조차 허락하지 않는 것이다. 요컨대, 쌔크는 흑인 혼혈인을 한국 밖으로 추방하는 역할을 휴머니즘적으로 수행하면서, 국가에 대한 '위협'을 제거하는 역할을 하게 되는 것이다.

6. 마치며

이후 한국의 미디어에 종종 보도된 입양된 흑인 혼혈아들이 미국에서 잘살고 있다는 후일담은 '인간 수출'의 참혹한 현장을 방관자처럼

---

41 〈한국과 미국: 백년지교를 넘어서〉, 《동아일보》 1978. 4. 24.

바라보던 많은 한국인들에게 안도감을 준다. 신문에서는 종종 아버지의 나라로 입양된 아이들이 미국에서 얼마나 잘 지내고 있는지를 보도하며 이 아이들은 한국에서는 찾아볼 수 없는 옷을 입고 있으며, 같이 사는 다른 어떤 아이들보다 '여왕'처럼 보일 뿐만 아니라, '온갖 장난감'을 가지고 즐거운 시간을 보내고 있다고 보도한다.[42] 입양된 이 아이들 중 1970년대 중반에 한국을 재방문한 이들도 있었는데, 신문에서는 어김없이 이들이 미국에서 '고등교육'을 받고 있으며 양부모의 따뜻한 사랑에 행복해하고 있다고 보도한다.[43] 미국에 입양된 아이들에 대한 이런 긍정적 이미지는 혼혈아를 미국에 보낸 정부의 정책이 이들에게 좋은 정책이었음을 확인시키는 역할도 했다. 당시 한국 사회에 팽배해 있던 '아메리칸 드림'이라는 환상과 이들이 미국에서 잘 지내고 있다는 후일담은, 한국에 남아 있는 혼혈아들이 자신들도 미국에 보내달라며 미8군 부대 앞에서 시위를 하도록 만들기도 했다.[44]

비록 혼혈아들을 미국으로 입양시키는 작업이 '휴머니즘'의 시선으로 꾸며지기는 했지만, 한국 사회 내에서 이들을 위한 휴머니즘은 거의 존재하지 않았다. 군부 독재가 끝나고 한국의 다양한 인권 문제가 봇물 터지듯이 터져 나왔던 1990년대에도, 흑인 혼혈 한국인 문제는 좀처럼 문제화되지 않았다. 이들의 문제는 '기지촌 문제'로 일반화되거나 개별화되었으며, 결코 '한국의 문제'로 인식되지 않았다. 최근 국내에 유입된 외국인 인구가 급격히 늘면서 '다문화 사회'라는 틀 안에서 새롭게 인식되고는 있지만, 김현미가 지적했듯이, 아직까지 한국

---

42 〈도미한 우리 혼혈 고아 소식〉,《동아일보》1957. 3. 11.

43 〈쓰라린 '그날' 털고 기쁨 속 '밝은 환국'—미 입양 6·25 동란 고아 11명 고국에〉,《동아일보》1975. 6. 14.

44 〈한국과 미국: 백년지교를 넘어서〉,《동아일보》1978. 4. 24.

의 '다문화주의'는 한국의 인구 문제와 노동력 문제를 해결하기 위해 최소한 문화적 다양성을 포용하는 가운데 어떻게 이들 인구를 한국에 '동화'시키는가를 연구하는 수준에 머물러 있다.[45] 흑인 혼혈 한국인의 경우에도 이들이 진정한 모범 시민이 되거나, 인종주의적 시각으로 재단된 흑인의 뛰어난 기량—이를테면 연예계나 스포츠계—을 펼칠 수 있는 직업군에 속하지 않는 한 이들은 여전히 '기지촌 인구'에 불과하다. 이들이 범죄자나 '나쁜 속성'을 지닌 인종으로 묘사되지 않으면 다행이다.

이러한 배제의 정치를 만드는 데에 미디어는 명실공히 큰 역할을 하였다. 1950년대 공공 미디어가 보편적 '휴머니즘'이라는 껍데기로 혼혈아의 입양을 보도했던 태도는, 실상 한민족의 순수성을 만든다는 국가적 정치 어젠다와 맞물려 작동했다. 이러한 정치 어젠다는 다문화 국가이자 반공주의 국가의 보호국임을 선전해야 했던 미국의 중산층 정치와 맞물려, 혼혈아를 한국 땅에서 미국 땅으로 옮기는 작업을 실질적으로 가속화할 수 있었다. '혼혈인 보호'라는 껍데기만의 휴머니즘 논리는 혼혈 한국인들을 타자의 시선으로 인종화하고, 결국에는 그들을 한국 땅에서 추출해내는 역할을 수행했던 것이다. 이 부끄러운 한국 정부의 '휴머니즘'과 시각의 정치는 많은 수의 혼혈 한국인을 실제로 한국 땅에서 추출해내는 데 결정적 역할을 했으며, 결국 남아 있는 혼혈 한국인들은 더욱더 소수자가 될 수밖에 없었다. 이런 상황에서 한국 땅에 남아 있는 혼혈 한국인들은 '보이지 않는' 사람으로서 민족과 국가의 공백 속에서 살아올 수밖에 없었다. 혹자는 이러한 차별

---

45 Kim Hyun Mee, "The State and Migrant Women: Diverging Hopes in the Making of 'Multicultural Families' in Contemporary Korea," *Korea Journal* 47-4, 2007.

적 제도와 문화가 과거의 일이라고 말할지도 모르겠다. 그러나 이런 방식으로 만들어진 한국의 단일민족성이라는 환상은, 다문화 사회라는 지금도 '구별되는' 다양한 타자들 속에서 한국인의 순수성을 강조하는 또 다른 정치로 부활할 수 있다는 점을 간과해서는 안 될 것이다. 현재에도 꾸준히 생산되고 있는 한국 내 다양한 타자들의 재현 방식이 어떤 정치적 귀결을 낳을지 좀 더 냉철히 살펴보아야 할 필요도 여기에 있을 것이다.

---

* 이 글은 〈Skin-Deep? The Politics of Black Korean Identity in Post—1945 Korean Literature and Film〉이라는 제목으로 《문학과 영상》 15호 1권(2014년 봄)에 게재된 논문을 번역 및 수정·보완한 것이다.

참고문헌

1차 자료

《동아일보》,《경향신문》,《기독교 사상》,《새가정》,〈대한뉴스〉.
국가인권위원회,《기지촌 혼혈인 인권 실태 조사》, 2003.
김소동,〈내가 낳은 검둥이〉시나리오, 1959(한국영상자료원 소장).
염상섭,〈양과자갑〉, 1949; 염상섭,《만세전, 두 파산, 전화, 양과자갑》, 창비,
      2005.
조정래,〈미운 오리새끼〉, 1978; 조정래,《외면하는 벽》, 해냄, 2012.
주요섭,〈혼혈〉,《대조》 4-2, 1949.

2차 자료

고동연,〈전후 한국 영화에 등장하는 주한미군 이미지〉,《미국사연구》 30, 2009.
김동원,〈한국전 혼혈인의 차별에 관한 기술적 연구〉,《사회과학》 42-1, 2009.
김아람,〈1950년대 혼혈인에 대한 인식과 해외 입양〉,《역사문제연구》 22, 2009.
김윤경,〈1950~60년대 펄벅 수용과 미국〉,《한국문학 이론과 비평》 17-1, 2013.
김현선,〈국민, 반국민, 비국민—한국 국민 형성의 원리와 과정〉,《사회연구》 12,
      2006.
남영호,〈주둔지 혼혈인과 생물학적 시민권〉,《한국 문화인류학》 41-1, 2008.
박경태,《소수자와 한국 사회: 이주노동자, 화교, 혼혈인》, 후마니타스, 2008.
박노자,《나를 배반한 역사》, 인물과사상사, 2003.
박종현,〈다큐멘터리 사진 속에 나타난 한국전쟁의 잉여와 상처—혼혈인을 바라
      보는 한국 사진의 시선〉,《기초 조형학 연구》 12-6, 2011.
설동훈,〈혼혈인의 사회학: 한국인의 위계적 민족성〉,《인문연구》 52, 2007.
우수진,〈미국 연극의 번역 공연과 '아메리카'의 상상〉,《한국 극예술 연구》 39,
      2013.
이성애,〈한국 사회에서의 혼혈 여성의 경험을 구성하는 젠더와 인종에 관한 연
      구〉, 이화여자대학교 석사학위논문, 2005.
이철우,〈차별과 우리 사회: 지역, 종족성, 국적에 근거한 차별과 한국 사회—국
      적과 종족성에 의한 집단적 자아와 타자의 구별〉,《사회이론》 23, 2003.
정준영,〈피의 인종주의와 식민지 의학〉,《의사학》 21-3, 2012.

한명환, 〈한국 소설의 흑인상을 통해 본 한국 가족의 탈경계적 전망〉, 《탈경계 인 문학》 4-3, 2011.

Guterl, Matthew Pratt, *The Color of Race in America, 1900~1940*, Harvard University Press, 2001.

Kim, Eleana J., *Adopted Territory: Transnational Korean Adoptees and the Politics of Belongs*, Duke University Press, 2010.

Kim, Hyun Mee, "The State and Migrant Women: Diverging Hopes in the Making of 'Multicultural Families' in Contemporary Korea," *Korea Journal* 47-4, 2007.

Klein, Christina, *Cold War Orientalism: Asia in the Middlebrow Imagination, 1945~1961*, University of California Press, 2003.

Moon, Katharine H. S., *Sex Among Allies: Military Prostitution in U.S.—Korean Relations*, Columbia University Press, 1997.

―――, "Prostitute Bodies and Gendered States in U.S.—Korea Relations," *Dangerous Women: Gender & Korean Nationalism*, Routledge, 1998.

'애비 없는' 자식,
그 낙인의 정치학

식민지 시기 '사생아' 문제의 법적 구조

홍양희

1. 시작하며

2011년 말, 한국개발연구원(KDI)의 한 연구위원이 현대 한국 사회에서 미혼율 상승과 초저출산이라는 '국가적 난제'에 대한 대응책으로 '동거'와 '혼외출산'에 대한 기존의 인식에 변화가 있어야 한다고 주장해 화제가 되었다.[1] 그의 주장에 따르면, 주요 유럽 국가들에서는 동거 형태의 가정이 확산되고 있고, 특히 출산율이 1.7명을 능가하는 서유럽과 북유럽 일대의 국가들에서는 혼외출산의 비중이 무려 40~60퍼센트에 이른다고 한다. 따라서 한국 사회에서 '혼외출산'과 '미혼모'들에 대한 부정적 편견이 변화하지 않는 한 초저출산의 함정에서 벗어나기는 어렵다는 것이다. 한국의 거의 모든 언론이 앞다투어 이 의견을 다루었다.[2] 이 주장에 동의하며 인식의 변화를 촉구하는 논설에서부

---

1   김영철, 〈미혼율의 상승과 초저출산에 대한 대응방향〉, 《KDI FOCUS》, 한국개발
    연구원, 2011. 합계출산율 1.3명을 초저출산 사회라 하는데, 한국은 이미 2001년
    에 초저출산 사회에 진입했다고 한다.
2   〈동거·혼외 출산 부정적 인식 바꿔어야〉, 《세계일보》 2011. 11. 16; 〈출산율 타령〉,

터 그에 대한 거부반응까지 다양한 편차의 논의들이 나왔다.

그가 국책연구기관의 연구원이라는 점에서, 그의 주장은 현대 한국 사회에서 이목을 끌기에 충분하였다. 한국 사회가 강건한 법률혼주의에 기반하고 있을 뿐만 아니라, 그동안 혼외자나 미혼모의 자녀들이 '사생아'로 불리며 경멸 가득한 시선을 받는 존재들이었다는 점에서 그의 주장은 실로 파격적이었기 때문이다.[3] 한국 사회에서 사생아는 인식론적 측면에서는 사실상 가장 비천한 존재로, 단순히 혼인외 출생 자녀의 법적 지위만을 지칭하는 데 머무르지 않는, 일종의 사회적 '낙인'이었다. '사생아'는 '정상적'인 '가족'의 '밖'에 놓여 있는 '죄악'의 과실로, '비정상적' 존재이자[4] 정상적 모델에서 비켜나 있는 국가 '밖'의 존재였다.[5]

《세계일보》 2011. 11. 17; 〈사설: 동거·혼외자녀로 저출산 해결하자고?〉, 《국민일보》 2011. 11. 17; 〈저출산 해법, 유럽식 개방적 사고로, KDI 보고서 동거·혼외출산 등 인식 변화 필요〉, 《경향신문》 2011. 11. 16; 〈오죽하면 국책기관 KDI가 저출산 해소하려면 동거·혼외출산 용인해야〉, 《한국일보》 2011. 11. 16; 〈KDI 초저출산 혼외출산 인식 바꿔야〉, 《조선일보》 2011. 11. 16; 이형삼, 〈횡설수설: 혼외출산과 출산율〉, 《동아일보》 2011. 11. 17.

3 '사생아'와 '사생자'는 동일한 용어이다. 가족법에서는 원칙적으로 '사생자'를 사용하지만, 일반적으로는 '사생아'라는 용어를 더 많이 쓴다. 일본과 한국의 민법 용어인 사생자는 법률혼 이외에서 태어난 출생아를 의미하는 한자어이다.

4 혼외자나 미혼모에 대한 인식이 아주 좋지 않은 한국 사회에서 이러한 아이들은 많은 경우 부모에 의해 버려지고 있다. 국내 입양조차 수월하지 않은 상황이어서 이들은 국제 입양을 발생시키는 원인으로 작용하고 있다.

5 그동안 1972년 이전에 태어난 '사생아'는 '고아', '혼혈아'와 함께 제2국민역으로, 현역 복무를 면제받았다. '사생아'라는 용어는 1942년 이래 민법에서는 사라졌지만, 지금도 여전히 공문서에 등장한다. 현행 '병적기록표 작성 등에 관한 규정'의 병적기록표와 '징병검사예규'의 '보충역 및 제2국민역(병역 면제) 처분자 입력요령'에는 '사생아'라는 용어가 명기되어 있다(국가법령정보센터, http://law.go.kr/ 참고).

그렇다면 한국인들에게 여전히 강하게 작동하는 '사생아'라는 낙인과 부정적 시선은 어디에서 기인하는가? 그것은 아주 오랜 역사를 지닌, 한국 사회에서 본질적인 것인가? 그렇지 않다면 그러한 인식은 언제 생겨났으며, 거기에 내재된 정치학은 무엇인가? 이러한 문제들에 대한 탐구가 이 연구의 목적이다.

　지금까지 한국에서 역사적 접근을 통해 '사생아' 문제에 주목한 연구는 거의 존재하지 않는다. 그나마 주로 1970~1980년대에 법학계에서 '혼인외자(婚姻外子)'의 법률상 차별적 지위를 '인권' 차원에서 논의하는 것이 대부분이었다. 이 연구들의 요점은 혼인외자, 즉 사생자에 대한 법률 정책과 그에 따른 차별은 부모의 과오를 자식에게 보복하는 불합리한 법 정책이라는 것이다.[6] 그중에 김점순은 이것이 '일부일처(一夫一妻)'를 정도(正道)로 삼는 기독교의 영향에서 비롯되었다는 점을 지적하였다(김점순, 1974). 그러나 이 논문은 기독교 국가들인 서유럽이나 북유럽보다 한국에서 미혼모나 혼외출생아에 대한 부정적 인식이 더 강한 원인이 어디에서 기인하는지, 한국 사회에서 '사생아'라는 '낙인'이 어떻게 역사적으로 정착했는지는 구체적으로 논의하지 못하였다.

　이 글에서는 '사생자'라는 용어가 등장하여 법제화되는 식민지 조선의 가족법에 주목할 것이다. 후술하겠지만, 사생자 문제의 법적 구조는 일부일처제와 첩제, 법률혼과 사실혼, 섹슈얼리티, 혈통주의, 모더니티와 전통, 식민성의 문제가 복잡하게 얽혀 있는 지점이었다. 따라서 '사생아' 문제는 가족법을 통해 제국 일본과 식민지 조선에서 인간

6　혼인외자의 법적 지위와 관련된 논문들은 다음과 같은 것들이 있다. 권오규, 1958; 김용욱, 1974; 김용욱, 1975; 김점순, 1974; 이화숙, 1982; 조홍, 1981; 한봉희, 1975.

을 분류하고 타자화하는 방식을 살펴보는 동시에, 근대국가가 수행한 가족 및 젠더 정치학을 해명하는 주요한 고리이다. 나아가, 문화적 관행들로 보이는 현상들에 담긴 정치성을 밝힘으로써 한국의 혈통 중심의 내셔널리즘이 강화되는 일단을 엿볼 수 있을 것이다. 이러한 문제들을 해명하기 위해 우선, 식민지 조선에서 '사생아'가 탄생한 역사적 맥락을 일본제국에 의해 결혼이 법제화되는 과정을 통해 살펴볼 것이다. 다음으로, '사생자'가 만들어지는 법의 원리를 '혼인'과 '혈통' 사이의 긴장 관계에 초점을 맞추어 추적할 것이다. 마지막으로, '사생아'를 탄생시킨 가족법의 원리에 내재된 가족 및 국가 정치학을 고찰할 것이다. 이를 위해 식민지 조선의 가족법의 법원인 메이지 민법이 만들어지고 개정되는 과정을 부분적으로 분석할 것이다.

2. '사생아'의 탄생

조선 시대에는 존재하지 않던 가족법상의 개념이 식민지 시기 법적 가족 구성 원리에 의해 생겨났으니, 그것은 다름 아닌 '사생자' 혹은 '사생아'이다. 출생아의 법적 지위를 의미하는 이들 용어는 조선 시대에는 용례가 그다지 발견되지 않는다. 간혹 문장에 '私生子'가 보이는 경우가 있기는 한데, 이것도 '사통으로 아이를 낳다'라는 의미로 쓰인 것이므로 현재 의미하는 범주적 개념은 아니었다.[7] 이 말이 특정 부류

---

7   예컨대 《광해실록》 권 66, 1621년 6월 19일, '지평 유활이 파직을 청하다'라는 기사에는 "果是于埠所私生子者"라는 문장이 보인다. 여기에서 사생자의 의미는 사통에 의해 아이를 낳았다는 것으로, 역시 범주적 용어는 아니다(http://db.history.go.kr/).

를 일컫는 개념으로 탄생한 것은 메이지 시기 일본에서 '일부일처 법률혼주의'가 채택되면서부터였다.[8] 출생아의 법적 지위를 의미하는 이 용어는 한국에 일본 가족법이 영향을 미치고 차용되기 시작한 한말 이후에 등장하는데, 1907년 8월 22일자 《대한매일신보》와 《황성신문》에 실린 법부대신 조중응의 담화가, 필자가 발견한 거의 최초의 문헌이다.

> 早婚令頒布後 近日에 暗婚으로 成禮ㅎᄂ 人이 多數ㅎ되 對ㅎ야 再昨日 法部大臣 趙重應씨가 該部에 仕進ㅎ야 言ㅎ되 禁婚令 以後 自卿宰로 至閭巷家에 夜婚을 行ㅎ다 ㅎ니 夜婚은 卽暗婚이요 暗婚도 律文이 自在쑨더러 暗婚所生은 私生子요 私生子ᄂ 姓도 無ㅎ니라 ㅎ고 不遵法令을 慨歎不已ㅎ얏다더라[9]

> 法部大臣 趙重應氏가 該部官吏를 對ㅎ야 談話ㅎ얏ᄂ딕 槪意를 得聞ㅎ 즉 早婚을 禁止ㅎᄂ 訓令이 頒布된 後로 漢城內外에서 夜間에 暗婚ㅎᄂ 者가 比比有之ㅎ니 暗婚ㅎ야 生子ㅎᄂ 것은 私生子(無姓者)라 ㅎ얏다더라[10]

위의 기사에서 보듯이 '사생자'라는 용어는 '조혼'이라는 '금지된 결혼'과 관련되어 쓰였다.[11] 특히 '몰래' '밤'을 틈타 결혼한다는 의미인

---

8 다카야나기 신조, 1951; 《明治前期家族法の新裝》, 東京: 有斐閣, 1987; 村上一博, 〈明治·大正期の私生子認知請求〉, 《明治大學社會科學研究紀要》 35-1, 1996.

9 〈暗婚可歎〉, 《大韓每日申報》 1907. 8. 22.

10 〈法律上問題〉, 《皇城新聞》 1907. 8. 22.

11 1907년 8월 17일 순종은 "남자 나이 만 17세, 여자 나이 만 15세 이상이 되어야 비로소 시집가고 장가가도록 하여 엄하게 준수하고 어김이 없게 하라"는 혼인 연령에 대한 조칙을 내렸다(박경, 2012, 76쪽).

'야혼(夜婚)', '암혼(暗婚)'을 한 사람들의 '자식'을 일컫는 용어, 즉 법적으로 허락받지 못한 결혼을 한 사람들의 아이를 '사생자'라고 하고 이들이 '무성자(無姓者)'라는 뜻을 전하였다. 사생자가 '성(姓)'도 없다는 법률적 의미를 가진다고 표현한 것에서도 드러나듯, 법부대신 조중응은 '사생자' 용어를 '부계 혈통'의 '부재'를 나타내는 메이지 민법의 개념과 동일하게 사용하였다. 이 점에서 조중응의 담화는 조선의 실질적인 제도를 얘기한 것이기보다는 일본의 '사생자' 개념을 염두에 두고 조선의 '허락되지 않은' 결혼, 즉 '조혼'을 하는 사람들에 대한 경계를 드러낸 것이라 하겠다.

'사생자'라는 용어가 한국의 공식 문서에 본격적으로 등장한 것은 일본인 사법 관료들에 의해 한국의 민사 관습이 조사되기 시작하면서부터였다. 1908년 사법 관료 우메 겐지로(梅謙次郎)가 관습 조사를 위해 작성한 조사 문항에 '사생자'라는 용어가 공식적으로 나타난다. 이 조사에 기반을 두어 작성된 《조선관습조사보고서》에 실린 사생자와 관련된 조사 질문과 조선의 관습 내용은 다음과 같이 정리되었다.[12]

> 문 136 私生子에 관한 관습은 어떠한가
> 私生子의 부모는 어떻게 결정하는가? 父가 認知한 자(庶子)와 그렇지 않은 자 사이에는 구별이 있는가? 또 妾子와 다른 사생자 사이에 구별이 있는가? …… 庶子는 그 부모의 혼인으로 摘出子로 되는 예가 있는가? 만약

---

12 당시 우메의 관습 조사 사업에 대해서는 이영미, 2011 참조. 1910년 12월 법전조사국의 이름으로 간행된 《조선관습조사보고서》는 1912년에 정정보충판, 1913년에 재판이 발행되었다. 이 보고서는 1912년판을 토대로 1992년 한국의 법제연구원에서 번역되어 발행되었고, 2000년에 개정판이 발간되었다. 이 글에서는 2000년에 재발행된 번역본을 기본 사료로 삼는다. 이하 《관습조사보고서》로 줄인다.

그렇다면 妾子와 다른 庶子 사이에 구별이 없는가?

한국에서는 법제·관습 모두 축첩을 인정하므로, 혼인외의 자는 그 수가
아주 많아 이를 摘出子와 비교하면 놀라운 비율을 보인다. 그리고 첩자
는 부의 認知 없이 당연히 庶子로 되고, 다른 사생자는 부의 인지가 있은
후 비로소 그 서자가 되는 것이다. 그렇지만 서자인 점에서는 구별이 없
다. 부가 인지하지 않은 사생자에 대해서는 간통으로 출생한 姦生子라고
부르는 외에 일반적인 칭호가 없다(《관습조사보고서》, 327쪽).

위의 서술에서 우리가 우선 주목할 것은 질문이 일본 메이지 민법
에서 출생자의 법적 지위를 나타내는 용어들로 구성되었다는 점이다.
일본 민법은 친자(親子)를 실자(實子)와 양자(養子)로 구분하고, 실자를
다시 적출자(摘出子)와 서자(庶子) 및 사생자(私生子), 세 가지로 나누어
법적 신분을 부여하였다(와다 간쇼, 1925, 579쪽). '인지(認知)'라는 개념
역시 아버지에 의한 사생자 인지를 의미하는 일본 친족법의 법률용어
였다. 답변 또한 질문자의 개념에 맞추어 서술이 이루어졌다. 《관습
조사보고서》에서는 '간생자' 외에 '사생자'라는 용어는 달리 존재하지
않는다고 언급하면서도,[13] '사생자' 개념과 '인지' 개념을 이용하여 조
선의 관습을 설명하였다. '인지'라는 개념이 단순히 혼인외자를 자신
의 자식이라고 인정하는 데 그치는 것이 아니라 부윤 면장에게 서류로

---

13 조선왕조실록에 '奸生子'라는 단어가 보이는 부분은 두 곳이다. 《세종실록》 권 86,
1439년 9월 9일, "대호군 김하의 죄를 논하다"와 《숙종실록》 권 4, 1675년 9월 21
일, "동부승지 이세화가 죄수를 물고케 한 것으로 옥관의 추고를 청하다" 기사이
다. 그러나 여기에서도 간생자는 출생아를 나타내는 범주적 용어로 쓰였다기보다
는 간통에 의해 자식을 낳았다는 의미로 쓰였다고 할 수 있다(http://db.history.
go.kr/).

제출하는 행정적 행위까지 포괄하는 개념이라는 점에서(지카미 시게로, 1924, 352쪽), 조선에 이러한 관습이 존재했다고 보기는 어렵다. 결국 당시 정리된 조선의 '관습'은 일본 민법에 기초를 두고 있는 질문자의 지식을 토대로 재구성된 것이었다. 일본인 법학자이자 식민지 조선의 사법 관료였던 아사미 린타로(淺見倫太郞)가 《관습조사보고서》의 내용은 일본 민법에 약간의 손질을 가하여 조선의 관습으로 발표한 것과 다를 바 없다고 하면서, 《관습조사보고서》의 내용은 "조선이 일본 민법과 동일한 관습을 가지고 있다고 인정하는 것"이라고 비판한 이유도 여기에 있다고 하겠다(아사미 린타로, 1921, 34쪽).

'사생자' 개념의 법제화는 조선이 식민지가 되면서 본격화되었다. 민적법 시행 이후 적자와 서자를 구별하지 않고 출생 순서대로 기재하던 방식을, 1913년 9월 경무과장 통첩을 통해 적자와 서자를 구분하도록 변경했을 뿐만 아니라 "남편 없는 부녀의 출생자는 사생아로 처리"하도록 했기 때문이다.[14] 이후 경찰관서에서 담당하던 민적 사무를 1915년 4월 1일 지방행정기관으로 이양한 후 정무총감이 1915년 8월 7일 각 도 장관에게 보낸 관통첩 240호 〈민적사무취급에 관한 건〉은 이를 더욱 확실하게 정리하였다. 이 행정통첩은 조선인의 신분과 관련된 호적 사무에 관한 것이었는데, 조선의 친족 관련 사무의 상당 부분이 일본 민법의 내용과 동일한 방향으로 명문화되었다. 이 통첩 중 '출생에 관한 사항'에서는 아이의 법적 지위에 관한 내용이 거의 일본 민법에 준하여 서술되었다.

---

14 이정선, 2009, 307쪽; 〈民籍身位欄記載에 관한 件〉, 1913년 9월 8일 警收 제5917호 경무과장 통첩. 이러한 방침은 1913년 12월 10일 警發 제8068호 경무과장 통첩, 〈민적부신위란기재에 관한 건〉에서 재차 확인되었다(호소야 사다무, 1915, 257~262쪽).

(1) 嫡出子는 그 출생 순서에 의하여 장남(여) 이남(녀)이라 기재한다. 庶子가 있더라도 嫡出子의 순위에는 영향을 주지 않는다.

(2) 妾이 낳은 者는 庶子라 하고 無夫婦女가 낳은 子는 私生子로 취급한다.

(3) 남자 17세 미만 여자 15세 미만인 者 사이에서 태어난 아이는 그 남녀가 혼인의 식을 거행한 경우라도 庶子로 취급한다.

(4) 전항의 경우에, 庶子의 부모가 후일 혼인신고를 하면 庶子의 身位를 嫡出子로 고치고 출생별 기타 관계 사항을 정정한다.

(5) 私生子는 母의 민적에 등록하고 父의 欄을 공란으로 한다.

(6) 私生子에 대하여 認知의 신고가 있을 때에는 父가 속한 家의 民籍에 庶子로 등록하고 母의 欄에는 母의 성명을 기입하고 그 사유를 사유란에 기재한다.

(7) 전항의 등록을 한 경우 입적 통지를 받은 때는 당해 私生子의 사유란에 그 사유를 기재하고 母의 家의 民籍에서 이를 삭제한다.

(8) 庶子 또는 私生子의 身位欄에는 庶子男(女) 또는 私生子男(女)이라 기재하고 장남 장녀라 기재함이 不可하다.[15]

이로 인해 '사생자'는 행정법 용어로 완전히 자리를 잡는 동시에, 출생한 아이의 법률상 신분을 의미하게 되었다. 이후 1922년 '조선호적령'과 '조선민사령' 2차 개정으로 가족법의 일본화 경향은 더욱 명확해졌다. 조선총독부가 병합 초기 '관습'에 의존한다던 조선의 가족법에 부분적이지만 일본 민법을 직접적으로 차용하기 시작했기 때문이다. 조선민사령 2차 개정으로 사생자 인지 역시 일본 민법의 적용 대상이

---

15 조선총독부, 〈민적사무취급에 관한 건〉(관통첩 240호),《관보》1915. 8. 7.

되었다. 결국 일본 친족법의 법률용어인 '사생자' 개념은 관습 조사 과정과 식민지 법제화가 진행되면서 조선의 가족 '관습'으로 차츰 재구성되었다.

그렇다면 일본 민법상 출생아의 법적 지위이자 신분인 '적출자', '서자', '사생자' 개념은 구체적으로 어떠한 구조를 가졌을까? 우선, 출생 자녀의 법적 신분은 크게 '적출자'와 '사생자'로 나뉜다. 적출자는 혼인한 부부 사이에서 태어난 자녀를 이르는 데 반해, 사생자는 혼인하지 않은 남녀 사이에서 태어난 자녀를 의미했다. 그리고 사생자 가운데 아버지에 의해 '인지'가 이루어진 경우에는 '서자'가 되고, 그렇지 않은 경우에는 그대로 '사생자'로 남았다. 결국 미혼의 처녀 또는 과부가 낳은 자식은 당연히 사생자이며, 기혼의 남녀가 배우자가 아닌 자들과 성적 관계를 통해 자녀를 낳은 경우도 마찬가지였다. 사생자는 일차적으로 '혼인하지 않은 남녀'와 '부처가 아닌 남녀' 사이에서 태어난 자녀를 총칭하였다.

사생자(私生子)는 혼인하지 않은 남녀 사이에서 생긴 자(子)이다. 미혼의 아가씨 또는 과부가 낳은 아이가 사생자인 것은 당연하다. 첩이 낳은 아이 역시 사생자이다. 요컨대 사생자는 부처가 아닌 남녀 사이에서 만들어진 아이를 총칭한다(지카미 시게조, 1924, 352쪽).

그러면 '적출자'와 '사생자'를 나누는 핵심 단어인 '혼인', '부처'는 무엇을 뜻하는가? '혼인'은 사실혼이 아닌 '법률혼'을, '부처'는 호적에 등록된 '법적 부부'를 의미했다. 그러나 식민기 초기부터 법률혼이 경직되게 운영된 것은 아니었다. 조선호적령이 시행되기 전에는 사실상의 혼인이 인정을 받았고 법률의 보호를 받았다(지카미 시게조, 1924, 333

쪽). 가령 혼인신고를 하지 않은 상태에서 남편 또는 처가 사망했을지라도 그 부부 사이에서 생긴 아이는 적출자로 보았다. 1917년 4월 평양지방법원과 5월 부산지방법원의 조회에 대해 6월 12일 발한 정무총감 회답 〈혼인의 성립에 관한 건〉을 통해 이를 알 수 있다. "조선인 사이에서는 통상 혼인식을 거행함으로써 혼인이 성립되는 것으로 한다", "혼인 성립을 위해서는 부모의 동의 외에 통상 혼인식을 거행하는 것으로 한다"라고 적시하여,[16] 조선호적령 시행 이전에는 혼인식을 거행한 사실상의 혼인은 신고하지 않았더라도 법적으로 인정되었던 것이다.

이에 반해 조선호적령과 제2차 개정 민사령이 1923년 7월부터 시행된 이후 식민지 조선의 법률혼주의는 명실상부한 모습을 띠게 되었다. "인지, 혼인, 입양 등 신분에 관한 법률행위는 계출로 인해 그 효력이 생기도록" 규정하였기 때문이다(노무라 조타로, 1925, 1~3쪽). 신분변동에 '신고주의'를 천명함으로써, 이제 혼인식을 거행한 '사실상'의 혼인이더라도 행정기관에 혼인계를 제출하지 않은 경우에는 적법한 부부로 인정받지 못하게 되었다. '계출(屆出)'이 혼인 성립의 필요 조건이 되자 그로부터 발생하는 효과가 있었으니, 신고를 한 '법률혼'에서는 '적출자'가, '사실혼'에서는 '사생아'가 태어났다(다카야나기 신조, 1951, 49쪽). 따라서 혼인신고를 하기 전에 부부 중 한쪽이 사망하면 그들 사이의 자녀는 영구히 '사생아'라는 낙인에서 벗어날 길이 없었다. 신고를 할 수 없어서 혼인이 성립될 수 없었기 때문이다.[17] 결국 법률혼주의는 '내연'이라는 부적절한 관계를 무작위로 생산하면서 수많은 잠재

---

16 〈婚姻ノ成立ニ關スル件〉(1917년 6월 12일 144호 정무총감회답); 〈婚姻ノ成立ニ關スル件〉(6월 12일 145호 정무총감회답); 조선총독부, 《민사관습회답휘집》, 1933, 317~319쪽.

17 다만 사망 전에 유언이 있었을 경우, 유언 인지는 성립되었다.

적 사생아를 만들어내는 토대로 작동하게 되었다.

3. 애비 없는 자식이라는 '낙인'

앞에서 서술했듯이, 법적 부부가 아닌 남녀 사이에서—설혹 그것이 사실혼 관계일지라도—태어난 아이들은 기본적으로 '사생아'였다. 그러나 이들 모두가 '사생아' 신분에서 전혀 벗어날 수 없는 것은 아니었다. 두 가지 구제의 길이 열려 있었다. 하나는 '적출자'가 되는 것이다. 조선에 의용된 메이지 민법 제836조 제2항에 따르면, 사생자는 적출자가 될 수 있었다. 실제로 자신을 낳은 어머니와 아버지가 법적 부부 관계가 되면 가능했다. "실부모가 혼인을 한 후, 그 부모가 사생자 인지계를 하면 그 사생자는 적출자가 된다"는 것이다(지카미 시게조, 1924, 329쪽). 다른 하나는 아버지에게 사생자 인지를 받아 아버지의 호적에 들어가는 것이다. 이 경우에 그는 법률상 아버지를 가질 수 있었으며, '서자'라는 신분을 취득하였다. 비록 서자는 적출자보다 상속법에서 차별 대우를 받기는 했지만, '사생자'라는 오명에서는 벗어날 수 있었다.

그런데 여기에서 가장 주목되는 것이 '서자(庶子)'라는 용어이다. 왜 하필 '서자'인가? 첩제를 부정하는 근대법에서 첩의 자식을 의미하는 '서자'라는 용어를 군이 사용하는 것을 어떻게 설명할 수 있을까? 우선 이는 첩제가 일반적으로 존재하였던 동아시아, 특히 일본의 사정이 반영된 것이었다. 메이지 초기 '사생(私生)'이라는 개념이 처음 쓰인 1873년 태정관포고(太政官布告) 제21호에도 첩제를 어느 정도 인정하는 규정이 있었다. "처첩(妻妾)이 아닌 부녀(婦女)가 분만한 아이는 일체 사생(私生)으로 논하고 부녀가 인수할 것. 단, 남자가 자기의 자식이라고 인정하고 부녀 주소의 호장(戶長)에게 청해 허락을 받으면 그 아이는 남자를 아버지로 할 수 있다"라고 하여(나카가와 젠노스케, 1936, 57쪽), '첩'을 '사통한 부녀'와 분리하고 '처'와 비슷한 차원에서 논의했기 때문이다. 그렇지만 이후 메이지 형법과 민법이 완성되면서 명실상부한 법적 일부일처제가 확립되었다. 이제 한 남성에게 자신의 처를 제외한 모든 여성은 아무런 구별이 없는 동일한 타자에 불과한 존재가 되었다.

식민지 조선에서 첩제 역시 법률적으로 일본과 거의 비슷한 수순을 밟았다. 식민기 초기 지방재판소의 조회에 대해 조선총독부는 "부첩(夫妾) 사이의 권리 의무는 대략 부처(夫妻) 사이의 권리 의무와 같다"라고[18] 회답하여, 일정하게 첩제를 인정하였다. 그러나 앞에서 서술했던 1915년 관통첩 240호에 의해 첩제는 공식적으로 부정되었다. "첩의 입적 신고는 이를 수리하지 말 것. 단, 이미 수리한 것은 종전대로 취급할 것"이라고 하여, 첩이 남편의 호적에 들어갈 수 없다는 것을 분명히 한 것이다. 1915년 8월 이전에 이미 첩으로 등재된 경우에는 그대로 인정받았지만, 이후 첩은 남편의 호적에 등재될 수 없었다. 식민지 조선에서도 첩은 남편과 친족법상의 관계가 유지될 수 없다는 명실상부한 '일부일처 법률혼주의'가 천명된 것이다. 이제 첩의 소생은 기본적으로 '내연'과 '불륜'의 '씨앗'이고, 법률적으로는 '사생자', 즉 '사생아'였다.

그렇다면 첩제를 부정하면서도 인지된 사생아를 첩제의 귀결이자

---

18 〈妾ニ關スル件〉(1911년 11월 27일 平壤地方裁判所 新義州支部裁判長照會, 1912
    년 3월 26일 調發제472호 取調局長官回答), 《민사관습회답휘집》, 1933, 82~83쪽.

유산인 '서자'라는 용어를 사용하여 아버지의 호적에 올리는 이유는 무엇인가? '첩'이라는 제도와 관념을 배척한 이상, 일본 민법의 '서자' 논리 구조를 첩이 용인되던 시대의 것과 같다고 할 수도 없다(나카가와 젠노스케, 1936, 58쪽). 사실 그동안 일본과 조선에서 서자는 처음부터 서자였지 사생아가 아니었다. 첩의 사회적 위치는 국가에서 인정하는 공식적인 존재였으며, 서자는 준적출자(準嫡出子)였다. 첩과 서자가 처와 적자에 비해 차별을 받기는 했지만 그들의 존재는 공식적으로 인정을 받았다(가쿠다 고키치, 1936, 79쪽; 이성임, 2008, 328쪽). 그러나 이제 법은 '첩'과 '사통부(私通婦)'의 구별을 철폐하고, 남편과 관계하는 모든 여성을 '처' 대 '처가 아닌 여성'으로 이원화하였다. 그러면서도 자식의 경우에는 '적출자' 대 '서자' 대 '사생자', 세 가지로 구분하는 비대칭적인 모습을 보였다.

이에 대해 당시 일본인 법학자 나카가와 젠노스케는 일본이 민법을 만들 때 '구미의 법률'을 '본보기'로 삼아 첩이라는 명칭을 배척하면서도, 그 자식에 대해서는 오히려 "폴리가미적 사상을 탈각하지 못하였다"라고 비판하였다(나카가와 젠노스케, 1936, 59~61쪽). 그의 주장에 따르면, 서구에서는 처 이외의 여성이 낳은 자녀는 일괄 '혼인외 출생자'라는 용어를 쓰는데, 이는 첩제를 용인하지 않는 사회에서는 당연한 논리적 귀결이었다. 더욱이 서양에서는 아버지의 인지를 받더라도 '인지를 받은 혼인외 출생자'가 되는 데 불과하였다. "서양의 입법례에서는 사생자는 인지되어도 그 부를 상속받지 못하고 인지에 의해 부자 간에 부양 관계는 생길지언정 법률상 친족 관계는 생기지 않는데", 이는 "모노가미를 주장하는 민법의 당연한 태도"라는 것이다.[19]

---

19 프랑스, 영국, 독일 등에서는 인지가 이루어지더라도 사생아는 영원히 사생아이

물론 '서자' 입적은 근대 일본이 일부일처제를 제도화하면서도 현실에 광범위하게 존재하는 폴리가미 요소를 인정하는, 현실 타협적이고 이율배반적인 요소를 가지고 있다고 할 수 있다. 이는 식민지 조선에서도 마찬가지였다. 첩의 자식도 원칙적으로는 사생자라고 하면서도, 출생계를 낼 때 사생자 '인지'를 하지 않고 곧바로 '서자 출생계'로 대체하도록 편의를 봐주고 있었기 때문이다. 원칙적으로 첩의 자식도 '인지'를 해야 하지만, 조선호적령 70조의 규정에 의해 수속의 번잡함을 생략했다. 그리고 사생자의 서자 입적에는 아버지의 인지만이 필요할 뿐, '처의 동의권'은 전혀 문제가 되지 않았다.[20]

　그렇다면 인지된 사생아가 서자로 아버지의 호적에 올라가는 근거는 무엇인가? 그것은 바로 그가 아버지의 '핏줄'이고 그 집안의 '자손'이라는 것이었다. 따라서 서자 입적에서 중요한 것은 다만 그 아이가 그 집안의 '혈통'인지 아닌지 여부였다. 이는 메이지 민법의 '가(家)' 구성 원리가 기본적으로 '혈통'에 기반해 있다는 것을 의미했다. 여기에서 '혈통'은 아버지의 것'만'을 의미하였다. 이것이 바로 서자라는 용어를 쓰면서까지 아버지의 호적에 사생아를 입적시키는 이유였다. 사생자 인지 청구 소송의 판결 원칙이 단지 '혈연'인 점도 바로 이러한 이유에서 기인했다. 이것은 근대 일본의 판례에서 변하지 않은 원칙이었다. 1934년 일본에서 일어난 사생자 인지 청구 소송의 판례는 1912년의 판례를 근거로 이 점을 다시 한 번 분명히 하였다.

지, 적출자나 서자가 될 수 없었다(지카미 시게조, 1924, 354~356쪽; 나카가와 젠노스케, 1936, 60쪽).

20　민법에는 '호주의 동의'가 있어야 한다는 단서 조항이 있기는 하지만, 남자들이 대부분 '호주'였다는 점에서 거의 유명무실한 조항이라 할 수 있다.

갑남을녀(甲男乙女)의 정교(情交)로 출생했다고 하여 갑남에게 인지를 청구하는 데는 단지 갑남을녀 사이에 정교가 있었음을 증명하는 것으로 충분하지 않고, 을녀가 회태 당시 갑 이외의 남자와는 정교 관계가 없었다는 것, 즉 갑남과의 정교가 회태의 유일한 원인이라는 사실을 증명하는 것을 요하는 것으로, 이를 증명하지 못하면 그 청구는 배척된다. 이것은 이미 당원 판례(1912년 제86호 4월 5일 판결)가 존재하는 바이다.[21]

사생자 인지 청구 소송에서 이기기 위한 '절대적' 혈연관계의 입증은 어머니의 '섹슈얼리티' 문제였다. 한 남성을 대상으로 사생자 인지 청구를 하기 위해서는, 아이를 임신할 당시에 그 남성이 아이 엄마와 성관계를 가진 유일한 사람이라는 점이 입증되어, 그 남성과 아이 사이에 '사실상의 혈연관계'가 있다는 것이 증명되어야 했다. 그렇지 않으면 그 아이는 '아버지'를 확보할 수가 없었다. 독일 등이 혈연 상대주의를 취하여, 임신 기간에 어머니와 성관계가 있어서 아버지일 가능성이 있는 사람을 아버지로 인정하는 것과 상반된다. 독일의 혈연 상대주의가 굳이 혈통을 찾는 데는 관심이 없고 아이 부양의 의무를 지우는 데 초점을 두었던 것과 달리, 일본 민법의 경우에는 반드시 '혈연의 아버지'만을 구하는 '혈연 절대주의' 원칙이었던 것이다(나카가와 젠노스케, 1942, 208쪽).

자식은 반드시 아버지의 '가'에 들어가야 한다는 근대 일본의 가족 구성의 원칙, '혈통' 계승의 원리가 식민지 조선에도 관습 조사 과정에서부터 자연스럽게 조선의 관습으로 발명되었다. 《관습조사보고서》의 자식의 입적과 관련된 질문, "제111문 자(子)가 입적(入籍)하여야 할

---

21 1934년 6월 20일 대심원 판결(나카가와 젠노스케, 1942, 208쪽에서 재인용).

가(家)는 어떠한가?"와 그에 대한 부속 질문들인 "예컨대 자는 부가에 입적하는가? 부를 알지 못하면 모가에 입적해야 하는가? 부모를 모두 알지 못하면 일가를 창립하는가? …… 가족의 서자와 사생자는 호주의 동의 없이 부가(父家) 또는 모가(母家)에 입적할 수 있는가? 호주의 동의가 있어야 한다면 서자가 부가에 입적할 수 없는 경우에는 모가에 입적해야 하는가? 또 부가, 모가에 입적할 수 없는 사생자는 일가를 창립하는가?" 등의 질문들도 역시 일본 민법의 입적 원리에 기반을 두어 구성되었다(《관습조사보고서》, 45쪽). 이에 대해 조선의 관습은 다음과 같이 정리되었다.

> 男系血統을 親族의 기초로 하는 한국에서 子는 반드시 父家에 入籍해야 …… 父를 알지 못하는 子가 母家에 입적해야 하는지의 여부는 한국의 풍속상 認知를 거부하는 것을 수치로 여기고, 또 父가 분명하지 않더라도 그 母가 지정한 자가 대개 認知를 하므로 父를 알지 못하는 子가 入籍할 家에 대한 확실한 慣習은 없다. 사실상 父의 認知를 받을 수 없는 경우 母家에 入籍할 수밖에 없을 것이다. …… 가족의 庶子는 호주의 동의 유무에 불구하고 당연히 父家에 入籍하는 것으로 호주가 入籍을 거부할 권리가 없다. …… 사생자가 일가를 창립하는 관습은 없다(《관습조사보고서》, 45~46쪽).

위의 질문과 그에 대한 답변은 사실상 메이지 민법 제733조 '자(子)의 입적(入籍)'과 관련된 규정을 거의 그대로 반복한 것이었다. "자는 부의 가에 들어간다. 부를 알지 못하는 자는 모의 가로 들어간다. 부모를 모두 알지 못하는 자는 일가를 창립한다"라고 명시되었던 것이다. 사생아의 일가 창립 부분만을 제외하고 일본 민법의 내용이 조선의 관습으로 정리되었던 셈이다. 더욱이 조선의 관습이 "남계 혈통을 친족의 기초"로 한다고 규정됨에 따라, 자식의 부가(父家) 입적은 아주 당연하고도 일반적인 식민지 조선의 '관습'으로 받아들여졌다. 물론 조선 후기로 갈수록 양반 사회에서 남계 혈통의 계승 원리, 즉 유교적 가(家) 계승의 원리가 실천되었기에 위의 관습 내용에 따른 식민지 법제화 과정이 큰 갈등 없이 순탄한 길을 걸을 수 있었다. 요컨대 일본 민법의 부계 계승 제도는 유교적 가족 원리를 차용한 덕분에 별다른 충돌 없이 조선의 관습으로 재구성되었다.

'관습'이라는 어법에 기댄 '부계 혈통'의 일방적이고 극단적인 강조는 자연히 모계 혈통의 '무시' 또는 '부정'으로 이어졌다. "사생자를 그 실부가 인지하면 그 자는 부의 서자가 된다. 그렇지만 모에 대해서는 사생자이다. 아무리 모가 인지를 하여도 서자라고는 하지 않는다"라고 하여, 어머니의 존재는 아이의 법적 지위에 아무런 도움이 되지 않았다(지카미 시게조, 1924, 338쪽). 결국 가족 구성에서 혈통 절대주의는 젠더 중립적인(gender-neutral) 것이 아니라, 한쪽 성에만 국한된(gender-specific) 것이었다. 혈통은 어머니의 섹슈얼리티에 대한 확실한 통제를 전제로 아버지의 것만을 확보하는 데 모든 관심이 집중되었기 때문이다.[22] 그리하여 어머니가 있더라도 아버지를 확보하지 못한 아이는 혈통을 모르는, 즉 근본과 뿌리가 '없는' 비정상적인 인간이 되었다. 자식에게서 '어머니'의 '피'를 뽑아버리고, '아버지'의 '혈통'만을 강조하는 이러한 논리가 '애비 없는 자식'이라는 '괴물'을 만들어낸 것이다.

---

22 이것은 해방 후 한국의 '전통'인 양, 한국 가족법에 그대로 반영되었다(양현아, 2011, 406쪽).

4. 사생아 낙인의 정치학

사생아라는 '낙인'은 일본제국이 근대법이라는 형식을 통해 그어놓은 선을 넘은 자들에게 가해지는 일종의 형벌과도 같았다. 동시에 이 것은 메이지 민법을 만들 당시 수행한 일본 근대 정치의 산물이었다. 근대 일본의 국민국가 시스템이 만들어지는 일련의 과정에서 '가족'은 법적 제도가 되었다. 1871년 '신민 일반', '사민평등'의 원칙에 기반을 두고 편제된 호적은 호주를 중심으로 혈연관계에 기반을 두어 가족원을 구성하였다. 메이지 국가는 호적을 통해 인민을 파악하고 통제했을 뿐 아니라 호적을 통해 '가족'의 범주를 만들었으니, 이름하여 이 것이 일본식 '가' 제도를 이루는 기반이었다. 국가권력이 요구하는 가족 질서를 형성하고 유지하기 위한 가족법적 규제가 호적 제도에 의해 담보되었던 것이다(고야마 시즈코, 1995). 호적에 각각의 인민은 어떠한 '가'에 '호주' 누구와 어떠한 '관계'인지를 중심으로 그 사람의 존재가 기술되었고, 그것이 국가와 법이 인정하고 보증하는 각 개인의 '신분'이 되었다.

이 과정에서 혼인에 의한 신분 변동도 거주 관계의 변동으로 포착한 메이지 정부는 혼인 또한 법률의 규제, 즉 국가의 규제에 의해 성립하도록 하였다. 1875년 태정관포고 209호는 "혼인과 양자양녀의 입양 혹은 이혼과 파양은 …… 쌍방의 호적에 등기하지 않는 한 효력이 없는 것으로 간주"한다고 하여 신분 변동에 법적 신고주의를 선언하였다. 혼인에 의한 신분 변동을 법으로 관리함으로써 국가는 여러 가지 정치적 효과를 거둘 수 있었다(야마나카 에이노스케, 1988, 113~114쪽). 첫째, 국가가 인민의 '가'의 이동 사항을 직접적으로 파악할 수 있었다. 특히 혼인에 의한 '입가(入家)'와 '거가(去家)'를 명확히 함으로써 인민의 신분 변동을 국가가 분명하게 포착할 수 있었다. 둘째, 부모에게 혼인의 동의권(남자 30세, 여자 25세까지)을 줌으로써, 가족의 신분행위에 대한 부모의 지배권을 보증하였다. 가장에게 부여된 강력한 권력은 일본의 가족국가관을 만들어내는 토대라는 점에서 법률혼 역시 일본의 국가 정치의 연장이었다.

셋째, 무엇보다 중요한 것은 국가가 혼인의 성립에 직접적으로 관여할 수 있었다는 점이다. 법률혼에는 규제의 원리가 작동되고 있어, 금지된 혼인의 경우에는 신고가 불가능했기 때문이다. 근친혼 및 역연혼(逆緣婚)의 금지, 법적 혼인 연령의 규정 등은 혼인 통제의 대표적인 사례였다. 식민지 조선에서 가장 많이 담론화되었던 '조혼' 금지도 여기에 속한다. 1915년 관통첩 240호에 명시되었듯이, 혼인식을 거행하고 정식 결혼을 했을지라도 법적 혼인 연령에 도달하지 못하면 그 혼인은 법적으로 인정받지 못하였다. "남 17세 미만 여 15세 미만인 자의 혼인신고는 이를 수리치 말 것"이라고 명문화시켰기 때문이다. 1915년 강원도 장관의 질의에 대한 사법부 장관의 회답은 이를 분명히 하였다. 조혼으로 혼인신고를 하지 못한 부부 중 한쪽이 사망하면, 그들 사이에서 낳은 아이는 "적출자로 개정할 길이 없어" 영원히 서자로 취급해야 한다고 선언하였다(홍양희, 2005, 127~128쪽).

혼인 규제에서 가장 핵심적인 것은 이중혼을 금하는 '일부일처'라는 근대법의 원리였다. 이 원칙은 일본과 식민지 조선 모두에게 특별한 의미가 있었다. 당시 만연했던 첩제와의 절연을 의미하였기 때문이다. 일본에서 첩 제도가 공식적으로 폐지된 것은 메이지 민법 이전에 제정된 새로운 형법전에 의해서이다. 특히 1878년 신형법전 초안은 첩 제도 폐지의 도화선이었다. 친족에 관한 규정, 간통죄 및 그 현행범을 발견한 부(夫)의 자력 행위에 대한 규정 등에서 '처첩(妻妾)'이라는 용어가 사라지고 '배우자' 및 '부(婦)'라는 용어가 사용되기 시작하였다. 이제 첩이라는 용어는 어디에서도 발견되지 않아, 법률상 배우자의 일종이었던 첩의 신분을 규정하는 조문은 어디에도 존재하지 않게 되었다(다카야나기 신조, 1987, 255쪽). 아래에 인용한, 1879년 3월 25일 "형법 초안 중 첩의 명칭을 폐지한 것인지 아닌지"에 대한 태정관의 자문에 따라 제출된 법제국 의안은 메이지 일본이 첩제를 폐지한 정치적 배경을 알려준다.

남자가 처첩을 아울러 맞아들이는 것은 본방의 습속으로, 종래 법률에 공인된 것일지라도 한 남자가 이처 혹은 여러 명의 처를 가지는 것은 정처(正妻)의 권리를 방해하고 일가의 불화를 양성하는 기반으로, 천리에 어긋나고 인정에 반하는 것이 심하다고 할 수 있다. 구미 각국의 율을 보니, 일부이처를 인정하는 곳이 없다. 지나(支那)의 제도에서도 역시 첩을 친족에 넣지 않아, 후일 외국과 조약 개정에서 우리나라에 있는 외국인을 일본 형법으로 처분해야 할 때, 이 같은 위리반정(違理反情)의 풍습에 얽매여, 체맹 각국의 율에는 공인되지 않는 것을 우리 법률에서만 공인하는 것은 외국인이 믿고 따르는 문제와도 관계가 있다. 또 형법 초안 중에 이중혼(二重婚)을 금벌(禁罰)한다는 조항도 그런 취지를 가지고 있다. 나아가서는 처와 첩의 이름을 달리할지라도 실은 부(夫)에 대한 의무와 직무는 동일한 것에 대해, 만일 첩을 공인할 시는 이중혼을 금지하는 정신과 모순되고 첩을 친족에 넣을 때는 …… 친족이 서로 뒤섞여 나중에 민법상에서 혼인법, 재산분배법 등을 제정할 때 여러 가지 어려운 문제를 발생시킬 것은 필연이다. 지금 …… 법률 개정의 좋은 시기를 만나 이러한 악습(惡習)은 신법에서는 공인하지 않는 것이 지당(다카야나기 신조, 1987, 256쪽에서 재인용).

첩제를 '이중혼'으로 규정하는 법제국 의안은 이를 일종의 '악습'으로 규정하면서, 첩제의 폐지와 일부일처제에 기반을 둔 법률안 제정을 강력하게 주창하였다. 그 이유 가운데 첫째는 일반론으로, 첩제는 천리와 인정에 반하는 제도라는 것이다. 근대적 인권 차원에서 첩은 정처의 권리를 침해하고 가정불화를 일으키는 주범으로 지목되었다. 둘째, 첩이 친족의 범주에 포함될 경우 친족 관계가 얽히고 복잡해져, 앞으로 민법 제정에 어려운 문제를 발생시킬 소지가 있다는 것이다. 셋째, 특히 주목되는 또 다른 이유는, 내적 요인이 아닌 외적 요인, 즉 트랜스내셔널한 관계성(transnational relationship)에 의해 추동된다는 점이다. 근대법이 제정되는 과정에서 외국과의 관계가 첩제 폐지에 영향을 미친 것이다. 더욱이 '위리반정(違理反情)', 즉 이치에 어긋나고 정서에 반하는, 불합리한 습속인 첩제가 조약 개정 이후 일본에 들어와 생활할 외국인과 불협화음을 일으킬지 모른다는 우려가 첩제 폐지의 중요한 추동력으로 작동하였다.

당시 첩 제도에 대한 비판적 견해는 단지 법제국 특유의 것이 아니었다. 서구를 일본 근대화의 모델로 삼았던 후쿠자와 유키치(福澤諭吉)나 모리 아리노리(森有禮) 등과 같은 문명개화론자들 역시 일찍부터 일부다처제 혹은 첩 제도의 불합리함을 피력하였다. 특히 모리는 메이지 초기 일본의 문명개화를 주창하고 계몽지로 자리 잡았던 잡지 《명육잡지(明六雜誌)》에 1874년 5월호부터 1875년 2월호까지 총 5회에 걸쳐 〈처첩론(妻妾論)〉을 발표하였다.[23] 여기에서 그는 첩 제도 때문에 "우리나라의 대본(大本)이 서지 않아 풍속을 해치고, 개명(開明)을

---

23 《明六雜誌》 8호(1874. 5), 11호(1874. 6), 15호(1874. 8), 20호(1874. 11), 27호 (1875. 2)에 게재.

방해한다"라고 비판했을 뿐만 아니라, 이 풍속을 '야만의 습속'으로 단정하였다. 그리하여 그는 장차 '혼인의 율법'을 만들어야 한다고 주장하면서, 남녀동권의 시각에서 '혼인계약'이라는 법률안을 제시하기도 했다. 첩제에 대한 이와 같은 의식은 서구적 근대화, 즉 문명개화와 부국강병을 꿈꾸었던 많은 메이지 일본 지식인들에게 일종의 시대정신과도 같았다.

이와 같은 열망을 반영한 듯, 첩과 관련된 조항이 법전에서 전면적으로 삭제되었다. 1879년 6월 23일 태정관은 형법심사국에 '친족의 범위, 그 외 배우자 관계에 관한 규정'에서 '첩'이라는 글자를 삭제하라는 지령을 내렸다. 그리고 1882년 1월 1일부터 시행된 메이지 형법전을 필두로 법률에서 그 명칭은 삭제되었다(다카야나기 신조, 1987, 257~258쪽). 형법에서 시작된 첩제 폐지 원칙은 메이지 민법전에도 그대로 이어져, 국가는 공식적으로 첩제를 전면 철폐하였다. 첩은 이제 국가와 법이 공인하지 않는 존재였고, 그의 소생도 당연히 마찬가지였다.

> 여러 나라의 법제가 혼인외에서 만들어진 자, 즉 사생자에게 냉혹한 것은 종교의 관습과 공익의 이유에서 기인한다. 다시 말해 종교상의 규칙으로서, 혼인한 남녀에 한해 정교를 허하는 것이다. 또 공익 차원에서도 혼인하지 않은 남녀의 야합, 혹은 첩을 두는 것은 심히 좋지 않다. 이것을 금하지 않으면 가정의 질서를 어지럽히고 또 선량한 풍속을 해치기에 이른다. 사생자는 이러한 종교적 규칙을 범하고 공익의 질서에 반하여 만들어진 자(子)이므로 법률에서 이를 후하게 보호할 필요가 없다는 견해일 것이다(지카미 시게조, 1924, 356쪽).

혼인에 대한 통제는 '공적 질서'에 반하는 풍속이라는 이유로 그 규제가 정당화되었다. 금지된 결혼의 결실이 공생아가 아닌 '사생아'인 이유이기도 했다. 사생자는 공적 질서에 반하는 존재이자 국가가 공식적으로 인정하지 않는 아이라는 의미도 포함되어 있었다. 혼인 연령의 제한 역시 공익(公益) 유지를 위한 강행 규정이었다(지카미 시게조, 1924, 332쪽). 더욱이 일본의 혼인 규제에는 사생자 인지를 거부하는 내용이 포함되어 있었다. 첫째, 형제자매와 같은 근친자 사이에서 태어난 사생자, 둘째, 죽은 형제의 아내를 취하여 생긴 아이, 셋째, 양자 연조(緣組)를 한 부녀 사이에서 태어난 아이—연조를 파기한 후 인지를 신청한 경우일지라도—등의 경우에는 결코 사생자 인지를 받을 수 없었다(다카야나기 신조, 1951, 68쪽). 여기에 식민지 조선에서는 '관습'의 이름으로 '동성동본' 불혼 조항이 덧붙여졌다. 국가가 결코 공인할 수 없는 관계가 초래한 아이의 출산은 인지조차 부정되어 영원히 국가적으로 공인받을 길이 봉쇄되었던 것이다. 이 점에서 법률혼주의는 국가가 법의 이름으로 가족 관계나 혼인 관계에 직접 개입하는 것을 의미하였다. 친족이나 촌락 공동체에 의해 규율이 만들어지고 관리되던 혼인 관계에 이들의 개입을 차단하고, 그 규제권을 국가의 손으로 넘긴 것이다(야마나카 에이노스케, 1988, 115~116쪽).

그러나 위의 세 경우를 제외하고, 일부일처 법률혼은 '부계 혈통'이라는 가족 구성의 원리에 의해 상당히 압도당하였다. 일부일처 법률혼이라는 제도에 반하는 행위일지라도 부계 혈통을 확보하는 한, 그 아이는 사생아라는 낙인에서 벗어날 수 있었다. 근대 일본과 식민지 조선에서 시행된 가족법의 원리로 볼 때, 인간은 개인이 아닌 가족 안에서, 가족의 이름으로 존재하는 것이 가장 정상적인 형태이며, 그 존재는 부계 혈통의 계승성에 의해 담보되었다.

1925년 개최된 임시법제심의회에서 있었던 논쟁 역시 '가' 구성에서 부계 혈통이 일본의 근대국가 구성에서 차지하는 중요한 위상을 잘 보여준다. 임시법제심사위원회는 더욱 강력한 국가 통합을 도모하기 위하여 '국체본의(國體本意)'와 '우리나라 고유의 순풍미속'을 강조하고, 이것에 부합하지 않는 법률 제도를 개정한다는 취지에서 기획되었다(요다 세이치, 2004, 115~116쪽). 여기에서 '서자의 부가 입적 시 처의 동의권 여부'와 관련된 논의가 있었는데, '가' 제도와 '일부일처'제는 이 논쟁의 핵심 사안이었다. 가장 열띤 토론 주제는 '일부일처'제의 원칙과 '가' 제도의 원칙들 사이의 우열 문제였다.

호즈미 야쓰카(穗積八束)[24] 이래, '가국일체(家國一體)'라는 '혈통'의 원리에 한층 철저했던 법제심의회 위원 하나이 다쿠조(花井卓蔵)는 "부의 혈통, 가의 주인의 혈통, 이것이 혈통입니다. 처는 결코 혈통자가 아닙니다"[25]라고 주장한다. 따라서 서자의 입가에 처의 동의가 필요하다는 개정은 "이 혈통에 대해서 타가(他家)로부터 들어온 여자가 말할 권리를 가지는" 것이고, "일종의 일본 제도의 파괴"라고 강하게 주장하였다. 그러자 근대적 혼인 가족을 우선적 전제로 생각하는 미노베 다쓰키치(美濃部達吉)[26]는 "혼인은 그것(혈통)보다 더 중요하다"면서 "할 수 있는 한 일부일처제를 유지하는 것이 일본의 국정(國政)으로, 이것

---

24 1890년 프랑스인 법학자 부아소나드(Boissonade)에 의해 일본 '민법초안'이 나왔을 때, 〈민법이 나와 충효가 망한다〉라는 유명한 논문을 써서, 일본에 민법 논쟁을 불러일으킨 장본인이다. 그로 인해 민법 연기파와 단행파 사이에서 긴 논쟁이 벌어졌는데, 그는 연기파의 거두로 1898년 메이지 민법을 만드는 데 큰 역할을 하였다.

25 임시법제심의회 제23회 속기록(1925년 5월 2일), 요다 세이치, 2004, 116쪽에서 재인용.

26 헌법학자이자 도쿄 대학교 교수. 1935년 '천황 기관설 사건'으로 주요 저서의 발매 금지 처분과 귀족원 의원직 강제 사퇴를 당했다.

은 시비를 가리지 않으면 안 되는 중요한 문제"라고 항변하였다.[27] 호즈미 노부시게(穗積重遠)도 "지금과 같은 제도는 처의 의사는 고려하지 않는 것이 마땅하다"는 점을 법률이 드러내놓고 인정하는 것이고, 이는 "가정의 원만한 평화"라는 관점에서 말도 안 되는 일이라고 대응하였다.

그러나 서자 입적 시에 '처의 동의권' 문제는 1942년 민법 개정에서도 반영되지 않았다.[28] 그 대신 일부일처의 '혼인' 중시 대 '혈통' 중시라는 긴장 관계 속에서 일본은 이 양자를 중첩적으로 이용하는 가족 정치학을 정립하였다. "부부·친자의 복본위(複本位)"로 하는 것이 "일본의 가족제도"라는 것이다(조선총독부, 1934, 14쪽). 즉 근대 일본은 가족 단위들 사이의 근대적 수평성과 균질성을 보장하면서, 과거의 조상에서 현재와 미래의 자손으로 이어지는 수직성을 통해 '혈통' 관념을 공고히 하여, 일본 '가' 제도의 근간을 마련하였다. '남계 혈통'이라는 '가' 구성의 원리, 즉 아버지에서 자식으로 이어지는 '혈통'에 의한 친자 관계는 일본 근대국가를 구성하는 핵심 요소였다. 이러한 혈통관은 만세일계로 이어지는 일본의 가족국가관을 완성하고 일본을 혈통으로 정체화(identification)하여 국민 통합의 근거를 마련하였다. 그리고 전술하였듯이, 사생아 낙인에 내재된 법 원리를 이용한 근대 일본의 가족과 국가의 정치학은 일본 제국의 판도 안에서 식민지 조선에 제도적으로 관철되었다.[29]

---

27 임시법제심의회 제23회 속기록(1925년 5월 2일), 요다 세이치, 2004, 116쪽에서 재인용.

28 개정 민법에 "서자 인정에는 본처의 동의 필요" 조항이 들어갔다는 신문 기사가 있었으나, 1942년 개정 민법에는 최종적으로 반영되지 않았다(〈여권옹호의 시대적 신도덕률〉, 《동아일보》 1936. 6. 1).

29 그렇다고 식민지 조선에서 법적 제도가 매끄럽게 관철된 것은 아니었다. '사생아'

5. 마치며: 식민지적 인식론을 넘어

　제국 일본이 식민지 조선에 가족법을 제도화하는 일련의 과정에서 등장한 '사생아'는 일부일처 법률혼을 위반한 관계의 산물이면서 동시에 '아버지가 없는' 아이에게만 붙여지는 법률적 신분이었다. 그러나 '사생아'라는 호칭은 그들 존재에 대한 단순한 언어적 표현이기보다는, 국가가 그어놓은 선을 넘은 자들에게 가해진 사회적 '낙인'이자 존재론적 '형벌'과도 같았다.

　여기에는 근대 일본이 구사한 가족 정치학, 나아가 국가 정치학이 내재되어 있었다. 메이지 초기 일본은 '국가 만들기'의 시대였다. 서구적 모더니티를 통해 문명화의 사명을 수행하는 한편, 다른 한편에서는 일본적 정체성을 구성하여 국가 통합력을 높여야 했다. 일본의 이러한 고민과 과제를 온전히 담고 있는 것이 메이지 민법의 가족법이었다. '일부일처 법률혼'에는 문명화의 기준을 충족시키는 동시에 인민의 신분 변동을 국가가 포착하기 위한 메이지 정부의 고심이 담겨 있었다. 법을 통해 혼인을 규제하고 관리하는 법률혼은 국가가 인민의 일상생활에까지 깊숙이 관여하는 근대 정치학을 의미했다. 일본이나 조선에서 과거에 가족은 친족 및 촌락 공동체의 그물망 속에 들어간 존재였다면, 이제는 국가가 그 역할을 대체하였다. 일본이라는 국가는 일본인을 '동일한 혈통'으로 만들어 국가 통합력을 높이고자 하였다. 이것은 과거에서 현재로 면면히 이어지는 혈통성을 부각시키는

라는 낙인을 만든 일부일처 법률혼, 부계 혈통의 법 원리가 식민지 조선인들의 삶에서 작동하는 방식, 조선인들의 대응 및 제도적 전유, 그 안에 내재한 균열 등에 대해서는 지면 관계로 이 글에서는 다루지 못하였다. 이에 대해서는 별고를 통해 발표하고자 한다.

방식이었다. 일부일처라는 근대적 혼인 관계를 중시하면서도 친자 관계를 한 축으로 하는 '혈통'의 계승성이 일본 가족법의 핵심이 된 것도 이러한 이유에서이다.

또한 근대적 '혼인'과 긴장 관계를 유지하면서도 굳이 사생아를 '서자'로 입적시키는 것은 근대 일본이 구성되는 데 작용한 '혈통'의 중요성을 여실히 보여준다. 1942년 2월 10일 일본의 개정 민법에서는 그동안 가장 논란이 많았던 '사생아 및 서자'라는 용어를 폐지하고 '적출이 아닌 자'로 개정하였지만, '처의 동의권' 문제는 끝내 민법에 반영되지 않았다. 호칭은 바뀌었을지언정 사생아라는 낙인에 내재된 법률 원리가 변화한 것은 아니었던 것이다.

더욱이 사생아 문제는 근대 가족법이 구사한 젠더 정치의 면모를 유감없이 드러낸다. 사생아인지 아닌지는 '아버지'의 존재 여부에 따라서 결정되었다. 이것은 아버지의 '핏줄'만을 혈통으로 인정하는 부계 혈통주의의 결과였다. 아버지의 호적에 아이를 등록시키고 아버지의 성을 쓰는 것이 '정상성'을 획득함으로써, 여기에서 배제된 존재는 '비정상적이고 불온한' 존재가 되었다. 사생아를 낳은 여성 역시 '부적절한' 관계를 통해 아이를 낳은 여성, '불건전한' 섹슈얼리티를 발산하는 여성이 되었다. 남계 혈통의 확보가 여성의 섹슈얼리티 통제를 통해 이루어졌기 때문이다. 통제되지 않은 섹슈얼리티는 타락하고 불결한 것이었고, 사생아의 존재는 그를 낳은 어머니의 가슴에 새겨진 '주홍글씨'와도 같았다. 그리고 국가가 공인하지 않는 관계, 그 선을 넘은 자들에게 가해지는 형벌은 아이와 그의 어머니만의 몫이었다.

'사생아'라는 주변화되고 이질적인 타자를 구성하는 일본의 가족법은 식민지 조선에 거의 그대로 이전되었다. 제국 일본의 식민지 정치학이 작동하고 있었기 때문이다. 메이지 가족법은 두 단계를 통해 식민지 조선의 가족법을 만드는 핵심 원리로 차용되었다. 통감부 시절 법전조사국에서 일본인 사법 관료들에 의해 일본 민법의 지식 체계와 개념에 기반을 두어 조선의 '관습'이 발명된 것이 첫 번째 단계라면, 두 번째는 식민지 시기에 판례를 통해 '관습' 변화를 이유로 일본 가족법을 직접적으로 차용하는 범위를 넓혀가는 방식이었다. 이러한 관습법 정책은 사생아 문제를 조선 시대의 서자 차별이나 여성의 섹슈얼리티 통제 관념, 즉 '조선적' '전통'으로 받아들여지는 기반으로 작용하였다.

이 지점에서 포스트 식민성의 문제가 제기된다. 일본 민법의 부계 혈통주의에 의한 가족 구성의 원리—이 원리는 유교적 원리와 상당히 친화력이 있어 식민지 조선에서 별다른 충돌이 없었다—는 1960년부터 시행된 대한민국 민법에 거의 그대로 반영되었기 때문이다. 1957년 한국의 민법 제정을 위해 마련된 국회법사위원회의 '혼외자의 입적'과 관련된 논의는 1920년대 일본의 법제심의조사위원회의 '처의 동의권' 여부와 관련된 논쟁을 거의 그대로 재연하였다.[30] 결국 아무런 단서 조항 없이 아버지의 인지만으로 혼외자를 입적시킬 수 있도록 함으로써, '남계 혈통=가족'이라는 공식을 더욱 공고히 하였다.[31] 혼인의 존중과 배우자의 인격을 무시한 처사라는 비판에도 불구하고, "그 자식이 어디에서 낳든지 간에 제 자식인데 …… 어떤 사람이 동의를 하

---

30 국회사무처, 《제26회 국회정기회의 속기록》, 1957, 6~17쪽: 양현아는 이때 있었던 논의와 결론에 대해 한국 가족법의 남성 중심성을 지적하였다(양현아, 2011, 268~269쪽). 필자는 여기에 식민지성을 부가하고자 한다.

31 이때 정부가 제시한 민법 초안은 일본 민법의 조항과 마찬가지로 혼외자는 "호주의 동의를 얻어" 아버지의 호적에 입적할 수 있다고 명시하였다. 이에 반해 정일형 의원은 이를 "처의 동의를 얻어"로 대체한 수정안을 제시하였다. 그러나 아무런 단서 없이 아버지의 인지만으로 혼외자를 입적시킬 수 있도록 한 법사위원의 수정안이 채택되었다(국회사무처, 1957, 6~17쪽).

고 어떤 사람이 동의를 안 할 것이냐"는 것이 그 이유였다. 한마디로 "제 자식 입적시키는 데 아내의 승낙을 맡아야 된다는 것은 도저히 있을 수 없는 일"이라는 혈통 관념이 한국에서도 거듭 승리를 거두는 순간이었다.[32]

이러한 일련의 과정에서 법률혼과 남계 혈통에 의한 '가족' 구성의 원리는 한국인의 중요한 삶의 원칙이 되었다. 이것은 '법적 결혼이 아닌 관계는 부도덕하다'는 관념을 양산하여 법률혼 절대주의를 공고히 하는 동시에, 혈통성을 강화하거나 보편화하였다. 특히 메이지 일본과 마찬가지로 '혈통'은 대한민국 건설에서 내셔널리즘 형성에 주요한 역할을 수행하였다. 유구한 혈통을 지닌 것으로 생각되는 한국의 '순혈주의'는 민족주의를 강화하는 이데올로기로 작용하고 있었기 때문이다.

지금도 '자기 핏줄', '자기 자식'에 대한 강한 집착은 현대 한국인의 삶에 여전히 작동하고 있다. 동거나 미혼모에 의해 출산된 아이들을 바라보는 부정적 시선이나, 미혼모들에 의해 버려지는 아이들, 그 아이들의 해외 입양은 이런 점을 단적으로 드러낸다. 요즘에는 '마음으로 낳은 아이'라는 캐치프레이즈 아래 국내 입양을 독려하는 캠페인이 나타난 점이 약간은 고무적인 양상이라고 하겠다. 그렇지만 입양

---

32 한국에서 이 조항은 1958년 2월 제정되어 2005년 3월 개정 민법에서 삭제될 때까지 계속 온존하였다. 일본 메이지 민법 735조(1898년 6월 21일), "가족의 서자 및 사생자는 호주의 동의가 없으면 그 가에 들어갈 수 없다." → 일본 개정 민법 735조(1942년 2월 10일), "가족의 子로서 적출이 아닌 者는 호주의 동의가 없으면 그 가에 들어갈 수 없다." → 대한민국 민법 제782조(1958년 2월 22일), "가족이 혼인 외의 자를 출생한 때에는 그 가에 입적하게 할 수 있다." → 대한민국 민법 제782조(2005년 3월 31일) 삭제. 식민지 시기에 제정된 가족법부터 계산하면, 이 조항은 거의 100여 년 동안 한국 가족법을 구성하는 핵심 원리 중 하나로 군림했다.

에 대한 인식은 여전히 저열하다. '고아 수출국'이라는 오명을 벗고 국내 입양을 장려하기 위한 정책이라고 내놓은 2007년 '해외입양쿼터제'는 오히려 해외에 입양되는 아동들이 양부모 품에 안길 때까지 기다리는 시간을 늘리는 또 다른 '악행'이 되어버렸다. '동거'나 '미혼모'에 의해 탄생한 아이들, 나아가 한국 가족법에 대해 탈식민주의적 인식론에 기반을 둔 사유와 실천을 촉구하는 것도 이러한 이유에서이다.

---

* 이 글은 《아시아여성연구》 52권 1호(2013년 5월)에 게재된 논문을 수정·보완한 것이다.

참고문헌

1차 자료

〈KDI 초저출산 혼외출산 인식 바꿔야〉,《조선일보》 2011. 11. 16.

〈동거·혼외 출산 부정적 인식 바꾸어야〉,《세계일보》 2011. 11. 16.

〈법률상 문제〉,《황성신문》 1907. 8. 22.

〈사설: 동거·혼외자녀로 저출산 해결하자고?〉,《국민일보》 2011. 11. 17.

〈암혼가탄〉,《대한매일신보》 1907. 8. 22.

〈여권옹호의 시대적 신도덕률〉,《동아일보》 1936. 6. 1.

〈오죽하면 국책기관 KDI가 저출산 해소하려면 동거·혼외출산 용인해야〉,《한국
　　　일보》 2011. 11. 16.

〈저출산 해법, 유럽식 개방적 사고로, KDI 보고서 동거·혼외출산 등 인식 변화 필
　　　요〉,《경향신문》 2011. 11. 16.

〈출산율 타령〉,《세계일보》 2011. 11. 17.

〈횡설수설: 혼외출산과 출산율〉(이형삼),《동아일보》 2011. 11. 17.

국회사무처,《제26회 국회정기회의 속기록》 50호, 1957.

법전조사국·조선총독부,《慣習調査報告書》 1912, 1913; 정긍식 옮김,《개역판 관
　　　습조사보고서》, 한국법제연구원, 2000.

조선총독부,《관보》, 1915. 8. 7.

_____ ,《민사관습회답휘집》, 1933.

_____ ,《中等敎育公民科敎科書》, 1934.

明治文化硏究會 編輯,《明治文化全集》, 日本評論社, 1968.

가쿠다 고키치(角田幸吉), 〈明治初中期の私生子法〉,《法學之林》 38-5, 1936.

나카가와 젠노스케(中川善之助),《妻妾論》, 中央公論社, 1936.

_____ , 〈私生子法に於ける父の觀念〉,《法學》 11-3, 岩
　　　派, 1942.

노무라 조타로(野村調太郎),《朝鮮戶籍令義解》序, 巖松堂書店, 1925.

무라카미 가즈히로(村上一博), 〈明治·大正期の私生子認知請求〉,《明治大學社會科學
　　　硏究紀要》 35-1, 1996.

아사미 린타로(淺見倫太郎), 〈朝鮮法系ノ歷史的硏究〉,《法學協會雜誌》 39-7,

1921.

와다 간쇼(和田干城),《改正 日本民法講義》, 精華堂書店, 1925.

지카미 시게조(近見繁造),《朝鮮戸籍法規詳解》, 朝鮮法規研究俱樂部, 1924.

호소야 사다무(細谷定),《日鮮對照 朝鮮民籍要覽》, 斯道館, 1915.

2차 자료

권오규, 〈사생자에 관한 몇 가지 문제점〉,《법대논총》창간호, 경북대학교, 1958.

김영철, 〈미혼율의 상승과 초저출산에 대한 대응방향〉,《KDI FOCUS》, 한국개발
　　　연구원, 2011.

김용욱, 〈혼외자에 관한 연구〉,《부산대 논문집》17집, 1974.

＿＿＿＿, 〈혼외자의 인격적 지위〉,《법학연구》24호, 1975.

김점순, 〈혼인외의 자(사생자)에 대한 강제 인지가 고아 정책에 미치는 영향〉,
　　　《법대논총》, 경북대학교, 1974.

박경, 〈개화지식인들의 조혼에 대한 인식〉,《여성과 역사》16집, 한국여성사학
　　　회, 2012.

양현아,《한국 가족법 읽기》, 창비, 2011.

이성임, 〈조선시대 양반의 축첩현상과 경제적 부담〉,《고문서연구》33, 한국고문
　　　서학회, 2008.

이영미,《한국의 사법제도와 우메 겐지로》, 김혜정 옮김, 일조각, 2011.

이정선, 〈한국 근대 '호적 제도'의 변천〉,《한국사론》55, 서울대학교 국사학과,
　　　2009.

이화숙, 〈혼외자의 법적 지위에 관한 비교법적 고찰〉, 연세대학교 석사학위논문,
　　　1982.

조홍, 〈혼인외 출생자의 법적 지위 고찰〉, 영남대학교 석사학위논문, 1981.

한봉희, 〈혼외자의 법적 지위 연구〉,《논문집》제17집, 전북대학교, 1975.

홍양희, 〈식민지 시기 친족 관습의 창출과 일본 민법〉,《정신문화연구》28-
　　　3(100), 한국학중앙연구원, 2005.

고야마 시즈코(小山靜子), 〈家族の近代: 明治初期における家族の變容〉, 西川長
　　　夫·松宮秀治 編,《幕末·明治期の國民國家形成と化變容》, 新曜社, 1995.

다카야나기 신조(高柳眞三),《明治家族法史》, 日本評論社, 1951.

＿＿＿＿＿＿＿＿＿＿＿＿,《明治前期家族法の新裝》, 有斐閣, 1987.

야마나카 에이노스케(山中永之佑),《日本近代國家の形成と'家'制度》, 日本評論
　　　　社, 1988.
요다 세이치(依田精一),《家族思想と家族法の歷史》, 吉川弘文館, 2004.

'다른 이름으로 불리지 않은 자'

근대 프랑스 고아 개념의 변천

오경환

1. 시작하며

'고아'라고 이름 붙여진 현상은 역사 탐구에서 보편적인 주제로 보인다. 고아의 존재는 어느 문명, 어느 시기에나 발견할 수 있을 뿐 아니라 다른 역사 탐구의 주제가 필연적으로 전제하는 문화적·정치적·경제적·지성사적 특수성에 비해 고아의 보편성은 의심할 여지가 없는 것으로 보이기 때문이다. 서양 문학은 고아를 오이디푸스와 아서 왕으로, 또 올리버 트위스트로 다양한 시대에 다양한 모습으로 변주해 왔다. 맹자와 정약용은 한목소리로 고아를 홀아비, 과부, 자식 없는 자(鰥寡孤獨; 四窮)와 더불어 "천하에 궁벽한 백성들로서 의지할 데가 없는 자"로 규정하고 바른 정치의 우선적인 대상으로 여겼다.[1] 고아의 보편성은 고아가 처한 보편적이고 실존적인 위기에서 기인하는지도 모른다. 즉, 고아는 어느 문명, 어느 시기에나 문제화될 수밖에 없는,

---

1   원 출처는 《맹자(孟子)》〈양혜왕장구(梁惠王章句)〉 "호화호색장(好貨好色章)"이다. 정약용 역시 《목민심서(牧民心書)》〈애민육조(愛民六條)〉 전체를 이들에 대한 처우에 할애하였다.

궁박한 현실에 처한 존재이고, 이 궁박한 현실이 보편적이기에 고아는 보편적 존재인 것으로 보인다.

하지만 고아는 진정한 의미에서 '보편적' 현상일까? 오이디푸스와 올리버 트위스트는 같은 층위의 고아인가? 고아가 모든 시기, 모든 역사적 조건에서 문제화된다 하여 현상의 보편성이 획득될 수 있을까? 부모가 '없는' 모든 이는 고아인가? 빅토르 위고는 《레미제라블》에서, 아마도 역사상 가장 유명한 고아이자 또 다른 고아의 어머니인 팡틴을, "몽트레유-쉬르-메르에서 태어났지만 그녀의 부모에 대해서는 알려진 바가 없"으며 "그녀는 다른 성(patronyme)으로 불린 적이 없기에 팡틴이라고 불렸다"라고 소개한다. 따라서 위고가 구현하는 고아-됨은 보편적인 실재의 문제라기보다는 재현의 문제이며, 고아라는 재현이 실제 사회 조건들 속에서 어떻게 상상되는가의 문제이다. 고아의 문자적 의미, 즉 '부모를 잃은 자' 자체는 '보편적'일 수 있지만 고아를 어떻게 이해하고 어떻게 다루느냐 하는 문제, 즉 고아가 고아로 불리고 이해되는 지식-권력의 관계망은 보편화될 수 없다. 결국 고아라는 현상의 보편성에 대한 의문은 고아를 상상하는 방식, 혹은 고아를 문제화하는 특정한 시선의 문제로 이어진다. 특히 '근대성' 혹은 '근대-국가'로 표상되는 시선은 이 글이 다루는 시기에 이루어진 고아에 관한 상상과 재현에 가장 중요한 영향을 미쳤다.[2]

---

2 근대-국가는 근대라는 시기의 국가를 지칭한다기보다는 근대성과 그 하나의 표현으로서의 국가를 의미한다. 시선의 개념은 푸코의 '듣는 시선(hearing gaze)'과 '말하는 시선(speaking gaze)'의 대비에서 비롯한다. Michel Foucault, *Birth of the Clinic: An Archaeology of Medical Perception*, New York: Vintage, 1994, pp. 107 ~123. 제임스 스콧(James Scott)의 *Seeing like a State: How Certain Schemes to Improve the Human Condition Have Failed*(New Haven: Yale University, 1999)와 그의 가독성(legibility) 개념 역시 시선의 개념을 풍부하게 한다.

이 글은 내용적으로 근세에서 20세기 초반에 이르는 시기 프랑스의 고아 문제에 대한 인식과 정책을 살펴보고 여기에 담긴 고아의 정치성을 규명하고자 한다. 그러나 이 글은 전통적 의미에서의 프랑스사 연구라고 할 수 없다. 주요한 관심은 오히려 프랑스로 추상할 수 있는 근대-국가에 쏠려 있다. 물론 모든 근대-국가가 프랑스와 같은 방식으로 고아를 상상했던 것은 아니며, 역사적 맥락의 다양성과 특수성이 충분히 존중되어야 한다. 더구나 프랑스는 이미 16~17세기에 공포된 일련의 임신 및 결혼 관련 칙령이 보여주듯, 근세 초기부터 출산율 증가 정책을 지속적으로 추구해왔으며, 출산율 정책은 절대왕정, 계몽주의, 프랑스 대혁명, 왕정복고기, 제3공화국 등 프랑스 역사에서 중요한 국면마다 빠지지 않고 중요 정책 의제로 등장했다.[3] 이런 정치적 중요성 때문에 프랑스에서는 출산 정치에 관한 담론이 질적으로나 양적으로나 풍부하게 전개되었다. 따라서 출산 정치, 나아가 생명정치(bio-politics)의 역사적 전개를 살피는 데 프랑스라는 특수한 맥락은 큰 의미가 있을 수 있다. 그럼에도 불구하고 필자는 프랑스의 맥락을 강조하고 출산 정치의 기원을 프랑스가 지닌 특수성으로 환원시키는 전통적인 역사학적 접근을 택하지 않으려 한다. 이 글의 핵심적인 목표는 근대적 생명정치가 실존하는 고아의 개념화에 어떻게 작동하는지를 밝히는 것이기 때문이다.

물론 이를 위해서는 근대-국가 자체에 대한 성찰이 이루어져야 할

---

3   프랑스 인구주의의 역사에 관한 연구로는 다음을 참조하라. Joseph Spengler, *France Faces Depopulation: Postlude Edition, 1736~1976*, Durham: Duke University Press, 1978; Carol Blum, *Strength in Number: Population, Reproduction, and Power in Eighteenth-Century France*, Baltimore: Johns Hopkins University Press, 2002.

것이다. 푸코는 "어쩌면 국가는 조합된 현실이거나 신화화된 추상에 불과할지 모르며, 우리가 생각하는 것보다 훨씬 덜 중요할지도 모른다"라고 암시한 바 있다.[4] 다시 말해, 국가는 인격성과 의도성을 가진 단일한 주체가 아니라 다양하고 상호모순적일 수 있는 제도적 실천의 총체로 보아야 할 것이다.

물론 이렇게 '국가'를 담론적 차원에서 해체하려는 시도에 대한 반박이 없는 것은 아니다. 웬디 브라운(Wendy Brown)은 푸코가 "근대 정치권력에서 국가가 지니는 역할을 전략적으로 과소평가하는 오류를 범하고 있"으며 "국가는 여전히 후기 근대민족의 정치적 정당성의 핵심적 기반으로 남아 있다"고 본다.[5] 하지만 브라운의 이 같은 입장은 주로 국가가 담보하는 정치적 정당성의 문제와 직접적으로 관련을 맺고 있으며, '국가'가 지닌 상징적·사법적·주권적 측면의 실재성을 전략적으로 과대평가하는 오류를 범하고 있다. 필자는 '프랑스'라는 국가적 맥락은 다양한 '국가-효과(state effects)'로 해체/재구성되어야 한다고 본다.[6]

---

4 Michel Foucault, *Security, Territory and Population: Lectures at the Collège de France, 1977~1978*, trans. Graham Burchell, London: Picador, 2004, p. 114.

5 웬디 브라운, 《관용: 다문화제국의 새로운 통치전략》, 이승철 옮김, 갈무리, 2010, 142~143쪽.

6 국가-효과(state effects)는 푸코의 통치성 개념을 중심으로 하여, 옹의 '파편화되거나 등급화된 주권(fragmented or graduated sovereignty)'이나 램키의 작업에서 착안한 필자의 개념이다. 이 개념을 통해 필자는 국가 자체가 다양한 국가-효과의 엉성한 합으로 이해되어야 한다고 주장하고자 한다. Aihwa, Ong, "Graduated Sovereignty in South-East Asia," *Anthropologies of Modernity: Foucault, Governmentality, and Life Politics*, Jonathan Xavier Inda ed., Oxford: Blackwell, 2005, pp. 83~104; Thomas Lemke, "An Indigestible Meal?: Foucault, Governmentality and State Theory," *Distinktion* 15, 2007, pp. 43~66. 티머시 미첼이 같은 용어를 사용한 바 있지만, 그의 용법은 필자의 것과 다르다. Timothy

필자는 이 글에서 특히 고아를 생산하는 국가-효과에 관심을 두고 있다. 각 시기별로 고아를 규정하는 국가의 시선이 끊임없이 변화했음을 발견했기 때문이다. 고아를 부르는 세 이름, '드러난(발견된) 아이들(enfants exposés; enfants trouvés)'과 '버려진 아이들(enfants abandonnés)', '(국가의) 돌봄을 받는 아이들(enfants assistés)'은 각각 어떤 종류의 사회적·정치적·경제적·문화적 전략이 투입되었는지를 보여준다.

프랑스 혁명 이전에 '드러난 아이들'로 개념화된 고아는 '전통적인' 출산 정치의 전략이 도드라지게 보여준다. 또한 '드러난 아이들'이라는 이름은 우리가 일반적으로 전통 사회와 연결 짓는 고아에 대한 도덕적 편견이 근세에 존재하지 않았다는 사실을 보여준다. 프랑스 대혁명과 그 이후의 사회는 고아를 '버려진 아이들'로 다시 개념화하였다. 이 이름은 고아라는 존재가 지닌 비정상성이 가족주의가 강력해지는 사회에서 문제화되는 과정과 일치한다. 근대-국가의 성립과 가족의 재구성이라는 강력한 효과는 고아가 지닌 사회적 위험성과 기회를 명백하게 하였다.

제3공화국은 고아를 '(국가의) 돌봄을 받는 아이들'로 다시 규정하면서, 이들에게 정책적으로 깊이 관심을 보였다. 이는 고아에 대한 규정과 관리가 완전히 국가-효과의 일부로 편입되었음을 의미하며, 고아를 둘러싼 다양한 지식 생산의 기제, 즉 법학적·의학적·심리학적 지식 실천 체계는 고아와 비고아의 구분이 점점 흐려졌음을 보여준다.

사실, 고아를 지칭하는 위의 세 용어는 필자가 구분한 세 시기에 혼

Mitchell, "Society, Economy, and the State Effect," *State/Culture: State-formation after the Cultural Turn*, George Steinmetz ed., Ithaca: Cornell University Press, 1999, pp. 76~97.

용되었다. 각각의 시대에 필자가 지정한 용어가 더 많이 사용되긴 했지만, 각각의 이름이 고아에 관해 전 사회적 공감을 보여준 것도 아니다. 오히려 이 이름들은 고아에 접근하는 세 가지 대표적인 전략의 다른 이름이라고 할 수 있다. 그렇다면 무엇이, 어떻게 고아들의 이름을 붙였는가?

2. 드러난 아이들

수사 귀(Frère Guy)가 차후에 고아원의 모델이 될 최초의 고아 관리 시설을 몽펠리에 세운 것은 1180년의 일이다. 이 시설은 여러 가지 의미에서 훗날 고아 관리 시설의 중요한 전범이 되었다. 특히 훗날 '투르(tour)'라고 불리는 조개 모양의 회전형 요람을 시설 문 앞에 설치하여 고아를 익명으로 위탁할 수 있게 한 것은 이후 고아 위탁과 관리에 지속적으로 영향을 미쳤다. 투르를 통해 위탁된 아이들은 일반적으로 '드러난' 아이들, 혹은 '발견된' 아이들로 불렸다. 이런 아이들은 네 살 때까지 유모나 위탁 부부의 보살핌을 받다가 별도의 아동용 고아원 시설(오스피스, hôspice)로 옮겨졌고 일곱 살 정도에 생업에 뛰어들었다.[7] 이 아이들의 진로에 대해서는 그다지 알려진 바가 없지만 일반적으로 길드의 직공으로 진출한 것으로 보인다. 이런 종류의 중세 고아 위탁·관리 기관은 교회나 지역 공동체가 운영하는 것이 일반적이었다. 규

---

7 Bernard-Benoîr Remacle, *Des Hôspices d'enfants trouvés en Europe et principalement en France depuis leur origin jusqu'à nos jours*, Paris: n. p., 1838, p. 38; Philip Ariès, *Centuries of Childhood: A Social History of Family Life*, New York: Pimilico, 1962, pp. 22, 102, 151.

모가 가장 크고 대표적인 고아 관리 시설은 '침대(la Couche)'나 '구유 (la Crèche)'라는 별칭을 가진 노트르담 인근의 고아원이었는데, 이곳들은 파리의 귀족과 귀족 여성들의 후원으로 운영되었다.

　중세 고아원의 다른 중요한 특징은, 고아원이 일반 병원과 엄밀하게 구분되지 않았다는 점이다. 특히 연간 60~70명 정도의 고아를 관리하던 오텔디외(Hôtel-Dieu)의 경우, 출산 과정에서 산모가 사망한 영아들을 중점적으로 관리했는데, 이들은 대부분이 행려병자인 일반 환자들과 구별되지 않고 길러졌다.

　어쩌면 중세부터 19세기 중반까지 고아 관리의 기조에 큰 변화가 없었다고 말하는 것은 결코 과격하다고 할 수 없을지 모른다. 특히 투르와 같이 중세에 성립한 고아 관리의 중요한 제도적 특징이 19세기 중반까지 이어진다는 점에서 충분히 근거가 있는 생각이라고 할 수 있다. 하지만 절대왕정기에 들어서면서 고아 정책은 중앙집권 방식의 고아원을 설립하는 등 중세와 변별되는 미묘한 변화를 보이기 시작한다. 일례로 프랑수아 1세의 치세에 오텔디외에서 고아원 기능을 분리한 '앙팡디외(Enfants Dieu)' 혹은 '앙팡루즈(Enfants Rouges)'와 '트리니테 병원(Hôpital de la Trinité)'이 건립되었는데, 이곳들은 고아원을 병원에서 분리하여 부모가 유기한 '건강한' 영아를 대상으로 했다.[8] 즉, 이전의 고아 관리가 자선과 의료 정책의 일환으로 행해졌다면, 절대왕정기에는 조금 더 진전하여 고아에 특화된 정책이 등장한 점이 눈에 띈다.

8　앙팡디외의 영아들은 붉은 포대기에 싸였기 때문에 '붉은 아이들(Enfants Rouges)'이라는 별칭이 붙었다. Albert Dupoux, *Sur les Pas de Monsieur Vincent: Trois cents ans d'histoire Parisienne de l'enfance abandonée*, Arpajon: Coopérative Arpajonaise, 1958, p. 21.

이렇게 변화한 이유는 무엇이었을까? 이 맥락에서 앙리 2세가 1556년에 반포한 '임신 신고 칙령(Déclarations de Grosses)'은 특별한 의미가 있다.[9] 이 칙령은 미혼모로 하여금 자신의 임신 사실을 공표할 것을 요구하는 것을 주요 내용으로 삼았다. 이 칙령이 필요했던 이유는 아마도 영아 살해 사건이 빈번히 생기고, 사생아가 늘고, 심지어 영아를 거래하는 일까지 드물지 않던 사회 현실일 것이다. 하지만 한 발 더 나아가, 이 칙령은 절대왕정 하에서 출산 정치의 중요성이 점점 더 커졌음을 암시한다. 즉, 출산 정치는 절대왕정에 의한 귀족 사회 통제라는 문제와 깊이 관련되었던 것으로 보인다. 법적으로 공개를 강요함으로써, 여성이 사생아를 임신할 경우 감당할 다양한 사회적 비용을 극단적으로 늘리고 여성의 성적 욕망을 억제하려 했던 것이다.

1556년 칙령을 보충하여 1586년에 제정된 '물랭의 법령(Ordonnance de Moulins)'은 고아 문제와 관련하여 또 다른 의미심장한 시사점을 던진다. 이 법령은 아버지가 알려지지 않은 채로 어떤 지역에서 사생아가 태어나면 그 영아의 관리와 양육에 필요한 비용의 책임을 해당 지역 귀족들에게 전가하는 내용을 담고 있다. 표면적이고 정치적인 해석에 따르자면, 이 법령은 귀족 사회의 질서 유지를 위해 지역 귀족들이 자신들의 지역에서 사생아의 출산을 최대한 억제하고 자발적으로 서로를 감시할 것을 촉구했다는 점에서, 임신 신고 칙령과 그 궤를 같이한다고 볼 수 있다.

하지만 이러한 법적·정치적 변화는 좀 더 구조적인 변화를 가져왔다. 귀족에 국한하지 않고 사생아 일반을 겨냥했다는 점에서 사생아

---

9 Ernest Semichon, *Histoire des Enfants Abandonées depuis l'Antiquité jusqu'à nos jours*, Paris: Plon, 1880, pp. 90~100.

를 고아로 개념화하는 데 혁신적인 전기를 마련했으며, 이에 따라 유기된 아이들과 사생아는 이제 진정으로 '드러난' 아이들이 되었다. 중세 사회가 고아를 끊임없이 지역사회 안의 문제로, 뒤르켐의 표현을 빌리자면 '1차 사회' 내부의 문제로 수렴시키려 한 반면, 이 법령들은 '정치'의 차원에서 이 아이들을 끊임없이 노출시키려 했다. 물론 이 법령을 실질적으로 지역사회에 적용하는 것은 비현실적이었을 뿐 아니라 실제 조치를 강압할 수단도 없었기에 17세기에 들어서면서 법령 자체가 사문화되었고, 고아원의 운영 비용은 여전히 자선과 기부에 의존할 수밖에 없었다. 어쨌든 1556년 칙령과 그 후속 조치는 프랑스의 출산 정치와 절대왕정, 고아의 문제가 서로 얽히는 지점을 잘 보여준다.

절대왕정이 본격화되는 17세기에 들어서면서 출산과 고아의 문제는 더 첨예한 정치적 국면을 맞았다. 레슬리 터틀(Leslie Tuttle)과 캐럴 블룸(Carol Blum)이 면밀하게 추적했듯, 출산율 증가 정책, 나아가 인구문제가 확장된 정치적 의미—상징적으로나 실질적으로나—를 획득했기 때문이다. 루이 13세의 오랜 불임과 루이 14세가 될 영아의 출산은 왕권의 안정성과 출산이 긴밀하게 연결될 수밖에 없다는 것을 상징적으로 보여주었다. 또한 이 시기에 태동한 중상주의와 중농주의는 다양한 방식으로 신민의 양과 질에 대한 논의를 전개하여 출산과 인구문제를 정치경제학의 중요한 테마로 올려놓았다.[10]

그러나 17세기 출산 정치의 백미는 루이 14세가 1666년에 반포한 출산율 증대에 관한 칙령이다. 20세 이하가 내는 세금, 특히 인적 타유세(taille)를 내야 하는 신민이 결혼하면 25세까지 세금을 면제하고, 21세에 결혼하면 24세까지 세금을 면제하는 것을 골자로 한 이 칙령은,

---

10 Carol Blum, *Strength in Number*, pp. 30~44.

터틀이 지적하듯, 로마제국의 출산율 증대 정책 이후 가장 포괄적이며 야심찬 정책이다.[11] 특히 인적 타유 세가 1570년대에 이미 절대왕정 재정 전체의 절반을 차지하는, 가장 중요한 자금원이었다는 사실을 감안한다면 더욱 놀라운 정책이다.[12]

17세기 말부터 혁명에 이르는 시기에는 출산 정치의 정치적 중요성이 중앙집권화라는 전반적 기조와 맞물려 고아 정책에도 영향을 끼쳤다. 일례로, 파리에 '발견된 아이들 병원(Hôpital des Enfants Trouvés)'이 1670년에 건립되어 고아 행정의 중심이 되었다는 사실을 들 수 있다. 이 새로운 병원의 건립이 고아 관리의 중앙집권화에서 중요한 이유는 지방에서 태어난 고아들도 이 병원으로 보내졌기 때문이다.[13] 그 결과로 1670년 312명에 불과했던 원아 수가 1772년에는

---

11 François Isambert et al, *Recueil générale des ancienne lois française, depuis l'an 420 jusqu'à la Révolution de 1789*, vol. 17, Paris: n. p., 1829, pp. 90~93; Leslie Tuttle, *Conceiving the Old Regime: Pronatalism and the Politics of Reproduction in Early Modern France*, Oxford: Oxford University Press, 2010, pp. 36~37. 이 출산 장려 정책의 이념적 바탕에 인간을 국가의 힘과 부의 원천으로 여기는 중상주의의 논리가 작용한 것은 자명하다. 하지만 출산 정치는 절대왕정의 비판자들에게도 중요한 의미가 있었다. 특히 출산율 저하와 정치의 건강성을 직접적으로 연결하는 몽테스키외의 일련의 글은 유명한 《페르시아인의 편지(*Lettres persanes*)》 (1721)에서 발견할 수 있다. 이 부분에 대한 지성사적 연구는, Jean-Claude Perrot, *Une histoire intellectuelle de l'économie politique, XVIIe~XVIIIe siècle*, Paris: Éditions de École des Hautes Études en Sciences Sociales, 1992가 대단히 유용하다.

12 절대왕정의 재정에 대한 상세한 논의는 다음 자료를 참조하라. 윤은주, 〈프랑스 절대왕정의 재정적 기초〉, 《프랑스 구체제의 권력구조와 사회》, 최갑수 외 편, 한성대학교 출판부, 2009.

13 물론 이런 중앙집권화가 면밀하게 의도된 것이라고 보기는 힘들다. 1779년의 칙령은 지방 고아의 파리 이송을 법적으로 금지하기까지 했다. 하지만 이러한 칙령의 존재는 이러한 행위가 얼마나 일반적이었는지를 보여주는 좋은 예이다.

7676명에 이르렀다.[14] 관리가 필요한 고아의 급격한 증가는 결국 국가가 '사생아(bâtards; enfants illégitimes)'의 수사학에서 벗어나 행정적인 관리 정책으로 선회할 수밖에 없게 만들었다. '고아 병원(Hôpital des Orpheliens)'과 '생테스프리(Saint-Esprit)' 등 증가하는 고아를 관리하기 위한 새로운 시설이 우후죽순으로 생겨났고, '살페트리에르(Salpêtrière)'와 같은 기존 의료 시설까지 고아 관리 기능을 수행하면서, 국가의 부담 역시 중대되었다.

과연 이 아이들은 어떻게 성장하였을까? 이런 시설들이 제공하는 기본적인 영양과 교육은 부실한 수준이었음이 분명하다. 영아를 위해서는 유모의 존재가 절대적이었는데 그 수가 턱없이 부족해, 보통 6~8명의 상근 유모가 200명 정도의 영아에게 모유를 공급해야 했다. 글쓰기와 읽기, 종교 교육을 실시하던 전통적인 종교적 자선 고아원과 달리, 국가 고아원은 원아들에게 적절한 교육을 제공할 수 없었다. 그 결과 나중에 고아원에서 나온 아이들이 정상적인 직업을 얻기 힘들었고, 여성의 경우 매춘이, 남성의 경우 부랑자(mendecité)가 일반적인 운명이었다.[15]

---

14 Claude Delasselle, *Les enfants trouvés à Paris au XVIII siècle*, Nanterre: n. p., 1966, p. 49; Reprinted from Rachel Fuchs, *Abandoned Children: Foundlings and Child Welfare in Nineteenth-Century France*, Albany: State University of New York Press, 1984, p. 14.

15 Camille Bloch, *L'Assistance et l'État en France à la ville de la Révolution*, Paris: A. Picard et fils, 1908, p. 396. 후술하겠지만, 프랑스 혁명기에 '부랑자' 문제가 지닌 중요성에 대해서는 재론의 여지가 없을 것이다. 프랑스에서 지속적으로 복지국가에 대한 이론적·선언적 기초가 된 것이 바로 이 부랑자 문제를 다루기 위해 1790년 설치된 부랑자위원회에서 제출한, 국가 보조는 사회의 '신성한 의무'라는 의견이었다. 이 위원회의 활동에 관해서는 다음을 참조하라. Duc de la Rochefoucauld-Liancourt, *Plan de Travail du Comité*, Paris, 1790.

따라서 일반적인 사회복지 정책 차원에서 구체제는 고아들을 관리하는 데 '실패'했다고 말할 수 있다. 더구나 고아의 운명이 중세적인 공동체 관리에서 벗어나 국가의 관리에 귀속된 후 이들이 더 행복했을 것이라고 믿기는 힘들다. 그럼에도 불구하고 구체제가 고아를 개념화한 방식에서 새로운 점이 발견되는 것은 어려운 일이 아니다. 출산 정치의 맥락은 국가의 주요 자원인 '인간'이 될 '고아'를 국가가 관리해야 한다는 생각을 가능케 하면서, 이전에 고아 관리를 맡았던 기독교적 도덕률에 의한 자선(charié)의 틀을 실천 차원에서 대체했던 것이다.[16] 물론 기독교적 도덕률의 영향력이 하루아침에 사라진 것은 아니다. 16세기와 17세기 프랑스는 종교개혁에 대한 반동으로 나타난 '도덕의 재기독교화(rechristianization of morals)'와 종교적 열정의 재점화는 교회의 자선 노력을 강화하였을 뿐 아니라, 19세기 중후반까지도 기독교적 자선은 고아 관리의 중요한 요소였다. 다만, 기독교적 도덕률의 천명은 수사학적 측면이 강했으며, 국가권력의 구조적 침투를 되돌릴 수는 없었다. 더구나 '고아'를 '사생아'라는 틀이 아닌 '드러난/발견된 아이들'의 틀로 바라보는 것은 중요한 개념적 변화였다.

이 개념적 변화의 중요성을 설명하려면 푸코가 인구를 개념화하면서 했던 설명을 원용할 수밖에 없을 것이다. 구체제 하에서조차 고아의 관리는, 개개인의 도덕성이나 부성의 문제를 무시할 수는 없지만, 인구의 질과 양, 그 건강을 관리하는 것이 훨씬 더 중요한 문제로 인식

---

16 자선의 개념이 어떻게 사회보장제도로 전환했는지 살펴보려면 다음 자료들이 적절하다. André Gueslin & Pierre Guillaume eds., *De la Charité Médievale à la sécurité sociale*, Paris: Les Éditions Ouvrière, 1992. 고전적인 접근을 보여주는 다음 자료도 중요하다. Henri Hatzfeld, *Du Paupérisme à la sécurité sociale, 1850~1940*, Paris: Armand Colin, 1971.

되기 시작했던 것이다. 고아와 인구 현상 사이의 관계는 필연적으로 고아를, 개인적인 악덕의 산물이며 숨겨야 할 존재에서, 드러내고 발견해야 할 존재로 만들었다. 어떤 의미에서 근세의 고아 관리는 '비동시적 근대성'을 보여준다고 말할 수 있을 것이다. 근세 말에서 근대 초기에 이르는 시기, 고아는 가부장 사회의 '사생아'에서 국가의 '드러난 아이들'이 되었고, 도덕적 수사학의 영역에서 행정적 관리의 영역으로 이동하기 시작했던 것이다.

3. 버려진 아이들

고아 관리가 또 다른 맥락에서 관심을 받은 시기는, 프랑스에서 벌어진 대부분의 일이 그렇듯, 프랑스 대혁명 기간이었다. 1790년 라로슈푸코-리앙쿠르 공작(Duc de la Rochefoucauld-Liancourt)이 주도한 '부랑자위원회(Comité de la Mendicité)'는 부랑자의 문제뿐 아니라 노동권(droit au travail)과 보조권(droit á l'assistance), 나아가 전반적인 '사회문제'에 대한 논의를 전개하였다. 대혁명의 보편주의를 잘 보여주는 이 위원회의 결론은 극빈자, 버려진 자(les abandonnés), 병자 등을 보조하는 것은 사회의 '신성한 의무'이며, 보조는 사적 영역의 자선이 아니라 공적 성격을 띤다는 것이었다.[17] 이 선언적 언명에 내재한 복잡한 정치적 층위에 대한 논의는 이 글의 범위를 훨씬 벗어나는 것이

---

17 Duc de la Rochefoucauld-Liancourt, *Quartième Rapport du Comité de Mendicité, Secours à donner a la classe indigente dans les différentes âges et dans les différentes criconstances de la vie*, Paris: n. p., 1790, p. 4.

다.[18] 하지만 이 언명이 고아를 근본적으로 재개념화하는 결과로 이어졌다는 점은 쉽게 상상할 수 있다.

분명 프랑스 대혁명 초기에 진행된 고아에 대한 인식 변화는 혁신적이었다고 말할 수 있다. 고아를 미래에 국가의 중요한 군사적·농업적·식민주의적 자원으로 보는 관점이 등장하였고, 이에 따라 고아에 대한 다양한 구제책이 제안되었다. 모든 고아는 모든 병원과 위탁 시설에 무조건적으로 받아들여져야 한다는 점이 명시되었고, 이들의 관리에 대한 국가의 보조가 전적으로 실현되었으며, 이들을 '발견된 아이들'이라는 명칭 이외의 것으로 부르는 것을 금지한다고 명시한 법령까지 공표되는 등, 혁명의 열정은 고아 관리의 모든 측면에 영향을 끼쳤다. 혁명은 모든 고아를 '조국의 아이들'로 규정하려 했기 때문이다.[19]

하지만 이 선언적 언명이나 정책이 실질적으로 실현되기란 거의 불가능한 일이었다. 특히 중앙정부의 재정과 행정력 부족은 결국 고아 관리의 재정적 부담을 지역에 전가하였고, 혁명의 혼란 속에서 고아 문제는 가장 먼저 방기되는 종류의 정책이었기 때문이다. 혁명의 열정이 퇴조하던 1801년에 성립된 '모성법(Code de la Maternité de l'an X)'에서 산모가 아이를 국가에 위탁할 권리를 보장했다는 데 주목하여 혁명적 열정이 어느 정도 제도화하는 데 성공했다고 보는 입장도 가능할

---

18 프랑스 혁명 이후 노동권의 정치적 변천을 다룬 표준적인 자료는 다음과 같다. William Sewell, *Work and Revolution in France: The Language of Labor from the Old Regime to 1848*, Cambridge: Cambridge University Press, 1980. 사회보조권의 중요성, 그리고 그것과 노동권이 가진 복잡하고도 모순적인 관계를 다룬 자료는 다음을 들 수 있다. Giovanna Proccaci, *Gouverner la Misère: La Question sociale en France, 1789~1848*, Paris: Seuil, 1992.

19 Fuchs, *Abandoned Children*, p. 17.

지 모른다.[20] 하지만 고아 문제에 관한 한 구체제와의 연속성이 두드러진다고 보는 편이 옳을 것이다. 혁명의 결과로 제도화된 법 정신이나 정책 목표가 구체제의 그것과 특별히 변별된다고 보기 힘들기 때문이다. 그렇다고 혁명기에 등장한 새로운 고아 개념의 중요성을 부인하는 것은 아니다. 다만, 혁명에서 제기된, '조국의 아이들'이라는 고아의 새로운 위치가 사회 안에서 정립되기까지는 상당히 시간이 걸렸다는 말이다.

어떤 면에서 보면 고아의 개념에 실질적인 변화가 일어난 기간은 19세기 중반이라고 볼 수 있다. 이 시기에 혁명과 구체제가 정립한 고아 개념이 전면적인 재조정에 직면했기 때문이다. 7월혁명 이후에 본격적으로 대두한 부르주아 사회는 '사회문제'를 전반적으로 다시 검토하는 계기를 제공하였다. 루이 빌레르메(Louis Villermé)를 필두로 한 사회경제학자(social économistes) 그룹은 도시의 빈곤과 위생 문제를 '빈곤의 문화'의 틀, 즉 가난이 비도덕성을 낳고 다시 그 비도덕성이 가난을 낳는 악순환의 구조로 해석하였다. 이들은 사회문제를 경제적 구조나 정치적 모순의 문제로 접근하기보다는 가난이 개인의 도덕성과 맺고 있는 관계를 강조하고 문제화하는 방식을 택했다. 이런 접근은 결국 노동계급을 '위험한 계급'으로 인식하면서 이들을 어떻게 통제할 것인가 하는 문제로 귀결될 수밖에 없었다.[21] 이러한 접근 방식의 성

---

20 7월혁명 이전까지 이 법령은 충실히 이행되어 고아원은 익명 보장, 무료, 접근성 보장 등의 원칙을 충실히 지켰다. 1804년에 집대성된 민법 역시 친부 확인을 금지하기까지 했다. 이는 상징적으로나 실질적으로나, 위탁된 영아의 사적 가족을 인정하지 않는다는 것을 의미한다.

21 빌레르메와 사회경제학을 다룬 중요한 저작으로는 다음을 참조하라. William Coleman, *Death is a Social Disease: Public Health and Political Economy in Early Industrial France*, Madison: University of Wisconsin Press, 1982; Jacques

행과 그 담론의 승리는 필연적으로 고아에 대한 인식을 변화시켰다. 개인의 도덕성 타락의 지표로서 영아의 유기만큼 상징적인 사건은 찾아보기 힘들었기 때문이다.

이 변화는 제도적 차원에 그대로 반영되었다. 이 과정에서 중세부터 이어진 투르가 고아를 위탁하는 부모의 익명성을 보장해준다는 특징 때문에 사회개혁과 관련된 논란의 중심으로 등장하였다. 1811년에 제정된 고아에 관한 포괄적인 칙령은 구체제의 원칙과 혁명의 선언적 정신을 그대로 적용하여, "버려진 아이들을 받는 병원과 위탁 시설에는 아이들을 위탁할 수 있는 투르를 구비하여야 한다"[22]라고 규정했으며, 1830년 7월혁명 이전까지 이 원칙은 충실히 지켜졌다.

하지만 7월왕정 기간 동안 투르는 전면적인 폐지와 부분적인 인정 사이에서 불안하게 유지되었다. 일반적인 사회개혁가 그룹, 즉 도덕 경제학자들은 투르의 익명성에 부정적이었던 반면, 가톨릭 계열의 사회개혁가 그룹, 특히 가톨릭 사회주의자들은 투르를 유지하는 데 적극적이었다. 두 계열은 모두 도덕적 용어로 자신의 입장을 정당화하였다. 가톨릭 계열은 투르가 고아를 출산한 미혼모와 그 가족의 명예를 지킬 수 있는 유일한 방법이며, 따라서 영아 살해와 같은 극단적인 선택을 막을 수 있는 기제라고 주장하였다. 반면에 일반 사회개혁가 그룹은 투르 제도가 영아 유기를 정당화해주는 기제이며 영아 유기를 방조하는 결과를 가져왔다는 점을 강조하였다. 투르가 고아 위탁에 수

Donzelot, *L'Invention du Social: Essai sur la déclin du passion politique*, Paris: Seuil, 1984. '위험한 계급'을 다룬 표준적인 저작은 다음과 같다. Louis Chevalier, *Classes laborieuses et classes dangereuses à Paris pendant la première moitié du XIXe siècle*, Paris: Perrin, 1958.

22 Décret du 19 Janvier 1811, "concernant les enfants trouvés ou abandonnés et les orphelins pauvres," article 2.

월성과 익명성을 보장해주어 고아 위탁 건수를 늘린다는 데에는 양측의 견해가 일치한 것으로 보인다.

사실 이런 논의를 구조적으로 이끌어간 요인은 지방정부의 재정 악화였다. 재정 악화로 투르는 제2제정기가 안정되는 1850년대 중반에 거의 사라졌고, 파리의 '발견된 아이들 병원'마저 1862년에 투르 운영을 중단했다.[23]

투르 제도는 고아가 어떻게 개념화되는지를 가늠할 수 있는 중요한 시금석이다. 고아 위탁 시스템은 그 성격상 고아가 탄생하고 인지되는 메커니즘을 집약적으로 보여주기 때문이다. 구체제와 혁명기에 고아 관리가 익명성에 기초한 투르를 통해 이루어질 수 있었던 인식론적 배경에는 고아 자체가 일종의 '관리되어야 할' 자연현상으로 여기는 인식이 있었다. 고아는 어느 날 갑자기 발견되고 드러난 국가-공동체의 책무로 인식되었던 것이다. 19세기 전반기에 이루어진 투르에 대한 논쟁은 이러한 인식론을 부정하고, 고아의 탄생은 누군가의 유기에 의한 것이며 그 도덕적·재정적 책임은 원천적으로 개인에게 귀속되어야 할 종류의 것이라는 입장을 강화하기에 이른다. 물론 이들이 국가-공동체의 책임 자체를 부정한 것은 아니다. 다만, 고아는 가난의 악순환이 생산하는 부도덕의 결과이며, 지속적인 가족 이데올로기의 강화를 통해 최소화해야 할 존재로 인식했던 것이다.

여기서 놀라운 점은, 전통적으로 보이는 고아에 대한 도덕적·가족주의적 입장이 새로운 것이었다는 점이다. 물론 이전 시기에도 귀족의 사생아에 대한 논의는 도덕적·가족주의적 함의를 내포하고 있었다. 하지만 실상 귀족의 사생아는 고아가 될 수 없는 존재였다. 따라서 투

---

23 Remacle, *Des Hôspices d'enfants trouvés*, pp. 226~230.

르가 새삼스럽게 논란이 된 것은 고아라는 현상을 보는 인식론적 메커니즘 자체에 변화가 일어났음을 암시한다. 이 인식론적 변화를 추적하는 것은 19세기 전체에 걸쳐 이루어진 '사회문제' 인식의 변화를 추적하는 작업과 일치한다. 간단히 말하면, 자유주의는 빈곤 문제를 도덕화하는 전략을 사용하면서 부르주아 가족을 사회의 이상적인 기본 단위로 상정하였다. 이 과정에서 상징적으로나 실질적으로나, 고아 문제는 노동계급의 비도덕성을 보여주는 현상으로 인식되었다. 더구나 '사회문제'의 일반적인 해결책은 합리적 예측, 특히 자녀 수를 합리적으로 조절한다는, 맬서스식 개념인 '성적 예측(sexual prevoyance)'과 가족을 통한 재도덕화였다. 이 두 전략 모두에서 고아는 문제적인 존재가 될 수밖에 없었다.

그런데 이 전략은 중요한 균열을 내포하고 있었다. 첫 번째 균열은 '부르주아 가족', 즉 부모와 자식(이상적으로는 아들과 딸)으로 이루어지고 성적 노동 분업이 이루어진 독립적인 경제 단위가 이념형에 가까웠다는 점이다. 이상적 부르주아 가족은 그 현상의 보편성 때문에 귀납된 것이 아니라 연역적으로 구성되었다.[24] 두 번째 균열은 더욱 근원적이다. 자유주의와 그 경제적 표현 양식인 자본주의는 '개인'을 가장 신성하고 독립적인 단위로 삼는다. 더구나 프랑스 대혁명은 정치적 단독자로서 개인의 개념을 극한까지, 즉 일반의지를 담지한 초월적 주체로서 개인-공동체로까지 몰고 간 경험/기억이었다. 대혁명의 트라우마를 가진 프랑스 부르주아 사회경제학자에게 '개인'은 문제적 개념

---

24 동즐로는 이 결핍을 해결하기 위해서는 가족을 다시 해체하고 재생산하는 과정이 필요하다고 주장한다. 후술하겠지만, 이 재생산의 시점을 어디로 잡을지는 복잡한 문제이다. Donzelot, *Policing of Families*, Robert Hurly trans., Baltimore: Johns Hopkins University Press, 1984.

이었기에, 이들이 내놓은 사회개혁안은 전혀 자유주의적이지 않을 수밖에 없었다. 빈곤 문제를 개인적 차원으로 환원하는 방식의 정치적 위험을 본능적으로 두려워했기 때문이다.

하지만 이런 가족주의 경향에 따라 프랑스의 사회정책은 끝없이 자유주의 원칙과 충돌하게 된다. 가족을 통해 매개되는 개인은 엄밀한 의미에서 개인이 아니기 때문이다. 이 시기 프랑스 사회개혁에 관한 다양한 논의에 공통적으로 등장하는 영국식 모델에 대한 찬양은 바로 개인으로 돌아가고자 하는 욕구를 보여준다. 하지만 이를 위해서는 도덕화 전략의 포기가 선행되어야 했는데, 프랑스는 그런 포기가 가져올 정치적 부담을 감당할 수 없었다. 따라서 19세기 중후반 프랑스에서는 자유주의적 사회 기획과 이에 배치되는 도덕화 정책이 공존하는, 자기분열적인 상황이 이어질 수밖에 없었다.[25]

고아는 이 두 균열을 상징적으로, 또 실질적으로 보여주는 존재였다. 고아는 모든 사회문제의 근원적 해결책으로 여겨지는 가족의 틀 밖에 존재하면서 근대적 개인의 존재론적 특질을 구비하고 있었다. 아동노동 전반에 관한 논의에서도 드러나듯, 어린이-고아를 독립적인 계약 주체로 볼 것인가, 보호의 대상으로 볼 것인가 하는 문제에서 7월왕정과 제2제정은 명확한 답을 내리지 못했다. 이들을 개념화하는 방식이 주어를 소거한, 수동태의 '버려진' 아이들이라는 점은 이런 인식론적 혼란을 상징한다고 볼 수 있다.

---

25 샤르비는 프랑스에서 이루어진 맬서스주의의 수용과 인구주의로의 전환을 이 맥락에서 본다. 즉, 인구주의의 위기—실질적인 것이든, 수사학적인 것이든—가 맬서스주의가 내포한 영국적 개인주의의 한계를 돌파하는 데 중요한 계기가 되었다는 것이다. Yves Charbit, *Du Malthusiennisme au Populationisme: Les Économistes française et la population, 1840~1870*, Paris: PUF, 1981.

이 인식론적 혼란을 돌파하는 방법으로 정권이 택한 방식은 이데올로기에 의거한 논쟁에서 벗어나 실용적이고 정책적인 고아 관리로 선회하는 것이었다. 일례로, 1852년 제2제정이 성립한 이후 고아 관리에서 중점을 둔 것은 위탁 과정이나 영아의 관리가 아니라, 이들을 어떻게 교육하고 이들의 노동력을 어떻게 활용할지에 집중되었다. 그중에서도 지방의 노동력 감소를 만회하기 위한 수단으로 12세 이상의 고아를 지방으로 보내는 '농업 식민지(colonies agricoles)' 개념이나, 파리 지역에서 고아의 관리 연령을 21세로 연장하고 이들의 교육을 강화한 것은 모두 고아의 노동력의 질과 양을 확보하려는 노력의 일환이었다.[26] 물론 이런 전략이 고아의 존재에 내포된 불안을 완전히 해소할 수는 없었다. 고아를 지방으로 보내거나 관리 연령을 연장하는 데에는 이들이 범죄나 매춘을 일으킬 것이라는 불안이 자리하고 있었기 때문이다. 하지만 이들을 일종의 인적 자본(human capital)으로 보는, 실용적이면서도 인식론적인 방향 전환은 다음 시기 고아의 개념화에 중요한 시사점을 던진다.

---

26 Armand Husson, *Étude sur les hôpitaux*, *considérés sous le rapport de leur construction*, *de la distribution*, *de leur bâtiment*, *de l'ameublement*, *de l'hygiène et du services des salles de maladies*, Paris: Paul Dupont, 1862, p. 309. 1830 년대부터 진행된 '농업 식민지'의 개념에 대해서는 다음을 참조하라. Alban de Villeneuve-Bargemont, *Économie politique chrétienne*, *ou recherches sur la nature et les causes du paupérisme*, *en France et en Europe et sur les moyens de le soulager et de le prévenir*, tom. III, Paris: Poussin, 1834, pp. 534~545.

4. 돌봄을 받는 아이들

자크 봉종(Jacques Bonzon)은 19세기 말 프랑스 고아의 상황을 점검하면서 톨스토이의 유명한 언명을 변주하여 "행복한 아이들에게는 역사가 없지만 가난하고 버려진 아이들에게는 있다"라고 갈파하였다.[27] 이 언명은 단순한 수사가 아니라 고아의 존재론적 특질을 명확하게 표현한 것이다. 역사가 기술되기 위해서는 다양한 공식·비공식 기록이 필요하다. 행복한 아이들은 사적 영역 안에 존재하고 이 사적 영역은 신성한 곳으로, 역사가 끝나는 지점으로 인식된다. 불행한, 버려진 아이들은 그 존재의 시작에서부터 공적 영역에 기록되며 이들의 삶은 결국 공적인 것이 된다. 제3공화국은 고아 문제뿐만 아니라 전반적인 사회정책에서 혁명을 마무리하고 근대국가라는 기획을 완성시킨 시기였다는 점은 의심의 여지가 없다. 이 과정에서 고아는 재개념화 과정을 거쳤는데, 이것은 결국 고아의 '역사'를 다시 기술하는 것과 같았다.

1차 세계대전에 이르는 세기말 프랑스 제3공화국의 사회정책 기조를 지배한 정조는 인구 감소(dépopulation)에 대한 두려움이었다.[28] 제

27　Jacques Bonzon, *La Réforme du service des enfants assistés*, Paris: Berger-Levrault, 1901, p. 3. 이 언급은 다음 자료를 통해 알게 되었다. Sylvia Schafer, *Children in Moral Danger and the Problem of Government in Third Republic France*, Princeton: Princeton University Press, 1997.

28　Philip Nord, "The Welfare State in France," *French Historical Studies* 18, 1994; Kyunghwan Oh, "Republican Duties: Depopulation, the Social Question and the Rise of the Welfare State in France, 1880~1914," Ph. D. Dissertation, University of Chicago, 2007. 인구주의를 가장 명징하게 보여주는 저작은 에밀 졸라(Émile Zola)의 《다산(*Fécondité*)》일 것이다. 모든 문학적 개연성을 버리고 다산을 찬미하는 이 소설은 여러 논쟁의 대상이 되었지만, 졸라의 인구주의에 대한 신념은 의심할 여지가 없다. 그는 '프랑스 인구 증가를 위한 국민연합'을 비롯해 인구 증가를

3공화국에서 통과된 대부분의 성공적인 사회정책은 인구 감소를 직간접적 동기로 삼았다. 예를 들어, 이혼법(1884)과 같이 인구 감소에 해가 된다고 일반적으로 생각할 수 있는 법안의 입법 동기에서조차 법안의 찬성자들은 "불임 부부의 이혼을 통해 인구 증가에 기여한다"는 논리가 적용될 정도였다.[29] 인구 감소에 대한 논쟁은 가깝게는 1851년 2월혁명부터, 길게는 16세기부터 시작되었다.

그러나 인구문제에 관한 한 제3공화국은 세 가지 차원에서 특별한 위치를 차지한다. 먼저, 실질적인 인구 감소, 적어도 인구 증가의 둔화가 눈에 띄게 나타났고, '인구 현상'에 대한 관심이 통치와 행정에서 전면으로 떠올랐으며, 정치적 자유화 덕분에 인구문제에 관한 국가의 직접적 개입이 복잡한 정치적 이슈로 떠올랐다.[30] 이런 상황에서 고아문제는 인구문제와 직접적으로 연결되어 새로운 정치적 중요성을 획득했다.

코뮌의 기억이 아직 생생하고 새로운 공화국으로의 이행이 순조롭지 않던 1874년 당시, 가장 존경받는 공화주의자 중 한 사람인 테오필 루셀(Théophile Roussel)은 고아 관리를 다시 중앙집권화하는 데 핵심적인 역할을 한 이른바 '루셀 법(la Loi Roussel; la loi sur la protection des enfants du premier âge)'을 통과시키는 데 성공한다. '집 밖에서' 수유를 하는 2세 이하의 유아 등록을 의무화한다는 '루셀 법'의 핵심은,

---

도모하는 시민사회 조직에 적극적으로 참여했다.

29 *Journal Officiel*, *Annales du Sénat-Débats Parlementaires*, 30 May, 1884. 이혼법 논쟁에 관해서는 Theresa McBride, "Divorce and the Republican Family," Elinor Accampo et al ed., *Gender and the Politics of Social Reform in France, 1870~1914*, Baltimore: Johns Hopkins University Press, 1995 참조.

30 오경환, 〈모아진 몸: 프랑스 제3공화국 인구 감소 논쟁으로 본 푸코의 개인, 인구, 통치성〉, 《서양사론》 103, 2009, 125~152쪽.

언뜻 보면 고아 관리와 큰 관련이 없어 보인다. 하지만 이 법은 실상 공권력의 범위 안에 있는 모든 '돌봄을 받는 아이들'에 관한 포괄적인 법안이었다. 루셀 법안은 이들의 관리와 양육, 교육의 예산을 중앙정부와 지방정부가 공동으로 절반씩 부담하게 하는 동시에 전국의 '돌봄을 받는 아이들'에 대한 중앙의 관리 권한을 명시하였다.[31]

루셀 법에 대한 일반적인 해석은 이 법이 '전통적인' 가족상 혹은 부르주아적 가족상을 재확인했다는 것이다.[32] 물론 루셀 법은 유모에 대한 비판과 통제를 통해 유모에게 과다하게 의존하여 가정을 방기하는 여성을 암묵적으로 비판하고 '가족 안의(au foyer)' 여성이라는 이미지를 부각시켰다. 하지만 이 법안이 가족 이데올로기의 핵심 요소, 즉 절대적 부권과 친권을 전복시키는 의미가 있었던 점은 잘 알려지지 않았다. 이는 루셀 법이 2세 이하의 유아가 가정 바깥에서 수유를 하는 것은 근본적으로 아동 학대의 우려가 있으므로 국가가 이 정보를 수집하고 학대가 발견될 경우 국가가 개입해야 한다고 공표한 데에서 잘 드러난다.[33] 다시 말하면, 이른바 〔국가의〕 돌봄을 받는 아이들'에 관한

---

31 Théophile Roussel, "Proposition du loi," *Journal Officiel*, *Annales de l'Assemblé Nationale-Documents Parlementaires*, Annex No. 1707, 1873. 루셀의 정치적 중요성과 커리어에 대해서는 Catherine Rollet-Echalier, *La Politique à l'égard de la petite enfance sous IIIe République*, Paris: PUF, 1990 참조.

32 Rachel Fuchs, *Poor and Pregnant in Paris: Strategies for Survival in the Nineteenth Century*, New Brunswick: Rutgers University Press, 1992; Susan Pedersen, *Family, Dependence and the Origin of the Welfare State*, Cambridge: Harvard University Press, 1993.

33 *Journal Officiel*, *Annales de l'Assemblé Nationale-Documents Parlementaires*, Annex No. 5150, 1874. 이에 관한 가장 명쾌한 설명은 Joshua Cole, *Power of Large Numbers: Population, Politics, and Gender in Nineteenth-century France*, Ithaca: Cornell University Press, 2000에서 발견할 수 있다.

일련의 법안의 시초인 루셀 법은 일반적으로 '고아'의 개념과 병치되어 쓰이던 '버려진 아이들'의 개념을 극적으로 확장하여, 국가가 개입할 수 있는 아동의 범위를 확장시킨 것이다.

루셀 법 이후 일련의 법안에서는 이러한 경향이 더욱 강해지고 확장되었다. 역시 루셀의 주도 하에 1881년부터 준비되어 1889년 공표된 '학대받거나(maltraités), 도덕적으로 버려진(moralement abandonnés) 아동의 보호에 관한 법률'은 아마도 이 경향의 가장 극적인 예일 것이다. 이 법의 별칭이 '친권 박탈법(la loi sur la déchéance de la puissance paternelle)'이라는 점을 보아도 이 법의 목적은 명확하다. 행형이 확정되거나 현저한 학대가 확인된 경우 부모가 친권을 잃을 수 있도록 규정한 이 법은 이전까지 이루어진 국가의 고아 관리 틀을 벗어나, '고아'를 국가가 생산할 수 있는 근거를 만들었다. 이는 19세기 중반 가족 이데올로기에 기반하고 있던 도덕화 전략의 내재적 폐기를 의미한다. 물론 '도덕적 유기(abandon moral)'라는 용어가 상징하듯, 도덕적 전략이 추구했던 빈곤의 문화라는 개념 자체가 폐기된 것은 아니었다. 하지만 도덕적 방기의 내용은, 동즐로가 지적하는 대로, 이전의 가족 이데올로기 체계 대신 법적·의학적·심리학적 체계에 기반하고 있었다.[34] 즉, 도덕적 방기는 이제 부르주아 가족의 불가능한 이상향에 의해 규정되는 것이 아니라 법적·경제적·의학적·심리학적 판단에 의해 '도덕적'이라는 형용 어구를 부여받는 방향으로 진화한 것이다. 예컨대, 알

---

34 Donzelot, *Policing of Families*. 셰이퍼가 지적하듯, 행정적 실천 차원에서 의학적·심리학적 체계가 도입된 것은 2차 세계대전 이후라고 할 수 있다(Schafer, *Children in Moral Danger*, p. 87). 하지만 도덕적 내용의 판단에서 의학적 사고의 중요성은 이미 19세기 중반부터 현저하게 나타났으며, 의학적 지식의 내용 또한 임상적 판단과 도덕적·심리학적·이념적 차원이 혼재된 것이었다.

코올 중독인 아버지는 그 인격의 도덕성이나 아이에게 보인 행위의 도덕성에 의해 판단되는 것이 아니라, 알코올중독이라는 현상적 증거를 통해 판단된다는 의미이다.

따라서 제3공화국 시기에 고아에 대한 명칭이 '돌봄을 받는 아이들'로 바뀌었다는 것은 결국 '고아' 개념이 가족과의 직접적인 연관에서 벗어나기 시작했음을 의미한다. 가족주의 모델의 한계를 넘어 공화주의적 가족을 재생산하는 것은 결국 전통적인 가족을 해체하는 일과 다르지 않았기 때문이다. 가족의 영역에 대한 국가의 개입은 근본적으로 공적 영역과 사적 영역의 경계를 허무는 행위이다. 이 시기 가장 중요한 사회정책 법안의 입안자 중 한 사람인 폴 스트로스(Paul Strauss)는 사회정책의 기본 방향을 국가의 개입을 통한 '아동의 보호'에 두었다. 즉, 인구 감소의 위협을 경감시키고 사회의 근본적인 생산력을 유지하며 인권을 보호하기 위한 첫 번째 단계는, 보호받을 아이들을 확정하고 이들에 대한 지식을 생산하여 적절한 교육과 영양을 투입하는 것이었다.[35]

문제는, '아이들'의 영역이 '역사가 없는' 사적 영역이라는 점이었다. '학대'가 발생한 경우 사적 영역에 대한 침투가 가능하다는 정책은 '학대' 여부를 확인할 수 있는 다양한 기제가 사적 영역으로 확장되는 것을 인정할 때에만 가능하다. 따라서 제3공화국의 모든 아동은 '돌봄을 받'을 수 있는 아이들로 재정의될 수밖에 없다. 나아가 모든 아이들은 잠재적인 '고아'이다.

---

35 Paul Strauss, *Assistance Sociale: Pauvres et mendiants*, Paris: Alcan, 1901, pp. 260~264.

5. 마치며

현재 대한민국에서는 몇몇 교회를 중심으로 '베이비 박스(Baby Box)'를 운영하고 있다. 지난 한 해(2013년) 동안 베이비 박스를 통해 유기된 영아 수는 208명으로, 전체 유기 영아 222명 중 91.2퍼센트를 차지하며 빠른 증가세를 보이고 있다. 2012년에 베이비 박스에 유기된 영아가 67명(전체 유기 영아는 79명)이라는 사실을 고려해보면 놀라운 증가세이다. 이 증가세는 최근의 경제 위기나 생활고를 보여주는 현상일 것이다. 하지만 필자는 베이비 박스에 관한 논란을 접하면서 프랑스의 고아 위탁 기제인 투르를 보는 듯한 기시감을 떨칠 수 없었다. 우리는 베이비 박스에 유기된 아이들을 어떻게 부르고 있는가.

이 글에서 살펴본 바와 같이 고아는 여러 가지 다른 이름을 가지고 있다. 각각의 이름들은 그들의 삶의 조건과 그들이 지닌 상징적 의미를 보여준다. 이들의 이름을 읽기 위해서는 이들을 규정하는 권력의 전략을 드러내는 것이 핵심적이다. 이 권력의 전략을 통일된, 정합성을 가진, 중심으로부터 나오는, 즉 국가라는 이름으로 수렴되는 구조적 힘의 발현이라고 보기보다는 고아 관리에 관한 다양한 실천은 모순적이고 즉흥적이며 정치적인 이해관계의 조정에 의해 추동되었으며, 고아에 대한 복잡한 지식-권력의 관계망 속에서 끊임없이 유동하였다고 보는 편이 더 생산적일 것이다. 그래야 근대가 국가라는 실천을 통해 구현되는 모습이 명확해지기 때문이다.

또한 '고아'라는 명사, 혹은 다른 모든 명사에게 공통적으로 적용되는 유적(類的) 특징은 역사 탐구에서 중요한 오류의 근원이 되기도 한다는 점을 지적해야 할 것이다. 고아라는 유적 존재가 등장하는 순간, 고아의 다양한 삶에 내포된 단독성은 사라지고 고아와 관련된 다양한 실천은 고아라는 명사로 수렴되고 만다.[36] 이는 고아라는 말에 투입되는 다양한 권력의 전략을 무화시키는 것과 다를 바 없다.

이 글에서 살펴보았듯이, 고아가 문제화되는 조건은 광의의 근대성, 즉 결과적인 실천의 조합으로서 근대사회로의 전환과 깊은 연관, 때로는 모순적인 연관을 가지고 있다. 그런데 고아가 '다른 이름으로 불린 적이 없는 이'라고 할 때 이 '이름'은 명시적으로 성(姓)이다. 가족이라는 범주와 위계, 혹은 실천을 벗어나 존재하는 모든 아이가 고아라면 근대적 개인은 모두, 이론적으로, 잠재적 고아이며, 고아를 생산하는 것은 근대 자체이다. 하지만 근대의 다양한 기제들은 고아를 다시 한 번 가족 혹은 국가의 이름으로 품어 고아의 존재를 지우려 한다. 고아가 암시하는 이 근대의 모순성은 우리가 근대라고 상정하는 것 역시 대단히 불안한 기초 위에 서 있었다는 사실을 시사한다.

---

36 명사 중심주의 문제에 대해서는 많은 논의가 있었지만, 필자는 여전히 푸코가《말과 사물(Les Mots et les choses)》에서 지적한 근대성과의 연관을 마음에 두고 있다.
* 이 글은《역사와 문화》24집(2012년 11월)에 게재되었다.

참고문헌

1차 자료

Journal Officiel: Annales du Sénat-Débats Parlementaires.

Bloch, Camille, *L'Assistance et l'Etat en France à la ville de la Révolution*, Paris: A. Picard et fils, 1908.

Bonzon, Jacques, *La Réforme du service des enfants assistés*, Paris: Berger-Levrault, 1901.

Duc de la Rochefoucauld-Liancourt, *Quartième Rapport du Comité de Mendicité, Secours à donner a la classe indigente dans les différentes âges et dans les différentes criconstances de la vie*, Paris: n. p., 1790.

Husson, Armand, *Étude sur les hôpitaux, considérés sous le rapport de leur construction, de la distribution, de leur bâtiment, de l'ameublement, de l'hygiène et du services des salles de maladies*, Paris: Paul Dupont, 1862.

Isambert, François et al, *Recueil générale des ancienne lois française, depuis l'an 420 jusqu'à la Révolution de 1789*, vol. 17, Paris: n. p., 1829.

Remacle, Bernard-Benoîr, *Des Hôspices d'enfants trouvés en Europe et principalement en France depuis leur origin jusqu'à nos jours*, Paris: n. p., 1838.

de Villeneuve-Bargemont, Alban, *Économie politique chrétienne, ou recherches sur la nature et les causes du paupérisme, en France et en Europe et sur les mpyens de le soulager et de le prévenir*, tom. III, Paris: Poussin, 1834.

2차 자료

Accampo, Elinor, et al ed., *Gender and the Politics of Social Reform in France, 1870~1914*, Baltimore: Johns Hopkins University Press, 1995.

Ariès, Philip, *Centuries of Childhood: A Social History of Family Life*, New York: Pimilico, 1962.

Blum, Carol, *Strength in Number: Population, Reproduction, and Power in Eighteenth-Century France*, Baltimore: Johns Hopkins University Press,

2002.

Charbit, Yves, *Du Malthusiennisme au Populationisme: Les Économists française et la population, 1840~1870*, Paris: PUF, 1981.

Chevalier, Louis, *Classes laborieuses et classes dangereuses à Paris pendant la première moitié du XIXe siècle*, Paris: Perrin, 1958.

Cole, Joshua, *Power of large Numbers: Population, Politics, and Gender in Nineteenth-Century France*, Ithaca: Cornell University Press, 2000.

Coleman, William, *Death Is a Social Disease: Public Health and Political Economy in Early Industrial France*, Madison: University of Wisconsin Press, 1982.

Donzelot, Jacques, *L'Invention du Social: Essai sur la déclin du passion politique*, Paris: Seuil, 1984.

_____ , *Policing of Families*, Robert Hurly trans., Baltimore: Johns Hopkins University Press, 1984.

Dupoux, Albert, *Sur les Pas de Monsieur Vincent: Trois cents ans d'histoire Parisienne de l'enfance abandonée*, Arpajon: Coopérative Arpajonaise, 1958.

Foucault, Michel, *Birth of the Clinic: An Archaeology of Medical Perception*, New York: Vintage, 1994.

_____ , *Security, Territory and Population: Lectures at the Collège de France, 1977~1978*, Graham Burchell trans., London: Picador, 2004.

Fuchs, Rachel, *Abandoned Children: Foundlings and Child Welfare in Nineteenth-Century France*, Albany: State University of New York Press, 1984.

_____ , *Poor and Pregnant in Paris: Strategies for Survival in the Nineteenth Century*, New Brunswick: Rutgers University Press, 1992.

Gueslin, André, & Pierre Guillaume eds., *De la Charité Médievale à la sécurité sociale*, Paris: Les Éditions Ouvrière, 1992.

Hatzfeld, Henri, *Du Paupérisme à la sécurité sociale, 1850~1940*, Paris: Armand Colin, 1971.

Lemke, Thomas, "An Indigestible Meal?: Foucault, Governmentality and State Theory," *Distinktion* 15, 2007.

Mitchell, Timothy, "Society, Economy, and the State Effect," *State/Culture: State-formation after the Cultural Turn*, George Steinmetz ed., Ithaca: Cornell University Press, 1999.

Nord, Philip, "The Welfare State in France," *French Historical Studies* 18, 1994.

Oh, Kyunghwan, "Republican Duties: Depopulation, the Social Question and the Rise of the Welfare State in France, 1880~1914," Ph. D. Dissertation, University of Chicago, 2007.

Ong, Aihwa, "Graduated Sovereignty in South-East Asia," *Anthropologies of Modernity: Foucault, Governmentality, and Life Politics*, Jonathan Xavier Inda ed., Oxford: Blackwell, 2005.

Pedersen, Susan, *Family, Dependence and the Origin of the Welfare State*, Cambridge: Harvard University Press, 1993.

Perrot, Jean-Claude, *Une histoire intellectuelle de l'économie politique, XVIIe~XVIIIe Siècle*, Paris: Éditions de École des Hautes Études en Sciences Sociales, 1992.

Proccaci, Giovanna, *Gouverner la Misère: La question sociale en France, 1789~1848*, Paris: Seuil, 1992.

Rollet-Echalier, Catherine, *La Politique à l'égard de la petite enfance sous la IIIe République*, Paris: PUF, 1990.

Schafer, Sylvia, *Children in Moral Danger and the Problem of Government in Third Republic France*, Princeton: Princeton University Press, 1997.

Scott, James, *Seeing Like a State: How Certain Schemes to Improve the Human Condition Have Failed*, New Haven: Yale University, 1999.

Semichon, Ernest, *Histoire des Enfants Abandonées depuis l'Antiquité jusqu'à nos jours*, Paris: Plon, 1880.

Sewell, William, *Work and Revolution in France: The Language of Labor from the Old Regime to 1848*, Cambridge: Cambridge University Press, 1980.

Spengler, Joseph, *France Faces Depopulation: Postlude Edition, 1736~1976*, Durham: Duke University Press, 1978.

Strauss, Paul, *Assistance Sociale: Pauvres et mendiants*, Paris: Alcan, 1901.

Tuttle, Leslie, *Conceiving the Old Regime: Pronatalism and the Politics of Reproduction in Early Modern France*, Oxford: Oxford University Press,

2010.

오경환, 〈모아진 몸: 프랑스 제3공화국 인구 감소 논쟁으로 본 푸코의 개인, 인구,
　　통치성〉,《서양사론》103, 2009.

윤은주, 〈프랑스 절대왕정의 재정적 기초〉,《프랑스 구체제의 권력구조와 사회》,
　　최갑수 외 편, 한성대학교 출판부, 2009.

브라운, 웬디,《관용: 다문화제국의 새로운 통치전략》, 이승철 옮김, 갈무리,
　　2010.

집필진 소개

권은혜

한양대학교 비교역사문화연구소 HK연구교수. 미국 플로리다 대학교에서 박사학위 취득. 인종·민족·젠더가 20세기 아시아계 미국인 역사에서 교차적으로 드러나는 방식 연구. 논문으로는 "Interracial Marriages Among Asian Americans in the U. S. West, 1880~1954"(박사학위논문), 〈인종간 결혼에 대한 법적 규제와 사회적 금기를 넘어서: 1880년에서 1945년까지 미국 서부에서 아시아계 남성과 결혼한 백인 여성의 경험을 중심으로〉 등이 있다.

김아람

역사문제연구소 연구원. 연세대학교 사학과 박사과정 수료. 현재 한국현대사회사 연구. 논문으로 〈5.16군정기 사회정책—아동복지와 '부랑아' 대책의 성격〉, 〈1970년대 주택정책의 성격과 개발의 유산〉 등이 있다.

김청강

한양대학교 비교역사문화연구소 HK연구교수. 미국 일리노이 주립대학교에서 박사학위 취득. 논문으로 〈현대 한국의 영화 재건 논리와 코미디 영화의 정치적 함의(1945~60)〉, 〈악극, 헐리우드를 만나다—1950년대 한국 대중영화의 혼종성에 드러나는 식민성과 탈식민적 근대성의 문제들〉, 공저로 ≪딱지본 대중소설의 발견≫ 등이 있다.

박선주

인하대학교 조교수. 미국 메사추세츠 주립대학교에서 박사학위 취득. 트랜스내셔널 문학, 현대 영미문학 전공. 논문으로 〈트랜스내셔널 문학: (국민)문학의 보편문법에 대한 문제제기〉, 〈피의 역사와 기억의 주체: 카릴 필립스의 '피의 본성'에 나타나는 '우리'의 산재성〉, 〈(부)적절한 만남: 번역의 젠더, 젠더의 번역〉 등이 있다.

오경환

성신여자대학교 사학과 교수. 미국 시카고 대학교에서 박사학위 취득. 근대유럽사 전공. 논문으로 〈Republican Duties: Depopulation, the social question and the rise of the welfare state in France, 1880~1914〉, 〈근대 사회과학의 아포리아〉 등이 있다.

허병식

동국대학교 한국문학연구소 연구교수. 동국대학교 국어국문학과 대학원 졸업. 식민지 시기의 문화와 문학지리학 연구. 논문으로 〈식민지의 접경, 식민주의의 공백〉, 〈장소로서의 동경〉 등이 있고, 공저로 《고도의 근대》, 《이동의 텍스트, 횡단하는 제국》 등이 있다.

홍양희

한양대학교 비교역사문화연구소 HK연구교수. 한양대학교 사학과에서 박사학위 취득. 식민지 가족사/여성사 전공. 논문으로 〈식민지시기 가족 관습법과 젠더 질서〉, 〈식민지 조선의 '본부 살해' 사건과 재현의 정치학〉, 〈식민지시기 '의학' '지식'과 조선의 '전통'〉, 편저로 《근대 한국, '제국'과 '민족'의 교차로》, 역서로 《제국의 경찰이 본 조선풍속: 조선풍속집》 등이 있다.

RICH 트랜스내셔널인문학총서

고아, 족보 없는 자
근대, 국민국가, 개인

1판 1쇄 2014년 5월 15일

기   획 | 한양대학교 비교역사문화연구소
엮은이 | 박선주·오경환·홍양희

편   집 | 천현주, 박진경
마케팅 | 김연일, 이혜지, 노효선
디자인 | 석운디자인

종   이 | 세종페이퍼

펴낸곳 | (주)도서출판 **책과함께**
주소 (121-896) 서울시 마포구 월드컵로 50 5층
전화 (02) 335-1982~3
팩스 (02) 335-1316
전자우편 prpub@hanmail.net
블로그 blog.naver.com/prpub
등록 2003년 4월 3일 제25100-2003-392호

ISBN 978-89-97735-39-6 (93900)

이 도서의 국립중앙도서관 출판시도서목록(CIP)은 서지정보유통지원시스템 홈페이지
(http://seoji.nl.go.kr)와 국가자료공동목록시스템(http://www.nl.go.kr/kolisnet)에서 이용
하실 수 있습니다.(CIP제어번호: CIP2014014082)

* 이 책은 2008년 정부의 재원으로 한국연구재단의 지원을 받아 수행된 연구임(NRF-2008-361-
A00005).